U0571055

财富的激荡

商业浪潮里的时代印记

张秀枫 著

◑ 中华工商联合出版社

图书在版编目（CIP）数据

财富的激荡 / 张秀枫著. -- 北京：中华工商联合出版社，2021.3

ISBN 978-7-5158-3007-0

Ⅰ．①财… Ⅱ．①张… Ⅲ．①企业家－生平事迹－世界 Ⅳ．①财… ②企业管理－经验－世界 Ⅳ．①K815.38 ②F279.1

中国版本图书馆CIP数据核字 (2021) 第028352号

财富的激荡

作　　者：张秀枫

出 品 人：李　梁

责任编辑：于建廷　效慧辉　王　欢

装帧设计：周　源

责任审读：傅德华

责任印制：迈致红

出版发行：中华工商联合出版社有限责任公司

印　　刷：三河市燕春印务有限公司

版　　次：2021年3月第1版

印　　次：2024年1月第3次印刷

开　　本：710mm×1000mm　1/16

字　　数：280千字

印　　张：24.25

书　　号：ISBN 978-7-5158-3007-0

定　　价：58.00元

服务热线：010-58301130-0（前台）

销售热线：010-58301132（发行部）

　　　　　010-58302977（网店部）

　　　　　010-58302837（馆配部、新媒体部）

　　　　　010-58302813（团购部）

地址邮编：北京市西城区西环广场A座

　　　　　19-20层，100044

http://www.chgslcbs.cn

投稿热线：010-58302907（总编室）

投稿邮箱：1621239583@qq.com

工商联版图书

版权所有　盗版必究

凡本社图书出现印装质量问题，请与印务部联系。

联系电话：010-58302915

冲浪，冲浪

进入新世纪后，我从北国长春来到改革开放的最前沿深圳。工作的变化堪比两地的距离，从文学出版人变成了财经媒体的从业者。是的，只有"变"才是永远的"不变"。

最广泛、最深刻改变世界的是商业力量。商业力量引领着社会的创新和活力，改变并改善着人类的生活方式和生活水准。

商业力量也改变了中国。改革开放四十年来，它使中国告别了停滞和荒芜，迎来了枯木逢春、万象更新，华丽蝶变为世界第二大经济体。巨变的巨大推手是商业世界的中坚——企业和企业家。截至2019年底，我国已有市场主体1.23亿户，其中企业3858万户，个体工商户8261万户。习近平主席指出："这些市场主体是我国经济活动的主要参与者、就业机会的主要提供者、技术进步的主要推动者，在国家发展中发挥着十分重要的作用。"

经济的力量、市场的力量、资本的力量、新技术的力量，从未像现在这样活跃而强大。商业力量重塑了几千年来形成的一个古老民族的性格。商业无处不在，它改变着时代，也改变着每一个人。商业力量令人激情满怀，精神抖擞。

我的人生地图的改变，初始的想法简单而平庸，无非是有点陌生的江湖行走，闯点虚名，挣点散碎银子，然后醉里乾坤大，梦中日月长。孰料进入新的领域后，角色的定位使我必须顺应环境跟上潮流。惊诧之余，唯有努力。

作为商业启蒙运动的财经媒体，是一个生机勃勃、充满诱惑和魅力的舞台。新的岗位要求迅速地反映国内外的财经热点和焦点，及时地对重大的财经事件和人物进行深入调查、梳理和思考，从而具有深度地呈现。我必须从原来工作的形象思维嬗变为当下的理性思维，从散文化的文字表达变身为新闻语言的运用。

在记录财经风云、分析财经大势和解剖财经微观时，坚守正义、良知、尊严、爱心和常识，是职业的操守；而追求真实、真情和真理，则是重要的新闻伦理。认清虚伪与背叛，探究事物的本真，念兹在兹流行于传媒界的一句名言：一句真话比世界的分量还重。当然，在提供优质有用的信息和多元而深刻的信息时，还需要真实中不忘婉约，中肯中必有态度。

财富，一个我们非常熟悉又无比陌生的存在。人们对它爱恨交加，成为天使与魔鬼的"结合体"。其实，财富是经济运转和商业活动的物化和载体，处于永无休止的流动、变化和激荡的状态。正是这种激荡，推动着人类的知识迭代、社会进步和文化再造。对财富激荡的观察和思考，是我的一次思想远行。对过去看得多远，对现实看得多真切，对未来就会看得多远和多真切。

基于这样的考虑，我从自己供职的财经媒体所写的文章中，将中国近代有代表性的工商巨子创造财富的叙事，以《财富的追问》（21

世纪出版社，2016年版）为名出版。作为它的"姊妹篇"，这本《财富的激荡》则以中国当代企业和企业家为主体。取舍的考量主要是，其一，只选反映股份制、民营企业的文章，它们不但是完全市场化的，其生存和发展更艰巨复杂、波澜壮阔，也更具参照性，而且离我们也更近。其二，只选具有跨越时间性质、至今仍具现实意义的文章。崭新的角度、挖掘的深度和人性的温度，是我为文的孜孜所求，也是我衡文的标准和尺度。

《财富的激荡》共收58篇文章。为阅读方便，大体上划分为四个部分。"在时代的舞台上叱咤风云"，选收的是改革开放以来创业或成长起来的"第一代"企业家，他们是时代的英雄，也是企业家的标杆和榜样。"创业和创新都是对未知的挑战"，选收的企业家，就年龄或创业时间而言，属于"第二代"，他们在新时代中流击水，奋勇前行。"历史在起伏悲欢中沉思"，过往即为历史。那些不成功或失败的企业，在恐惧中死去或在挣扎中突围，留给世界的不仅仅是泪水和叹息，还有殷鉴和教训。"在时间和空间里创造奇迹"，中国古代"重农轻商"，近代以降，才有现代商业的萌芽，但在商业的暗夜里仍有亮点；而西方无论是近代还是现代，都是世界商业的主体，其中的商业故事值得我们玩味、思索和借鉴。

如果说竞争激烈的商场是波涛汹涌、波诡云谲的大海，那么，企业家就是财富的冲浪者。冲浪是动力的极限运动。在苍茫的大海上，在隐藏着生死浩劫的漩涡里，在一排排呼啸而来山一样的海浪面前，冲浪者大无畏地踏浪而行，顽强地驰骋在波峰浪谷上，速度与激情演绎着人与海浪的英勇拼搏和完美追逐。

冲浪者的身影是大海最美的风景，也是人类进取精神的图腾。我要将这些身影和精神与人分享，也希望将这些身影和精神长留人间，镌刻在记忆的年轮上。

世界上没有无缘无故的失败，当然也没有无缘无故的成功。商海冲浪者、新时代商业英雄的成功虽然千差万别，具有强烈的个性，却仍有规律可循，具有共性的品格和精神。

创业精神，是企业家的天性。不安分的心灵、躁动的青春、胸怀远大的理想，是创业者的基因。敬业爱岗、工匠品性，敢于冒险，他们说不冒险才是最大的冒险，是创业者的性格。对形势和市场的前瞻、敏感和把握，是创业者的智慧。披荆斩棘、勤奋顽强、百折不挠，缘于创业者的自信。

创新精神，是企业家的灵魂。创新的人视野开阔、反应迅速、谦虚好学、知识广博，对已知永不满足，对未知永无止境地探索。他们摒弃急功近利的短视，大胆想象并且脚踏实地，敢想敢干但是必经缜密的调研。求新求变是他们永续的发动机。在坚持中创新，在创新中坚持是企业的核心竞争力。

合作精神，是企业行稳致远的基石。善于合作的企业家敬畏知识和人才，敢于用人，善于用人。尊重对手，真诚而坦诚。发扬民主，避免独断专行。友善宽容但不做老好人。

奉献精神，是企业家的荣耀。企业家创造利润，奉献爱心，笃行财富来源于社会，也要回馈于社会。他们铺就的每一条道路、搭建的每一座桥梁、援建的每一所学校，都闪耀并记载着他们的光荣。

这些成功的"密码"挺抽象甚至有点老生常谈吧？不急，《财富的激荡》所呈现的企业和企业家的坎坷经历和歌哭人生，会把这些"密码"变得具体而鲜活。典型案例中的典型人物，你可能无法复制他们，却可以借助于这些真实的文字认识他们、亲近他们、感受他们，和他们交流，和他们携手而行，走向远方。被时间考验和实践检验的经验、教训和真知灼见，谁都不会拒绝吧。

冲浪者离我们并不远，只要心灵相通，他就在我们中间。冲浪者的信念、勇气和贡献，你也会有，只要你有梦想并为之而拼搏。新时代的阳光打在冲浪者的脸上，也打在你我的脸上。无论是温暖的南方，还是飘雪的北方，都是冲浪者的出发地。因为，梦想成就力量，追求改变可能。

张秀枫

2021.1.21

THE SURGE
OF
WEALTH
目录

Part 1　在时代的舞台上叱咤风云

Part 2   创业和创新都是对未知的挑战

Part 3　历史在起伏和悲欢中沉思

Part 4　在时间和空间里创造奇迹

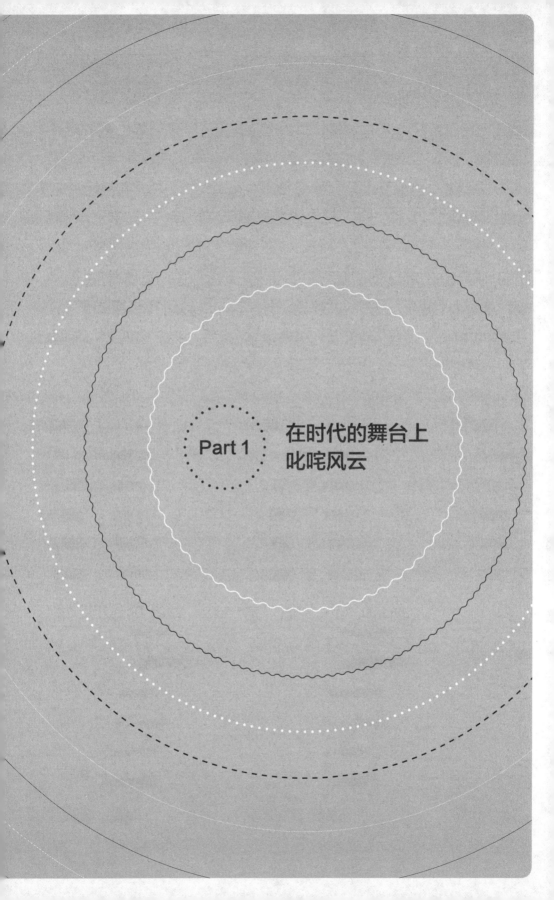

Part 1　在时代的舞台上
叱咤风云

鲁冠球：从乡野走向世界的"民企教父"

斯人已去，丰碑永在。他在商界的影响无与伦比，是"创二代"追求的高标。

2017年10月25日上午，万向集团董事会主席鲁冠球离世，享年72岁。次日，马云、李书福、郭广昌等企业界大佬纷纷表示震惊与哀悼，马云说："浙商开创了一个时代，而鲁老则代表这一辈人开创了一代浙商。"国内外新闻媒体也聚焦于一代传奇的谢幕，对其遽然离去表示悲痛与惋惜："一部改革开放史，星河灿烂，鲁冠球值得铭记。"而与鲁冠球"相交半生"的财经作家吴晓波则难抑哀伤："再也接不到老鲁突如其来的电话了。"……

鲁冠球曾任中国乡镇企业协会会长、中共十三、十四大代表和九、十、十一届全国人大代表，2016年以550亿元财富排在胡润中国汽车富豪榜榜首，1999年5月登上美国主流媒体《时代周刊》封面，成为继邓小平之后第二个登上该杂志封面的中国人，其后他还赢得了《华尔街日报》"国家英雄式人物"的赞誉。

鲁冠球是中国改革开放以来第一代企业家的"集体偶像"。

从生产零部件到造出整车，一生追逐梦想

1978年，鲁冠球创建的宁围农机厂已经拥有三百多名员工，不但生产农具，还生产轴承、链条、失蜡铸钢和万向节等诸多产品，年产值三百多万元，小日子红红火火，大家都有钱赚。正在众人欢欣鼓舞时，鲁冠球却砍掉了其他项目——尽管它们还在赢利，一心专攻汽车万向节这个单一产品，厂门口也只保留了宁围万向节厂一块牌子。破釜沉舟，这是个大胆而冒险的决策。是不是只有敢于冒险，才有可能拥抱成功？

鲁冠球在宁围镇老家的楼梯转角处，曾挂有一幅丰田轿车的照片并配以"车到山前必有路，有路就有丰田车"很霸气的广告语。这个每天都要看到的图景对他刺激很大，为什么到处跑的不是中国车？他暗下决心，一定要造出属于中国人自己的车。他为自己的梦想选择了一条踏实而渐进的路径，"很想做大事，但实力不够，只能从小事做起，"他说，"有零部件的积累，才会有整车的突破……"

1979年，鲁冠球读到了《人民日报》上的一篇社论《国民经济要发展，交通运输是关键》，他敏锐地从中嗅到了巨大的商机，更加坚定地把全部的"宝"，都押在了汽车传动轴与驱动轴的连接器——万向节这个易耗件的研发和生产上。

鲁冠球的钱潮万向节质优价好，逐渐走红天下。不但在国内拥有65%以上的市场占有率，而且成为通用、宝马、福特、大众等名企的固定供货商。其间，鲁冠球抵住了赚快钱和大钱的种种诱惑，专心致志地只做汽车零部件。这是专注的回报，也是坚持的胜利。

鲁冠球将造车梦锁定在纯电动汽车上，具有高屋建瓴的前瞻性。1999年，万向集团悄然成立电动汽车项目组，制定了"电池—电机—电控—电动汽车"的发展路径。2002年，万向电动汽车公司成立。2003年，万向纯电动汽车的动力总成项目被列为国家计划。2004年，万向生产的纯电动汽车Y9在杭州试运行。咬定青山不放松，稳扎稳打，砥砺前行。

鲁冠球的全球视野和资源整合更是可圈可点。2000年，万向整体收购了美国QAI公司的股份。2001年，大手笔地收购了美国UAI公司，开创了中国民企收购海外上市公司的先河。2012年，万向斥资2.566亿美元收购了美国最大的动力电池制造商A123除政府及军工业务以外的所有资产。万向的造车能力如虎添翼，获得了惊人的发展，其海外工厂的平均年净资产回报超过80%，远超美国同行水平。

2016年12月15日，万向集团"年产5000辆增程式纯电动乘用车项目"获得国家发改委正式批准，成为国内成功拿下新能源汽车生产资质的第六家企业。2017年1月22日，鲁冠球宣布，奖励万向研究院总经理陈军博士1900万元，以表彰他为推动万向新能源汽车所做的杰出贡献。

鲁冠球为了实现造车梦，奋斗了漫长的48年。不管风吹浪打，总是矢志不移，谱写了中外商业史上的奇迹。

从四千元到千亿帝国，成功的秘诀只有一句话

　　鲁冠球1945年出生于浙江省萧山县宁围乡金一村童家塘。其父在上海一家医药厂上班，收入微薄；他和母亲在乡下，背负青天面向黄土，汗滴八瓣，艰难度日。在农村看不到前途，他心有不甘，15岁时到萧山县铁业社当了一名打铁的小学徒。三年学徒期满后，在全国性的"精减"大潮中，他又被汹涌的浪头无情地打回了童家塘。

　　鲁冠球从不向命运屈服。不久，他又在村里办了一个米面加工厂，乡亲们不必再走七八里路到镇上去磨米面。然而在那个年代，私人办厂被视为大逆不道，虽然东躲西藏，还是被严令取缔了。为了还清欠款，不但自己倾家荡产，还卖掉了祖父留下来的三间房子。

　　被乡亲们视为败家子的鲁冠球，虽然第一次创业就惨遭失败，他却决不认输。1969年，他变卖了全部家当又东拼西凑地筹集了4000元，和六位农民伙伴一起接管了宁围公社农机修配厂。24岁的鲁冠球就具有非凡的组织才能和经营头脑，他们因陋就简地生产铁锨、镰刀，修理自行车，后又制造出犁刀、铁耙和万向节等五花八门的产品。总之，对方需要什么就做什么，什么赚钱就干什么。就这样，他们艰难地完成了创业的原始积累。这一年的7月8日，被定为日后名扬四海的万向集团的创建日。

　　1980年，为了打开万向节的销路，鲁冠球带领员工从浙江跋山涉水前往山东，参加全国汽车零配件订货会。孰料，因为他们是乡镇企业，到了会场却连门都不让进。一些员工打了退堂鼓，百折不挠的鲁冠球却不愿失去这个稍纵即逝的机会，干脆在会场外面摆起了地摊，

以低于国营大厂20%的价格出售，结果高达210万元的订单被他收入囊中。这是鲁冠球产品营销的第一个爆发点，一炮打响。

鲁冠球创业伊始就提出了"抓质量求生存，靠信誉闯天下"。销往安徽的部分万向节出现了裂纹，鲁冠球非常重视，派出了三十多人到全国各地召回了三万套次品，召开全厂大会，开展质量大整顿，将这些次品以6分钱一斤的价格作为废品处理。尽管损失了在当时已近天文数字的43万元，但鲁冠球态度坚定，他认为，生产"将就"的产品，对企业而言就是自杀。

"我每天工作16个小时，按常人工作8小时计，我已经活过120岁了。"鲁冠球是个工作狂，当他回顾创业往事时，既幽默风趣又感慨万端，"别人工作5天，你就365天不休息，尽心、尽责、尽力去做，一定能成功。"吴晓波曾问他什么时候退休，他的回答慷慨悲壮："战士的终点，就是坟墓。"如果要问，鲁冠球把一个乡村小作坊打造成为年营收过千亿元、利润超百亿元的跨国集团有什么秘诀的话，那么，他告诉你的就是一句话："一切都是干出来的。"

鲁冠球曾经渴望摆脱乡村，然而，当他的企业遍布全世界时，他却把自己定位于"从乡野走出来的农民企业家"。他从骨子里感恩于哺育他成长的乡野沃土。农民，是他一生的标签。

从"弄潮儿"到"常青树"，企业家的精神奔涌传承

鲁冠球敏锐而准确地把握时代脉搏，敢于并善于创新，是个时代的"弄潮儿"。创业之初他就打破"大锅饭"，不但实行"计件"等按劳动效益计酬，而且创造性地实行"按资分配"，类似于今天的入股

分红，他要员工做企业的主人。这种分配制度，直到七八年后，才有企业小心翼翼地开始试验。

在共和国的企业史上，鲁冠球是产权意识最早苏醒的企业家之一。1992年他提出"花钱买不管"，和宁围镇政府明晰了万向节厂的产权，成为真正意义上的私营企业，完成了在当时颇受争议的确权第一步。在改革开放的大潮中，无数曾风云一时的企业在产权上翻船，呼风唤雨的企业家也随之告别舞台。鲁冠球的企业在大风大浪中屹立不倒，被业界称为"常青树"，他本人则被誉为"中国民企教父"。

"多数人是因为看见而相信，只有少数人是因为相信而看见。"马云在悼念鲁冠球的文章中如是说。意味深长，深蕴哲理。

鲁冠球虽然天赋很好，却终生保持着学习的习惯。不但坚持阅读，喜欢钻研，还让秘书每天专门为他准备剪报和资料，弥留之际还通过电视收看中共十九大开幕式。他尊重知识，爱惜人才，创业之初曾花高价"买"来一位大学生，被传为趣谈。他经常研究企业失败的案例，并得出了规律性的结论：做企业最难抵抗的，是高利润的诱惑。为此，他给万向的投资规定了三条禁忌：国家不准的不做、暴利行业不做、千家万户能做的不做。

鲁冠球在新能源领域陆续投入了数十亿元，为什么他要锲而不舍、持之以恒地烧钱？答案很简单，纯电动汽车没有污染，利国利民。他说："万向要成为一家受全世界尊敬的企业。"在推动人类文明进步的征程中，企业家责无旁贷而且理应走在前面。

鲁冠球积极参与家乡建设，搭桥修路、承建学校教学楼和农贸市场、安排复员军人就业……种种善举，造福一方。他说，要"让全乡人民都富裕起来"，这是共产党员义不容辞的职责。

　　鲁冠球来自草根世家，挺立时代潮头，乘风破浪奋斗了半个世纪。他的伟大是历史级别的伟大。斯人已去，丰碑永在。他在商界的影响无与伦比，是"创二代"追求的高标。他有一子三女，其子鲁伟鼎接棒万向。我们有理由相信，底蕴雄厚的事业必将前赴后继、更加辉煌。

2018.1

郭凤莲："60年中国有影响力的时代女性"

这位参与并见证了中国乡村命运转变的时代弄潮儿、战天斗地的英雄人物，如今华丽转身为带领乡亲们发家致富的领导者和著名的企业家。

人不能和历史赌气

1978年12月18日，北京，美丽的阳光下，白雪与红旗交相辉映。十一届三中全会的会场上，有一位三十多岁的年轻女性，与眼前热烈的气氛不协调地默默地坐着，茫然地感受着历史的沧桑巨变。她就是大寨党支部书记、中央候补委员郭凤莲。

此时她并不知道，安徽省凤阳县小岗村的18户农民，已经按下了鲜红的血指印，做出了惊天之举，搞起了"大包干"。它的标志性意义是，中国农民由此选择了与大寨迥然不同的发展道路。

十一届三中全会是民族新生的光辉起点，全国人民无不欢欣鼓舞，猝不及防的郭凤莲却感受到了空前的疑惑和迷惘。

郭凤莲1947年1月生于昔阳县的武家坪村，三岁失母，寄居在大寨村的姥姥家。小学毕业后在家务农。在与大寨人战天斗地、改造家乡落后面貌的过程中，表现优异，成了那个特定历史时期家喻户晓的人物，曾受到毛泽东、周恩来、叶剑英、邓小平等老一辈革命家的热情接见和赞扬。随着头上的光环越来越耀人眼目，她不但成了一代青年的偶像，而且是一个时代的英雄典型。可是，如今时代的列车要转向了吗？

质疑大寨的声音越来越响，越来越多。郭凤莲似乎已感受到，飘扬在大寨的中国农村建设的红旗，将与自己的青春和生命一起黯然失色了。

回到大寨后，郭凤莲一如既往，组织社员学习、劳动。她并不想改变大寨的方向。

1980年9月，郭凤莲意外地接到了中共昔阳县委的通知，调她前往晋中果树研究所任副所长。惊雷炸响大寨。郭凤莲哭了。但一向听话的她还是默默地离开了她为之奋斗多年、难以割舍的大寨。郭凤莲从此淡出了公众的视野，沉寂长达11年之久。

这次变故是郭凤莲人生中最大的波折。对于郭凤莲来说，时代打碎了她的精神世界；但作为个体生命，因为郭凤莲有属于自己的追求，所以她挺过来了。大红大紫和大起大落都是人生的财富。处于逆境，有些人骤然就被击垮并且从此一蹶不振；对于有追求的人来说，却是难得的机会，她可以在不顺的境遇中，更多地进行思考，在思考中跨越现实，赢得未来。

痛感冷暖的郭凤莲开始看书，还学会了喝酒。后来在回忆这段岁月的时候，郭凤莲说过一句意味深长的话：人不能和历史赌气。

人生的华彩乐章

大寨是地处太行山腹地的一个小山村，自然条件极其恶劣。所谓土地，东一巴掌，西一簸箕，也就是人们所说的"七沟八梁一面坡"。十年九旱，人畜饮水都困难，雨季一到，却又山洪暴发，水患成灾。从20世纪50年代开始，大寨村党支部书记陈永贵带领大家治山治水，把往日零碎贫瘠的土地变成了一片片错落有致的梯田和保水、保土、保肥的"海绵田"。粮食亩产量从以前的不足200斤，提高到了500斤。对于那个时代来说，这的确是一个"伟大的创举"。

1964年，毛泽东主席发出了"农业学大寨"的号召。霎时间，大寨这个名不见经传的小山村，成了中国农业的"圣地"，数以万计的取经者从全国各地涌向了虎头山。

20世纪的五六十年代是个物质匮乏、精神追求强烈的年代。郭凤莲听党的话，要她干啥她就干啥，公而忘私，一心一意扑在集体的事业上，吃苦耐劳，先人后己；她善良、直率、磊落、坚强，不但集中了传统女性所有的优秀品质，而且把那个时代女性的才干和魅力发挥到了极致。

郭凤莲进取心强，不但赶工上场是一把好手，而且能歌善舞，让唱就唱，让跳就跳，组织姐妹们排练也十分在行，深受大家喜爱。1964年，16岁的郭凤莲，在陈永贵的主持下，经过演讲竞选，当上了大寨铁姑娘队队长，大家心服口服。大寨的男人忙于垒坝，女人挑担子。陈永贵要求担子不超过80斤，可是铁姑娘队的23名队员全都挑120斤。铁姑娘队与别人有什么不同？"别人吃不了的苦，她们能吃。"

郭凤莲的概括朴实而豪迈。

郭凤莲是一个非常专注的人，做任何事情都非常投入。她当女民兵时把五块砖压在胳膊上练枪法，为的是锻炼臂力和瞄准的精准度。大寨女民兵是全国民兵的标杆，郭凤莲在全国民兵的枪法比赛中，每次都以骄人的成绩，耀眼于榜上。

1973年陈永贵上调中央，郭凤莲当上了大寨的党支部书记，时年27岁。郭凤莲视野宽，跟形势，能力强，办事干练，她带领大寨人高擎着中国农业发展的这面红旗，继续艰苦奋斗，改天换地。大寨更加红火了。包括周总理在内的党和国家领导人多次前来，一些来华访问的外国首脑政要，也抑制不住内心的好奇，千里迢迢地来到这个小山村，一睹郭凤莲和大寨的风采，领略到了中国农民的勤奋、力量和智慧。

如果说人生是一支宏大的交响乐，那么，此时的郭凤莲奏响了自己的华彩乐章。不是每个人都有自己的华彩乐章。碌碌无为者终其一生也只是平铺直叙，喑哑无声。郭凤莲和她的大寨，浓缩了新中国成立后农村的发展和变迁，承载了中国几代农民追求温饱和富裕生活的梦想，彰显了中华民族不畏艰苦、勤劳勇敢的豪迈品格。她是那个时代的创造者，也是那个时代的骄傲。

风展红旗如画

如今的大寨是个什么样子呢？平坦的高速公路，高耸的厂房，绿油油的梯田，景色宜人，美不胜收。20世纪50年代的虎头山还是一座荒山秃岭，现在已成为大寨森林公园。山岭相连，郁郁葱葱。大寨展览馆、陈永贵墓园、周总理纪念亭、叶帅吟诗处、郭老诗魂碑，人文胜景与楼台亭榭、水池漕渡一起，掩映在万绿丛中，令人唏嘘感慨，流连忘返。

这一切，来之不易。郭凤莲自1980年调离大寨之后，十年间，大寨换了四任党支部书记，可是发展依然落后，毫无起色。大寨群众怀念光辉岁月中的郭凤莲，希望她能够率领大寨人走出新的精彩。1991年11月15日，郭凤莲在群众的欢呼声中，重返大寨，《人民日报》都发了消息，郭凤莲在震惊的同时，也感受到了肩上的重量。

转型的阵痛，大寨人感受尤为强烈，曾经的荣耀使他们背上了沉重的思想包袱，在时代大潮面前显得手足失措，无所适从。他们崇尚的是苦干和实干，但僵化的思想模式与市场经济的云蒸霞蔚相距甚远。村民赵华晓是社会转型的先知先觉者，他开了一家杂货店，每年能赚两三万块钱，却不敢直着腰板承认。郭凤莲敏锐地认识到，解放思想是重铸大寨辉煌的第一要务。

郭凤莲反思过去，辛勤劳动并未使大寨脱贫，当大寨被视为"圣地"受到膜拜的时候，"一年一口人分到的小麦是二斤半，填不了磨盘眼儿，过年只能吃玉米面饺子。"郭凤莲深有感触地说。

郭凤莲组织党员和村干部走出娘子关，到大邱庄、华西村、南街村等新农村的先进典型参观学习，大家受到了强烈的震撼，思想、观念发生了根本性的变化。郭凤莲也终于明白，致富光荣，贫穷不是社会主义。她在崭新的时代里寻找到新的历史逻辑。

郭凤莲带领全村人开始了二次创业。他们确立了"发展商品经济、非农经济"的主体思路，1992年成立了大寨经济开发总公司，郭凤莲任总经理。在大寨羊毛衫厂投产九个月后，大寨中策水泥厂宣布成立，紧接着核桃露厂等一批工厂和公司相继成立。产品都打上了"大寨"

牌商标。生态农业、煤炭、建材、针织、制衣、酿造、贸易、旅游已成为大寨的八大支柱产业。

创业难，二次创业更难。但曾经战天斗地的郭凤莲扛得起任何艰难。她走南闯北，找项目，寻资金，卖产品，请专家，学习经营，甚至学着笑脸求人。这一段创业路，郭凤莲走得五味杂陈，可喜的是，她已逐渐得心应手。

大寨企业经历了从村办小作坊到专业化、品牌化的蝶变，经济结构也不断地得到整合与重构，不断创新发展机遇，积极开拓商业空间。郭凤莲展示了作为现代企业家的胆识、魄力和能力。在她的手上，大寨完成了从昔日的"政治品牌"到今朝"经济品牌"的华丽转身。

大寨实现了土地的分户经营，但耕种、修田、收割等又全部由集体利用机械化来完成。郭凤莲说，"新农村建设应该废除一刀切，不应要求只有一个模式，应该有多个模式发展。"郭凤莲总能因地制宜，独树一帜。

集体发放养老金制度是郭凤莲重返大寨所做的大事之一。早在1993年郭凤莲就向大寨村年满60岁的老人发放养老金，当时是每月40元。2008年已涨到了300元。郭凤莲满怀深情地说："人是有感情的，更应有良心。我要让老年人享受到改革开放政策带来的福气。"

在郭凤莲的带领下，大寨村的总产值实现了三级跳：1992年是327万元，1997年是4796万元，2008年则为3亿元，利税1800万元，村民年人均收入近万元，增长了54倍。大寨三次新建村民住房，村民只需支付房款的三分之一，集体补贴三分之二。大寨实行从幼儿园到初中的免费教育，考上大学的学生给予800～1000元的奖学金。大寨较早地实行了合作医疗制度。大寨的农业只占总产值的0.3%，基本上没有无业的闲人。郭凤莲和大寨重新站到了聚光灯下。

郭凤莲经历1980年的"凤凰涅槃"之后，凭借自身与集体的奋斗，她的知名度与日俱增，全国人大常委会委员、全国劳模、全国优秀女企业家等桂冠不胜枚举，2009年1月18日被评为"第七届中国十大女杰"，新中国成立60周年前夕又与宋庆龄、邓颖超等60位杰出女性一起被评为"60年中国有影响力的时代女性"。在荣誉面前，郭凤莲很低调，从容而淡定。

郭凤莲比共和国年长两岁，今年62岁。这位参与并见证了中国乡村命运转变的时代弄潮儿、战天斗地的英雄人物，如今华丽转身为带领乡亲们发家致富的领导者和著名的企业家。她仍然喜欢唱歌，喜欢跳舞，目前又有了养花和刺绣两大爱好，用以陶冶性情。她中等身材，皮肤白皙，打扮入时，当年的铁姑娘形象已被企业家所取代。郭凤莲的人生轨迹从复杂回归到了简单。

人，从一生下来就被教导，被赋予各种意义，慢慢地就变复杂了，有些人就一直复杂下去；而有些人则能在复杂之中廓清人生的纷扰和迷雾，心无旁骛地做着自己喜欢并且富有价值的事情，从而还原为简单，他们是活得明白的人。

郭凤莲就是这样的人，简单中透着至美。

2009.10

张贤亮："出卖荒凉"的文人企业家

张贤亮与冯剑华的儿子张公辅说他的父亲张贤亮"唯一的敌人是平庸"。如果因循、守旧、世故、圆滑、虚伪、矫情、中庸之类都是"平庸"的话，那么，张贤亮确是一位堂·吉诃德式的挑战者。

他是谁?

2014年9月27日下午两点，78岁的张贤亮因患肺癌离世。9月30日上午十点，银川市殡仪馆最大的悼念大厅里，拥挤着一千五百多人，张贤亮躺在鲜花丛中，身上覆盖着中国共产党党旗。中共中央政治局常委、全国政协主席俞正声等党政领导和各界要人、名人的花圈挤满了大厅。《纽约时报》《人民日报》等国内外媒体破例大面积地报道了相关消息。铁凝、余秋雨、六小龄童、陆川等名人或撰写文章或在网络发声，纷纷表达各自的哀思。崔永元的留言显得意味深长："张贤亮先生，天堂里没有流氓，您可以放声歌唱。"

张贤亮的去世可谓备极哀荣。个中缘由，令人深思。

张贤亮成名于20世纪80年代。刚刚从劳改农场走出来，一只手捂着仍然隐隐作痛带痂的伤口，一只手奋笔疾书，《灵与肉》《绿化树》《男人的一半是女人》等小说佳作井喷似的涌向刚刚解冻的华夏大地，发一篇火一篇，一时间洛阳纸贵。对苦难的书写、对性禁区的挑战、对人性的独特探究、对跌宕起伏命运尖锐而妩媚的描述、沉郁苍凉而又灵动优美的文字表达，震撼了中国文坛。根据他的小说改编的电影《牧马人》更使他一夜走红，鲜花着锦，烈火烹油。

"他是大动物，我们是小动物。"中国作家协会副主席、著名文论家李敬泽在追悼会上讲话："张贤亮是在与所处的时代思想互动走在最前列的作家。他是被低估的作家。"李敬泽表示认同张贤亮的骄傲，张曾说"我的时代还不配读我的作品"。

张贤亮为什么被"低估"？李敬泽认为，"部分因为他对小说家的身份和成就不特别在意"。

是的，正当小说创作如日中天的时候，43岁的张贤亮转行办起了企业。文人经商大抵失败或惨败，张贤亮却是一个罕见的"异数"，他成功了，或者说非常成功。1988年他对媒体说："我搞文学纯粹是阴差阳错，如果不是1949年解放，我早就是跨国资本家了，怎么可能写小说？开玩笑！"说罢开怀大笑。

素有"中国作家首富"之称的张贤亮，身家已逾两亿。

张贤亮出生于江苏一个世家。祖父张铭留学美国，是国民党政府外交官；父亲张友农毕业于哈佛商学院，后弃政从商；母亲燕京大学毕业后也到哈佛留学。

张贤亮是六、七、八、九、十届全国政协委员，其界别当然是在文艺界，然而，他却要求到企业界去，"当红色资本家。"

公众说张贤亮是一位著名作家，张本人却认为自己是企业家，折中者说，张贤亮是作家里最有钱的，也是有钱人里面最会写作的。他是谁？张贤亮的身份认同，还真是个问题。笔者认为，写过《绿化树》等浸透着时代血泪又洋溢着人性温暖、可以留给历史作品的作家张贤亮，世界上只有一个；拥有两亿资产的企业家却如恒河天数，全部为时间之过客、籍籍无名。

弄潮儿

镇北堡位于距银川河东机场48公里处，原是明清时代的边防戍塞，可谓"一片荒凉，两座废墟"。1957年，张贤亮被押送到农村劳改，一改就是22年。在一次无意的"赶集"中，他偶然发现了这座废弃古城堡的审美价值。在古朴、荒凉、原始、粗犷的背后，他"感受到一股不屈不挠的、发自黄土地深处的顽强生命力。"

1992年邓小平南方谈话后，中央号召党政机关办"三产"，时为宁夏文联和宁夏作协"双料"主席的张贤亮眼睛亮了，记忆照进了现实，他要在镇北堡创办一座影视城。张贤亮轻而易举地击败了竞争对手，以自己的海外版税（他的作品已在三十多个国家翻译出版）为抵押贷款70万元，另外集资29万元，从系统改造开始，轰轰烈烈地干了起来。

开始并不顺利。镇北堡里面的牧民不肯搬迁，而且一拍电影就赶着牛羊来捣乱，张贤亮去做工作，牧民们说，当年马鸿逵马主席手握盒子枪都没赶走我们，你张主席拿着一支钢笔就想把我们赶走，休想！张贤亮与农民打了多年交道，既深知农民质朴的一面，也了解他们"狡猾"的一面，他没有"霸王硬上弓"，而是把牧民的孩子招进影城做讲解员，后来是孩子们把他们的家长愉快地"赶走"了。张贤亮在实际生活中早已历练出了另一种"狡猾"。

1994年，中央要求，党政机关与所办的企业必须在人、财、物上完全脱钩。因为银行的干预，张贤亮不能离开。于是他只好继续留任董事长，代价是必须承担全部债务。倘若经营失败，他将倾家荡产。他说当时有一种掉进冰窟窿里的感觉，但是"我只能破釜沉舟拼命向前走"！

在劳改的漫长岁月里已将三卷本《资本论》熟读多遍、后又钻研了很多西方经济学著作的张贤亮，当然懂得明晰产权的意义。作为企业控股的最大股东，张贤亮戏称自己"一不小心成了民营企业家。"

张贤亮的经商之道相当独特，他破天荒地提出了"出卖荒凉"的理念。他依靠自己丰富的人脉和镇北堡独一无二的景观，使影城获得了巨大的成功。《红高粱》《黄河绝恋》《红河谷》《新龙门客栈》《东邪西毒》《大话西游》等电影先后在这里取景拍摄。在影城大门的石碑上张亲自撰写了标语："中国电影从这里走向世界"。

张贤亮对市场经济具有超强的驾驭能力，影城开创之初他就制定了"低投入，高产出"的经营策略。地处边陲，人才匮乏，资金紧张，"我是带领一群'泥腿子'在致富"，张头脑清醒地坦承，"只能充分挖掘一点一滴的资源，使资金运作产生最大的效益。"

问题是，效益从何而来？张贤亮说他出卖的并非荒凉本身，而是其中的文化包装和艺术内涵，"包括创意、设计、构思等，说到底，是一种心智创造。"

为此，张贤亮在经营上做了许多创造性的工作。影城的标语、口号及导游词均由张贤亮亲自撰写，他还自己设计了影城的城徽。以《绿化树》女主人公命名的马缨花茶楼，由他自己设计，趴在地上画花纹，亲自栽上竹子。后来这里发展成为马缨花休闲中心，是影城重要一景，也是影城利润的来源之一。张贤亮卖过"至今最贵的黄河水"，将一滴黄河水包装成纪念品，以"中华民族的乳汁"十元售出，竟成了热销的旅游产品。此外，像姜文用过的杯子、巩俐提过的水壶等，都被放大了意义，被永久保留下来，成为招徕顾客的"小摆设"。

文化产业最能产生高附加值，但需要张贤亮这样的智慧。

张贤亮对时代的变化和行业的兴衰相当敏感，对经济大势的把控十分到位。正当影城红红火火的时候，他却看到了潜伏的危机。他预见到，影视今后会越来越依靠高科技制作，作为拍摄基地的影城"已是一个夕阳产业"。为此，他从2004年开始筹划影城的"转型"。

从这一年起，影城向拍摄单位免费开放，凝聚了巨大人气和扩大了影响的同时，张贤亮要求，剧组撤出前要将布景和造型原样保留下来，然后影城更换搭建时的简易材料，将电影场景固化为永久景点。最终，张将这些景点作为旅游资源卖了出去。张称此为"放水养鱼"。

未雨绸缪的前瞻性体现在张贤亮对影城谋划的细节之中。十多年前，"知识产权"还是一个陌生而模糊的概念，张对此却十分重视。他要求与剧组布景、造型、道具的设计者签订合同并付少量费用，影城由此可以自由使用这些"版权"，不仅节约了大量的资金，也为影城的健康发展打下了坚实的基础。

　　张贤亮利用各地拆迁的机会，大量收购古建筑的石材木料、门框门楣、战车马车、古代兵器、家具灯具、拴马桩等，充实到古堡里相关的景点中，使那些原本为剧情而设计的艺术造型有了真实的历史依托和灵魂。影城里还修建了清代长城，打造了老银川的一条古街，"以旧修旧"，却焕发了青春。

　　与此同时，影城大量引入民间的"非遗"项目，做到了社会和经济效益的双丰收。山区农妇伏兆娥的拿手绝活是在二三分钟内为游客剪出肖像而且惟妙惟肖，一张纸而已，却可售价10元。影城迄今已汇聚了各个方面的民间奇才：打铁的、刺绣的、擀毡的，搞金石篆刻、西夏印刷、木版年画的，等等，他们都在影城"玩"出了大财富、大文化。如今，影城每年为银川解决四百多个就业岗位，为周边农民提供五万个工作日，有力地拉动了当地的经济。为此，影城被评为"国家非物质遗产代表名录保护性开发综合实验基地"，被文化部授予"中国文化产业最杰出的十大项目"。

　　影城的"投入产出比"在全国文化企业中首屈一指。它集旅游、休闲、娱乐、购物、体验于一体，被国家评为5A级旅游景点，蜚声海内外。

挑战者

　　张贤亮从平反到去世，三十多年来活得淋漓尽致，几乎拥有一切。20世纪80年代，文学最繁荣时他获得了名声，20世纪90年代商业最自由时又赚得盆满钵满。他与时俱进，名利财色，锦绣人生。

　　张贤亮是个有争议的作家，他的个性像他的小说一样大胆直率，甚至让人目瞪口呆。他充满活力，从不掩饰对功名的追求，与他有过交往的人都说他是一个性情中人。在全国政协会议上他总是嚷嚷着要发言，"这个岁数很少有这样的吧，我倒觉得他可爱。"王蒙如是说。作家梁晓声说："他心里还有大儿童的一面。"作家从维熙则说他"极为真实，有点任性。"因为直率，他惹过不少麻烦，但他仍我行我素，不改初衷。

2009年1月，张贤亮发表了长篇小说《一亿六》，面对文学界的质疑和广大读者的沉默，他毫不理睬，仍然信心爆棚，自视甚高。这是争强好胜，还是性格弱点？

2012年11月，张贤亮被爆出"包养五个情人"的流言，后来才搞清这是他的一名员工挟私报复。张贤亮却公开说："五个？太小看我了！"这雷人之语或是气话，不过，据传闻，张之一生拥有情人无数，其中不乏名女人。他认为，性是狂欢，却未必是沉沦。性从未给他带来过道德负担。这也许是对22年性压抑的一种反弹吧。

70岁以后，张贤亮接受佛学，返璞归真。影城里悬挂着他的一幅书法《弥勒菩萨偈》，弥勒佛像旁是他写的一副对联："满堂珍藏不及身心康泰，万千事业何如家室平安"，横联是"常乐我静"。张不再有青史留名的激情，而是表现出一种玩世不恭的倦怠。对于商业他已没有使命感，也无意将影城打造成商业帝国。曾经无数次有人撺掇他、拉他去投资房地产、旅游地产，他均未为所动，宁可将一亿多现金放在银行里睡觉。光鲜的背后，他朋友很少，处于孤独之中。他唯一打过交道的企业家是柳传志。

张贤亮功成名就，享受人生。他隐居在影城的一个外景地，远处是国家森林公园，再远处可以眺望贺兰山。这个青砖砌成的四合院古朴典雅，里面的家具、陈设、古董价值连城。他有六辆豪车和两个专职厨师。他的一天大体上这样度过：上午练练毛笔字（还有一个专职"书童"），看看报纸杂志，然后，到影城办公楼转转，员工都会毕恭毕敬地叫他"主席"；下午如果天气好，他会到古城墙上散步；晚上会看看《尼基塔》之类的美剧。"我已经不屑于为读者写作了。"他直言，但他每天还会写点什么，那是他"平生故事堪沉醉"的自传，文字里再现的将是更加裸露和更加纠结的人性。

张贤亮与冯剑华的儿子张公辅说他的父亲张贤亮"唯一的敌人是平庸"。如果因循、守旧、世故、圆滑、虚伪、矫情、中庸之类都是"平庸"的话，那么，张贤亮确是一位堂·吉诃德式的挑战者。

1985年初夏，笔者与同事文牧去西北组稿，经西安到银川。新婚不久的冯剑华领我们到张贤亮家（一栋别墅小楼），与在陕西见到的路遥、贾平凹、陈忠实不同，张仪表堂堂，风度翩翩，他反复强调为文和为人都要真实，至今难忘。现在，张贤亮先生走了，为读者呈现一个真实、立体的张贤亮，正是一种缅怀和纪念。

2014.12

长庚医院：世界医疗的典范

一切为了"人"，这才是王永庆为医疗事业做出的最为重要的贡献。

创造了世界工商奇迹、被称为"经营之神"的王永庆，2008年10月不幸逝世时，郭台铭——这个桀骜不驯的企业大佬，带着儿子郭守正来到了王永庆的灵堂，三行跪拜大礼，轰动台岛。

在郭台铭和台湾地区民众心中，王永庆不是以超人的经营才干和巨大的财富，而是以其心系苍生黎民并为之奋斗和奉献的精神，才确立了人生终极价值的。医疗是其中的核心和代表。

王永庆以苦心、善心和决心于20世纪70年代创建了长庚医院。它的出现、成长、壮大和成功，像一条"鲶鱼"，搅动了公立医院垄断台湾的医疗生态，颠覆了台湾医疗产业格局，谱写了世界医疗变革的伟大传奇。

2012年春，美国国家地理电视频道为长庚医院摄制了一部纪录片并向全世界播出，盛赞其在中国台湾医疗界的卓越成就和生命活力。同年，英国《经济学人》杂志发布《世界健康排行榜》，中国台湾地区以综合成绩被列为仅次于瑞典的世界第二名。而诺贝尔经济学奖得主克鲁曼更曾专门撰文，称以长庚医院为代表的中国台湾医疗，堪称世界典范，要美国向其学习。

作为企业家的王永庆为什么要创办医院？长庚医院成功的密码是什么？

创办长庚，向善向好结硕果

王永庆出身寒苦，其父王长庚以种茶和贩茶为生，1961年8月8日突发肠绞结。当时，台湾地区的医疗资源极度匮乏，一千多万人口的全岛仅有三千多张病床。仅有的"台大"等几家公立医院，形同衙门，态度倨傲；而私立医院则多为零打碎敲的小诊所，如有大病根本派不上用场。此时的王永庆尚未发达，无力为被疾病折磨得死去活来的父亲找到一张病床，只好在医院走廊里临时搭了张床。王永庆紧紧地抱着发出阵阵哀号的父亲，心如刀绞却又无能为力，眼睁睁地看着父亲痛苦地挣扎，直到凄惨地死去。

人生的转折，往往缘起于外界的一个刺激。满怀悲伤、泪流满面的王永庆内心发誓：有生之年，一定要让老百姓看得起病、看得好病。父亲的悲剧绝不能重演。

20世纪70年代，王永庆已是成功的企业家。十多年前的痛再次醒了，或者说从来就没有睡过。1976年12月1日，王永庆以自己父亲命名的第一家医院在台北诞生了。初创的长庚医院规模不大，仅有117张床位，但王永庆的目光却很远大：要办最好的医院，让平民得到最好的治疗。为此，既要坚持非营利的原则，又要以市场化的手段运营，所获利润全部用于医院的滚动发展，广泛而持续地造福于广大民众。

长庚医院打破台湾地区医疗界的陈规陋习，破天荒地规定：住院不收押金，医生拒收红包，60岁以上老人和穷苦群众享受优惠。一系列崭新的举措，使其迅速赢得了广大民众的普遍好评。它像一股清新之风，吹皱了台湾医疗界的一潭死水。

占领人才高地，是事业成功的"不二法门"。为此，王永庆亲力亲为，从零开始，搭建优秀的管理团队。他以"三顾茅庐"的真诚，聘请了医疗权威罗慧夫出掌院长、管理专家张锦文担纲CEO。他谦卑地说，自己是外行，"事情就拜托你们了"。在背后，他则提供无限、周密而有效的支援和保障。有了一流人才坐镇指挥，长庚医院风生水起，蒸蒸日上。

王永庆一生节俭，一条毛巾都要使用数年，自己出差从不坐头等舱，却将从海外归来的医生从经济舱升为头等舱。他还经常在家里宴请医院的骨干，太太亲自下厨，一些年轻后生也成为他的座上宾。在他的精神和品德的感召下，一大批医疗精英放弃了欧美发达国家的优渥条件，回国加盟长庚。

作为"塑料大王"的王永庆，与办医院本是八竿子打不着，何况还是在台湾地区公立医院的夹缝中谋求生存，因而长庚医院创建之初并不被人看好。然而，它却奇迹般地越办越好。1978年王永庆创建了第二家医院：长庚医院林口院区。开业前蒋经国亲临参观。在其后的二三十年间，长庚医院已经拥有基隆、高雄等七个院区，每年服务约820万人次，全体系拥有近万张床位，平均每四位台湾人就有一人接受过长庚的医疗服务。

智慧经营，市场化人性化绽异彩

长庚医院是一家面向平民的医院，收费不高但医术高超，企业化管理却人性化服务，建院三年就收支平衡，其后利润一路走高，成为台湾地区最赚钱也是患者最满意的医疗中心。

"蝴蝶效应"的结果是，大量资本快速跟进，导致台湾地区从公立医院占八成变成了民营医院占八成。以长庚为代表的台湾医疗产业的新格局和新气象，为全世界很多国家和地区的医疗管理提供了研究对象和模仿蓝本。

长庚的成功，得益于王永庆的市场化。长庚的权力机构是行政中心，负责一切与"治病"不直接相关的事务，例如人事、财务、后勤等，负责人称为总执行长。行政中心下设置院长，负责医疗业务和科研，不参与也没有任何行政权力。在科室，同样也设置了科长和科室主任，前者负责医疗以外的一切事务，后者则负责医疗之内的一切事务。这种分工明确、各司其职的管理和权责机制，使各个领域均得以最佳发挥，有序、有效地推进了事业的发展。医管分离是王永庆的创新，然而，就他对医疗界的贡献而言，这还不是最重要的。

王永庆将台塑集团企业管理的精髓引入医院，推行以科室为核算单位的"利润中心"制，从财务上将各科室独立为单独计算损益的事业体，从体制上避免了吃大锅饭的弊端，充分调动了基层的积极性和能动性。医护人员则实行"三三三"绩效奖励制度，他们的薪酬与药费、检查费脱钩，变为以年资积分、诊疗收入积分和科内积分各占三成，计算应得报酬。从而促进了团队合作并确保了医疗效率和品质。然而，这也不是最重要的。

为了防止"利润中心"制可能滋长的"一切向钱看"等弊端和漏洞，长庚对所有科室和医护人员的考核指标，都紧紧围绕患者的满意度，并且"一票否决"。你要增加收入，只能又多又好地为病人诊治病患、排忧解难。

为了培养人才，长庚早在创建时即开办了护专学校，既为长庚培养了大量优质的护士人才，也为穷弱家庭改变下一代的命运提供了帮助。王永庆还引进了发达国家畅行的"二六九条款"，要求医生在行医的二、六、九年中分别晋升级别，他们必须在医术上不断向更高端持续精进。然而，这也不是最重要的。

长庚率先采用了一套先进的信息系统，对医院各个环节全程实时监控。患者可在电脑自动查询系统上，看到自己的化验结果；而在自动挂号机和缴费机上，插入医保卡即可完成挂号和缴费；至于取药的患者，当他到达药房时，发现自己的药已经摆在柜台上，只需把条形码一扫即可拿药走人。如此等等，诸多便捷的人性化设计和服务，源于王永庆始终倡导的"以病患为中心"这一核心价值观，这也是他一生践行"勤劳朴实、止于至善、永续经营、奉献社会"精神的体现。一切为了"人"，这才是王永庆为医疗事业做出的最为重要的贡献。

花开并蒂，鹭岛京华共芬芳

王永庆一直有一个心愿，将长庚模式引入大陆，为改善祖国医疗环境做出贡献。2008年5月6日，王永庆在自己的家乡福建厦门开办的长庚医院正式开门迎客。在热烈而隆重并且精英云集的庆典上，92岁的王永庆在致辞中只讲了三句话，用了不到30秒钟，然后就在掌声中安静地站在了一边。

厦门长庚建于海沧区霞飞路。虽然远离人口密集的闹市区，然而开业三年来，厦门的老百姓还是不顾路途遥远和舟车劳顿，纷纷前来就诊。走进门诊大厅，就给人以耳目一新、截然不同的感觉，宽敞，干净，明亮。装修风格朴实而本色，不像有的民营医院那样宾馆化，豪华，夸张，花里胡哨。

厦门长庚和台北长庚一样，医院的所有环节均实行高度信息化、网络化和人性化管理体系。医护人员总是在等患者，如果患者在等，计算机就会不断提醒，如果仍然无效，计算机就会将信息转换为"异常情况"，行政中心人员就会出现在现场，解决问题并"约谈"责任员工。

厦门长庚的医疗技术或许不是第一流的，但服务却是超一流的。人性化的设计和服务体现在所有的细节上，别出心裁，孜孜不倦。例如药袋，不但制作精美，而且各种提示特别醒目，早晨用药就有阳光初升的图案，晚上用药则显示美丽的弯月。饭前或饭后用药，会有一只碗来提示。每个药袋的背面都有医院24小时的电话，方便患者随时咨询。

　　为了保护患者的隐私，每个人抽血时都在一个独立的包厢里。每一个诊室也只能有一名患者，由一名医生和一名护士对其进行诊治和服务。长庚实行预约制，患者多等一分钟，医院都视为是自己的失职。

　　"主诊医师制"和"护理全责制"是长庚的特色之一。前者规定一位医生对自己的患者"一包到底"，始终跟踪患者的病情变化并及时采取对策；后者则是患者家属不必陪护或者自聘护工，减少他们的负担。

　　厦门长庚的成功，吸引了国内的许多大城市，都邀请长庚在该地创建医院。然而到目前为止，只有清华长庚于2014年在北京开业，而各地各种打着长庚旗号的医院则多为冒牌货。

　　王永庆先生早已远在天国，他那炯炯有神的目光还是那样坚定而辽远，注视着这个时光无声、白云苍狗的世界。

2016.10

高德康："波司登"的风雨辉煌路

高德康认为，不竞争才是企业的最高境界。这句禅味十足的话，蕴含着一个成功企业家对商业真谛的独特认知：对手只有自己。

隆冬时节，滴水成冰。外出穿什么？是的，最佳选择是羽绒服。在羽绒服这个事关千家万户的民生领域，当然非波司登莫属。这家数十年来稳坐行业第一把交椅的龙头老大，不但早已进入中国企业500强，而且成长为亚洲规模最大、技术最先进的品牌羽绒服制造商，成为国内消费领域唯一统揽"中国世界名牌""全国质量奖""中国工业大奖"等殊荣的企业。

波司登的创始人是高德康。这位具有传奇色彩的民营企业家，半个世纪以来矢志不移地兴业报国，坚定不移地缔造名牌，成就斐然，贡献卓越。他曾被授予中国纺织功勋企业家、中国服装行业功勋奖章、

CCTV中国经济年度人物、品牌中国年度人物、中国十大创业领袖，等等。他还是全国人大代表、全国工商联常委、全国纺织服装商会会长，等等。

高德康和他的波司登成功之路是怎么走过来的？其中的秘诀和经验是什么？他曾表示，中国还不是服装强国，那么，实现做大做强民族企业的路径又是什么？

让我们走进高德康，走进波司登。

一辆自行车与八台缝纫机

高德康1952年2月1日生于江苏省常熟县白茆乡山泾村。高德康从小就聪明好学，而且酷爱文艺，天资又好，一般乐曲听过两三遍便可独立演奏。更特别的是，他骨子里有一股永不服输的冲劲和韧劲。他不甘贫穷和落后，凭着从父亲处学来的裁缝手艺，24岁便带领村里11个农民，成立了一个小小的缝纫组，自任组长，开始艰辛的创业之路。他的全部资产是八台家用缝纫机和一辆永久牌二八自行车。

在一穷二白的困境中，他们只能做一些来料加工的活计，而肯与他们合作的厂家又远在上海。从山泾村到上海往返200公里，每天天没亮，高德康就骑着自行车往返两地运送布料和成品，重达上百公斤。在坑坑洼洼的沙石路上，他以每小时二三十公里的速度狂奔，饿了，啃口干粮，渴了，喝口凉水；爆胎、轮子坏掉等事故频发；脚肿了、腿酸了、浑身像散了架子，更是家常便饭。如此反复，汗珠子掉地摔八瓣，竟然坚持了七八年之久，二十多岁的年轻人，看上去竟像一个满脸沧桑的老头！

1983年，高德康的交通工具"鸟枪换炮"，自行车变成了摩托车，任务也加重了，一天要跑两个来回，四年时间竟然骑坏了六辆摩托车。

草根创业，创业者和员工都很难很苦，前者比后者更难更苦，这样的关系血浓于水，才能众志成城、无坚不摧。

成功的途径千差万别，经验也车载斗量，虽说很难简单复制，但要成就一番事业，艰苦奋斗的精神、吃苦耐劳的劲头和坚韧不拔的毅力却是必备的素质。如今，那辆二八自行车和八台家用缝纫机，作为创业的图腾，被安放在波司登历史陈列室里，静静地向世人昭示一个平凡的真理：励精图治，顽强不屈，精诚团结，成就伟业。

1984年，高德康的小作坊结束了来料加工的历史，开始为上海一家工厂贴牌生产羽绒服。这一转变至关重要。第一次接触羽绒服，高德康就敏锐地觉察到这个产品市场潜力的巨大。

然而，20世纪80年代，这种体式臃肿、面料粗糙、颜色单调的羽绒服并不被消费者看好，当时流行的是皮夹克。而且，羽绒服的生产程序复杂，费时吃力，很少有厂家愿意接单。

不安分的高德康却坚信，这种又轻又暖、物美价廉的羽绒服必将受到中国老百姓的喜爱，一定会爆发出强大的冲击波和生命力。其后，高德康为上海天工服装厂贴牌生产秀士登牌羽绒服并大获成功，从此便一发而不可收。

别人不想为或不敢为的事情，高德康却果断出手，坚定不移而为之，终于收获了他的"第一桶金"。这是眼光，也是魄力。机会总是稍纵即逝，只有高手才能不失时机地抓住它。高德康有一句名言：相信就会看见。

高德康是位有心人。在贴牌加工时，他边干边学，几年的时间便掌握了羽绒服生产和销售全链条的成熟技术，同时潜心研究羽绒服市场的走势。他在公司对年轻人常说的一句话是：梦想有多远，舞台就有多大。现在，他要把梦想变成现实了。

1992年，高德康结束了"为他人做嫁衣"的历史，注册了波司登商标，迈出了打造品牌羽绒服的第一步。两年后，波司登羽绒服正式面市，参与激烈的市场竞争。如今，波司登的品牌价值达一百多亿元，成为中国服装行业最具价值的品牌。"品牌是企业的核心竞争力，通过对品牌的塑造、培育、提升和创新，来打造企业的竞争优势，实现企业的腾飞。"高德康深有感触地说。

波司登品牌在国内的美誉度、消费黏度都在不断攀升，发展迅速。1997年，高德康将眼光瞄向了海外，国际战略初见端倪，他在全球68个国家注册了自己的商标专利。

1998年，高德康决定实施多品牌战略，创建了雪中飞品牌。在血腥的价格战中，通过雪中飞与对手应战死磕，确保了波司登的高端品位和绝不降价。高德康大获全胜。其后又创立了冰洁、冰飞和康博等多线品牌。市场上如有风吹草动，波司登便有组合拳伺候。这是高德康的大智慧。

品牌的力量无形而巨大，权威数据显示，波司登羽绒服在世界产量第一，中国销量第一，同类产品国际贸易量第一。

两次危机与三次革命

1994年的冬天特别冷，却比不上波司登遭遇的上市以来前所未有的"冷"。或许是蒸蒸日上的业绩会使人晕眩吧，高德康仅凭自己的经验就贸然决定生产了23万件羽绒服，在冬天即将结束的时候仅仅卖出8万件，大量的库存积压使现金流吃紧，雪上加霜的是银行800万贷款到期，催账声急，令人心悸。

高德康到了破产的边缘，"晚上闭眼就一身冷汗惊醒。"一夜白了头，他甚至想从异国他乡的大厦跳下去，一死百了。

然而，高德康还是挺过来了。他后来回忆说，"考虑到还有好几百人等着吃饭，就觉得我必须为他们负责，为企业负责。"是思想、境界、胸怀和格局挽救了高德康，也挽救了波司登。

高德康决定考察市场，首选是东北。通过大量走访和座谈，他找到了产品因款式单一古板、颜色陈旧、面料粗糙、版型臃肿和质量瑕疵等不受欢迎的五大原因。

高德康痛定思痛，决定"洗心革面"，对产品进行彻底改革。不但将羽绒服的羽绒含量从60%提高到90%，且全选优质绒，全面革新工艺，从色彩、面料到线条，引入时装设计、增强时尚元素，从而掀起了我国羽绒行业的第一次革命，业界亦称时装革命。

1995年下半年，波司登羽绒服新品亮相市场，立刻受到追捧，86万件产品一抢而空，登上了中国羽绒服行业的头把交椅。消费者说：波司登羽绒服变得更轻、更薄、更暖和、更漂亮了！

为了顺应绿色发展的潮流，高德康带领他的研发团队和员工，生产出了一系列对人体无毒无害、对环境无污染、符合生态纺织品要求的产品。2011年10月，中国轻工业协会等机构联合推出"五朵金花"（波司登、雪中飞、康博、冰洁、冰飞）绿色认证标志羽绒服，开启了羽绒服行业绿色革命的序曲，把波司登再次推上了新的发展高度。

波司登掀起的绿色风暴，是羽绒服行业的第二次革命，亦被称为

"绿色革命"。

创新是一个民族的灵魂。为了让消费者真正享受到健康、安全、美观、时尚的羽绒服，波司登与美国杜邦公司合作，采用高科技羽绒服内衬特卫强，使其更加轻巧、牢靠、抗风而透气；又与日本帝人公司合作，开发出外可防水内可透气的"密而柔"面料，不但表面涂漆色彩和图案更显时装特点，而且将防水、排湿、透气"熔于一炉"，引领了羽绒服功能化、健康化、时尚化的生态潮流，从而引爆了羽绒服的第三次革命，亦称"科技革命"。

就在波司登如日中天的时候，"黑天鹅"却不期而至。

2014年5月，高德康聘任了新的CEO，虽然整个行业受租金、原材料大幅上涨，以及天气变暖等影响而不景气，波司登仍然以平均一天开七家店的速度疯狂扩张，导致管理滞后、资金链日渐逼仄。此，前高德康主导的"四季化"和多元化问题日渐浮出水面，波司登女装、童装也相继受阻，危机重重……

高德康是久经沙场的虎将，他抖擞精神，重整旗鼓，在"四季化"、开店、产品风格等方面大刀阔斧，拨乱反正，终于化险为夷，扬帆远航。

多年后回首往事时，高德康心有余悸地说："太惨了，不提也罢。"一如他回忆1994年那个寒冬的生死劫。

所有的尝试都需要付出代价。能不能冷静面对、适时止损，能不能认真反思、有效修正，是智慧与蛮干的分水岭，也是优秀企业家与平庸商人的试金石。

早在创业阶段，高德康就对乡亲们说："总有一天要让大家过上和城里人一样的生活。"他一诺千金，说到做到。1999年他拿出自己创业积攒的近亿元资产，整合家乡的土地资源，建成了427栋小洋楼分给大家，这个昔日贫穷的小山村，如今成了远近闻名的小康村、文明村。这个被称为康博村的党支部书记就是高德康，他在众多的职务中非常在意这个职务。鉴于高德康多年来对社会的回报和贡献，2017年他被评为"CCTV中国经济慈善人物"。

波司登总部大厦21层高德康的办公室里，悬挂着一幅字："高度成就梦想，品牌引领未来"。这里没有提到竞争。高德康认为，不竞争才是企业的最高境界。这句禅味十足的话，蕴含着一个成功企业家对商业真谛的独特认知：对手只有自己。从高德康的窗外远眺，广袤苍茫的苏南大地铺向远方，辽阔的长江日夜奔流，浩荡的江声伴随着高德康和他的波司登……

2019.12

王正华：中国廉价航空第一人

从被轻视到被尊重，王正华的"春秋航空"用了20年时间。也许，这就是商业的本质，这就是生命的真谛，这就是让世界变得更加美好的力量。

不久前，王正华辞去春秋航空董事长职务，他的长子、春秋航空总裁王煜接任。这条普通的财经新闻，再次将王正华推向了中国商界舞台的聚光灯下，引起了人们的普遍关注。

王正华是中国民营航空第一人。大浪淘沙，民营航空如今已所剩无几，他创办的春秋航空却越飞越高，成为中国唯一一家廉价航空上市公司，为诸多百姓实现了"想飞就飞"的梦想。

激情与平和、开拓与专注、创新与保守、野心与内敛，这些看似矛盾的性格特征，却大开大合地在王正华的身上融为一体，既推动了他的人生进程，又铸就了他的事业辉煌。

涂着"春秋航空"字样的飞机翱翔在湛蓝的天空。朵朵白云，见证了王正华哪些传奇的故事？故事的背后又镌刻了哪些成功的密码？

"抠门"文化

春秋航空拥有七十多架空客飞机，每年净利润数十亿元，王正华的个人财产也高达120亿元，孰料春秋航空在上海的总部大楼却是租借的。原来是一家旧宾馆，公司入驻后，仅添置了一些必备的办公用品。狭窄的走廊，前后只有两盏灯照明。王正华的办公室也不过十多平方，还是和公司的CEO共用。显眼的是，靠墙有一个高高的书架；"豪华"的是，一张三人位的白色沙发，已经使用了二十多年，是当时花了100块钱买来的。

王正华的衣服一穿就是八九年，出差从不坐头等舱，住宿一般只住三星以下酒店，座驾是十万元出头的国产汽车吉利，手表是国产的上海牌。他在公司食堂排队打饭，"经常是青菜萝卜豆腐，一点荤腥就够"。看到一位女孩一碗面没吃完，他走过去说："浪费不好，也是对做饭人的一种不尊重。"

王正华不但自己省钱省到了骨头里，在公司也处处精打细算。春秋航空取消了随机赠阅刊物，每年可减少油耗三千多吨，价值1500万元。春秋的飞机由空姐自己来打扫，公司的复印纸要求正反两面使用。2008年王正华带队到伦敦参加会议，自带电饭锅做饭，还带了60袋方便面、40袋拌面，以及榨菜、辣酱、煮鸡蛋等，整整装了三大旅行袋。

其实，日常生活中点点滴滴的节俭，对于航空业的巨大成本不过是九牛一毛。王正华之所以矢志不移地倡导这种"抠门"文化，源于他母亲的一句话："钱一半是赚来的，一半是省出来的。"

为了打造机票比行业平均低30%左右的低成本航空，王正华既注意细节的打磨，更重视大局的谋划。占据航空公司主要支出的航油、机场等成本都无法撼动，王正华的高明在于开启了一系列大胆的改革。

春秋航空无论是国内还是国际航线，一般飞行5000公里以内，无需吃饭和睡觉。于是他取消了头等舱，每架飞机多出了20个座位，拆掉飞机后面的厨房又多出了六个座位，这样算到每个旅客头上的成本就差不多少了20%左右。

王正华说："我省的每一分钱，都是为了旅客。"春秋飞机日利用率超过11个小时，比行业平均多出2个小时，有效地摊薄了发动机折旧和员工薪酬等固定成本。春秋航空自建售票和离港系统，脱离行业普遍采用的中航信代理商，通过网络订购电子机票，每年可节省开票送票等人工费三亿多元。

"春秋从上到下，领导带头，疯狂地节约成本，我们的飞行成本比其他公司约低20%，营销成本约低80%，管理成本约低60%。"对于这样的数字，王正华感到很欣慰，也很自豪。

1981年，38岁的王正华扔下上海市长宁区遵义街道办事处党委副书记这个令人羡慕的"金饭碗"，怀揣自己的1600元作为启动资金，创办了春秋旅行社。十年后，它已被打造成了全国最具规模和实力的民营旅行社，成为春秋集团里与航空并列的子公司。匪夷所思的是，春秋旅行社最初的办公室居然是一间不足两平方米的铁皮屋。厉行节约，已经成为王正华和春秋人的一种自觉、一种习惯、一种风尚、一种哲学。

财富加法

王正华"抠门"做减法的同时，也在做加法，关键问题上不惜大手笔投入。他说："春秋航空再怎么节省，也不会削减三样——飞行安全、员工工资、培训。"

飞行安全，人命关天，悠悠万事，唯此为大。春秋坚持购买全世界最优质也是最昂贵的飞行器材，到2018年春秋将拥有100架飞机，新购置的飞机逐年增加，机龄平均只有3.6年。飞行安全的"硬件"扎实牢靠。2007年7月，春秋航空大连飞上海的航班由于山东半岛出现大雾而延迟起飞，一些乘客不理解而"霸机"长达数十小时，事后春秋航空出台了"黑名单"制度，社会一片哗然，但王正华不为所动，飞行安全是他不可动摇的底线，也是其财富的基础。

员工是企业成败的第一要素。王正华十分珍惜自己事业的伙伴，他不但用"情怀"来团结员工，更用股权激励、分享财富来凝聚员工。公司的六七十位大股东，不但拥有大事决策的投票权，而且年底还可以分红。每年选出的优秀员工和业务骨干，持有公司的干股，累计已有数百人。员工们说：在春秋干活，虽然辛苦，但有奔头。春秋航空飞行员的工资比行业平均高10%到30%，在飞行员日益紧缺的形势下，还不惜重金储备了上百名人才。

对员工的培训，王正华从不含糊，而且舍得花大钱。航空公司的规章和飞行手册，是用无数生命和鲜血换来的，只有时时处处避免行为的不规范，才不会酿成空难事故。英国每年都有国际低成本飞行会议，他每次都带几十人与会。这是一笔昂贵的开销，但他愿意把钱花在刀刃上，用到极致。

通过多年的打拼，王正华为春秋航空制定了低价航空的赢利模式，简言之即"两单"：单一机型（空客 A320）和单一舱位（经济舱），"两低"：低销售费用和低管理费用，"两高"：高客座率（春秋航空平均客座率为95.4%，其他航空公司平均为80%左右）和飞机高利用率。这是行之有效的经验总结，也是来自实践的智慧结晶，被业界誉为低价航空持续赢利的"秘籍"。

该干的一定干好，不该干的则能抵挡住诱惑。2015年，春秋的高管们要进军房地产业，被王正华一票否决。自己不懂的坚决不做，这是他的坚持，也是他的理念。

王正华与时俱进、锐意进取，在旅游和航空的上下游开拓上，他一直在寻求新的盈利点，与日本阳光公司跨界合作就是成功的案例之一。阳光公司提供酒店和资金，春秋提供源源不断的客源，按比例分享利润，双赢果实的味道果然不错。

成功之根

王正华酷爱学习。创业之初，之所以选择旅游业作为切入点，源于一本名为《世界旅游业及其哲学》的书。旅游虽然是个朝阳行业，但在竞争激烈的市场胜出却谈何容易？王正华没有迷醉团体游这个赚大钱快钱的香饽饽，而是很有远见、差异化地定位于散客。散客才是真正可持续的主流市场。这本书决定了春秋旅游的发展轨迹。

1994年春秋旅游做到了国内第一，王正华开始考虑战略转型。经过三年多的学习、论证，特别是每年八千多次的旅游包机尝试，他决定进入航空业。之所以选择低成本航空，也缘于一本关于美国西南航空公司图书的启示。于是模仿、学习和本土化，终于诞生了美国西南航空的中国版，不但低成本模式相似，巧的是，两家公司的CEO还都是女性。学习，使王正华如鱼得水，如虎添翼。

学习能力超强的王正华，虽然年事已高，对新知识、新思维却保持着强烈的好奇心和恒久激情，他的博客，是普及企业文化、与员工交流的鲜活平台。他拥有众多忠实读者和粉丝，有时也会招来骂声，但在他看来，被人骂对自己也是一种考验。

王正华是个工作狂，一年365天，天天都在忙活，每天工作长达十二三个小时，凌晨三四点钟醒来，看前一天的经营数据和飞机运行情况报告。有人问他事业有成的诀窍，"我主要就是肯干"，他坦言，"这个世界很公平，你做了多少，就能得到多少。"他生活极为简朴，唯一的爱好是打太极健身。讲究阴阳平衡的太极拳法，天衣无缝地融入企业运营管理，动静互补，行云流水。

王正华有道德洁癖，诚信是他做人和经商的灵魂。在三角债泛滥的民航界，春秋航空从未拖欠民航建设基金和机场建设费。宁可损失可观的利息，也要按协议规定时间购买航油和航材。春秋航空在业内外均拥有良好口碑，曾被国际权威机构评为信用最高级别，银行也愿意为它慷慨解囊。

王正华倾向于家族式现代企业，大儿子王煜接棒春秋航空，小儿子王炜则担任春秋航空日本分公司董事长。两位少帅分别留学美日，具有国际视野和现代思维，工作得虎虎有生气，事业也蒸蒸日上。王正华创业时曾表示，他要一直工作下去，直到"变成老年痴呆"。他现在是春秋集团董事长，主抓战略问题。让这样的老人"裸退"？到底意难平啊。

航空是个高投入、高风险却又回报周期长的行业，王正华当年涉足时被人嘲笑为"滚地雷"。那些中外航空大佬们根本不把春秋航空放在眼里。然而，春秋航空却从无到有、从弱到强，其冲击力正在悄然改变行业生态。从被轻视到被尊重，王正华用了20年时间。也许，这就是商业的本质，这就是生命的真谛，这就是让世界变得更加美好的力量。

2017.11

马云：退休后要写一本什么书？

谁不知道失败、谁没经历过大大小小的失败呢？然而又有谁真正了解失败、认识失败呢？

2016年9月2日。杭州。印度尼西亚总统佐科借G20峰会之机，特别走访了阿里巴巴，邀请马云担任印尼的经济顾问。作为企业家的马云一时间鲜花著锦、烈火烹油、风光无两。然而，你知道吗？马云曾失败过，而且是惨败，而且不止一次，迷茫得找不着北。

马云两次高考落榜，不但北大梦碎，而且只因扩招才侥幸以专科线勉强上了一所师范学院的本科。1995年创建海博公司，推行"中国黄页"，却被指为"骗子"。1997年再次创业亦遭遇滑铁卢。

岂止马云？那些财富大佬们的成功路径虽各不相同，曾经失败的命运却无人幸免。风头正健的360董事长周鸿祎大学和研究生期间创办了两家公司，是最早做杀毒软件的，却均告失败。那位帅哥企业家雷军，起初创办三色公司，不久就灰溜溜地散伙，1992年加盟金山公司，四年后又险些关门。就连IT行业的"神"、伟大的乔布斯，1985年也被自己创建的苹果公司扫地出门，同年创办的next公司二三年后也宣布结束。

这样的故事或许已经陈旧，"失败是成功之母"之类的励志格言也太老套。是啊，谁不知道失败、谁没经历过大大小小的失败呢？然而又有谁真正了解失败、认识失败呢？

在失败面前，有质量的反思超过所有的豪言壮语。坦然接受人生的劫难，以豁达的态度和理性的头脑，回复命运的大考。马云说"研究失败比读MBA管用"，他创办了湖畔大学，只专注于"失败教育"和"让企业活得更久"这两门课程。

华为大老板任正非表示，他每天都在研究失败，对成功却视而不见，也没什么荣誉感和自豪感，相反却只有危机感。

世界华人首富李嘉诚则说，我会不停地研究每个项目可能发生的坏情况和出现的问题，往往花90%时间考虑失败。没有失败的成功是不完整的。这些成功人士把这种研究称为"失败学"，够新鲜吧。也正因为此，才彰显了他们的独特个性和超人智慧。

"失败学"的核心是找到失败的原因。拨开迷雾寻找真相，剥开表层看到本质，透过现象发现规律。这才是最重要的，也是那些成功人士不同于你我的看家本事。

雷军创立的三色公司，因无法赚钱而破产。他的反思有三点：首先是没有固定的赢利模式。什么赚钱干什么，无头苍蝇似的到处乱飞、无厘头的瞎忙是办企业的大忌。其次是缺乏前瞻的市场眼光。看联想的汉卡赚大钱，于是"山寨"人家，孰料庆功之酒尚温，又被更厉害的角色"山寨"了。跟在别人的身后跑，闻到的除了臭味则是更臭的味。最后也是最重要的是，没有一个优质的管理架构。雷军和他的三位创始人各占25%股份，"平等"得每个人都笑逐颜开，可是缺少决策者的公司，怎能应付瞬息万变、竞争激烈的市场呢？

京东创始人刘强东，开始创业时盘下了一家饭馆，由于疏于管理，员工们变着法子侵吞店里财物，原本赢利的饭馆不到一年便赔得底朝天。刘强东由此得出一个深刻的教训：对员工一定要信任，但信任不等于没有管理。这样的事例一捞一大把，很多人却视而不见。

这个世界没有无缘无故的成功，也没有毫无道理的失败。人在成功时总结经验，往往头脑发热；在失败时总结教训，因为有着切肤之痛，所以刻骨铭心，因而是最真实的。马云说他退休后要写一本书，把他一生的"干货"传给世人，据著名财经作家、也是他的同乡吴晓波透露，这本书的书名是《阿里巴巴的1001个错误》。

不在同一个地方第二次摔倒，在失败中找到成功的密码，然后驰骋人生，"一日看尽长安花"。做企业如此，做任何事情又何尝不是如此？

2016.10

陶华碧：把生意做到了全世界

"老干妈"的创建者陶华碧认为，让人吃的产品，出了问题要遭天谴。别人玩套路的时候，她把精力用在品质上。

她目不识丁，凭着艰苦奋斗，白手起家，硬是把一家卖凉粉的路边小店，蝶变为享誉海内外的著名企业。其产品的名字怪怪的，包装也很土气，每天却能卖出200万瓶，还漂洋过海卖到了全世界。2012年她的公司产值33.7亿元，纳税4.3亿元，人均产值168.5万元，2016年产值将超50亿元。她用种种"另类"所灌注的品牌墙，根基扎实，其价值和影响在贵州仅逊于茅台。

作为走向世界实体经济民族品牌的缔造者，她的名字经常与任正非、宗庆后、董明珠"并列"，为人们所关注。

她以一系列"不"而名闻天下：不打广告，不搞营销，不坑人，不贷款，不融资，不上市，不圈钱，不欠员工一分钱，也不欠供应商一分钱，不赊账，要货必带钞票来，不换包装，味道亦从来不变……

没错，她就是"老干妈"的创始人、董事长陶华碧。

"干妈"式创业

陶华碧1947年出生于贵州省湄潭县一个偏僻的小山村，由于家贫，没有踏进校园一步。20岁时嫁给一名地质勘察队员，小日子没过上几年，丈夫就撒手人寰，留下了孤苦伶仃的她和两个嗷嗷待哺的孩子。

困苦可想而知，然而生性刚强的陶华碧没有被命运压倒，她千里迢迢地南下广东打工。为了攒钱养娃，她很少买菜，自做辣酱用来下饭。香辣细腻、回味悠长的辣酱，是她的拿手绝活，也是日后"老干妈"原始的雏形。

孩子还小，牵肠挂肚。一段打工生活后，陶华碧回到了家乡，开始制售凉粉。卖凉粉原料的地方离家十多里路，每天天没亮她就背着背篓出门，再背着七八十斤重的背篓返回。

辛苦操劳加上省吃俭用，陶华碧终于攒下了一点钱，告别了走街串巷的流动摊贩，用捡来的破砖乱瓦，在贵阳市郊的龙洞堡公路旁搭建了一家小吃店，专卖凉粉。

由于量足味美、价格便宜，途经此地的货车司机经常光顾，作为凉粉佐料的辣酱更是他们的至爱，陶华碧还经常在他们临走时免费赠送一二瓶。货车司机们口口相传，龙洞堡辣酱的名气逐渐在贵阳一带传开。经过市场的检验，她的产品站稳了脚跟。

凉粉店附近有几所中专和职业学校，学生们喜欢这家小店的独特风味，课余时常常过来。陶华碧喜爱孩子，嘘寒问暖，鼓励他们努力上进，家庭特别困难的孩子还经常免费消费。一天黄昏时分，一个家贫的学生娃从远处一边跑，一边真情地喊着："干妈，我来了！"日久天长，学生娃们就都亲切地称她为"老干妈"了。他们这一叫，就为日后名扬天下的品牌定了名。

辣酱越卖越火，供不应求。头脑活泛的陶华碧突然想道：大家这么喜欢辣酱，还卖什么凉粉？干脆专做辣酱吧！

说干就干，1996年7月，陶华碧因陋就简地办起了一个食品厂，招聘了40名工人，专门生产辣酱，定名为"老干妈辣酱"。为了让消费者知道是她家的辣酱，她还专门拍了一张照片贴在瓶子上。这个商标沿用至今，具有很强的商品辨识度。

当时还是手工操作，最令人打怵的是剁辣椒，把人的眼睛辣得直淌眼泪，没人愿意干。陶华碧身先士卒、亲自动手，一手一把菜刀，抡起来上下翻飞，嘴里还振振有词："我把辣椒当苹果剁，一点也不辣眼睛！"员工们笑了，也都拿起了菜刀。一段时间下来，她累出了肩周炎，十个手指也因搅拌辣酱而全部溃烂而钙化了。干，实干，苦干，苦活累活带头干，就是她的创业史。

产能提升了，造成了库存积压。陶华碧带领员工，背着辣酱上门推销，请人家试吃试销。这种笨办法效果还不错，不到一个月，订货的电话便响个不停。

陶华碧决定扩大规模，一年后，1997年8月，"贵阳市南明老干妈风味食品有限责任公司"正式挂牌。厂房扩建了，工人多达400多名，公司的组织架构也在搭建，一切都必须走向正轨。一个大字不识的陶华碧，面临着崭新、巨大而严峻的挑战。

"干妈"式管理

转为公司后，陶华碧的儿子李贵山看到了母亲的难处，就辞去公职，加盟"老干妈"。李贵山高中文化，初期的工作主要是帮助母亲建章建制，母亲说一条他写一条，大都是"不许偷懒""不许偷工减料"之类的家常话，却句句实诚管用，多数条款沿用至今。

陶华碧虽然看不懂财务报表，但具有惊人的记忆力和心算能力，会计说完她就能算出大致的进出并分辨出对错。为了能在文件上签名，她跟儿子学得昏头涨脑，终于把"陶华碧"三个字写得有模有样，兴高采烈地请员工们吃了一顿"大餐"。

陶华碧的管理，归根结底，就是当好"干妈"。员工出差，她会煮几个鸡蛋，亲自送上车；员工结婚，她去操办喜事并当证婚人；员工过生日，都会收到她送的长寿面和荷包蛋；员工反映家远不便，她便安排公司包吃包住……

一个来自农村的厨师，嗜烟好酒，每月工资所剩无几。陶华碧知道内情后，把他请到饭店，说："今天你想喝什么酒、吃什么菜，尽管要。但你明天必须把烟酒都戒了，工资由我替你保管。你还要供两个小弟弟上学，千万不能让他们像我一样当睁眼瞎呀！"厨师一边聆听这些掏心掏肺的话，一边感动得泪流满面。陶华碧或许并不懂得那些高深的理论，但她明白：帮助一个人，会感动一群人；关心一群人，肯定可以感动整个集体。

人心都是肉长的。陶华碧人性化、母性化的"感情投资"，使企业形成了强大的向心力、凝聚力和忠诚度。在公司里，没有人叫她

"董事长"，人前人后都称她为"老干妈"。

陶华碧对内打"亲情牌"，在开拓市场等对外活动中，则使用"诚信"这一看家本事。

2001年，有一家玻璃制品厂给"老干妈"提供了800件（每件32瓶）酱瓶，其中有些瓶子封口不严，流入市场后遭遇客户反弹。陶华碧果断决定，将这批货全部收回，当众销毁。她认为，损失再大，也没有在市场不讲诚信损失大。

市场复杂，鱼龙混杂。有一次，公司急需豆豉原料，重庆一家工厂运来了十多吨，但检查发现，这批货里夹杂一些变质的豆豉。因为"等米下锅"，员工们建议处理一下可以用。但陶华碧坚决要求退货，宁可公司停产也在所不计。她认为，让人吃的产品，出了问题要遭天谴。别人玩套路的时候，她把精力用在品质上。

事后，陶华碧自信地说："我不懂什么时髦的管理方法，我就靠诚信，我要诚得别人不忍心骗我！谁要是骗了我，别人就会说：'你连她都忍心骗啊？'谁就在同行中臭名远扬，难以立足！"

"干妈"式底气

专注，是陶华碧持续制胜的法宝之一。她一辈子就做辣酱，有了资本后，更是坚决而有效地抵御了来自方方面面的诱惑和压力。坚持稳健发展，拒绝盲目扩张，她说："我只会炒辣椒，我只干我会的。做本行，不跨行，把它做好做大、做专做精……打下一片天。"

精益求精的匠人思维和极致品质的打造，是陶华碧成功的"葵花宝典"。为了保持味觉的敏感，她一直不喝茶也不喝饮料，煞费苦心地改进她的辣酱，使其口感更加丰富，风味更加独特，令人迷恋，无可抗衡。辣酱的制作门槛很低，仿造者"你方唱罢我登场"，却又都无果而终，灰飞烟散。陶华碧活生生地用过硬的品质，做出了品牌壁垒，继而笑傲江湖。

陶华碧始终坚持低定价策略，每瓶不过十元左右，她要的是"滴水成河，粒米成箩"式的"薄利多销"。然而，远销到欧盟、美国和韩国等45个国家和地区的产品，则是另一番景象：每瓶老干妈，在美国亚马逊网站卖9美元，在奢侈品折扣网站卖12美元，韩国的各大超市则卖到了33800韩币（约合21元人民币）。"我是中国人，不赚中国人的钱，赚就赚外国人的钱。"说这番话的陶华碧，显得格外自信、从容、气定神闲。陶华碧感到骄傲的是，"老干妈"以"零缺陷"通过了美国最严苛的检查，成为贵州省首家出口到美国的食品企业。

陶华碧和她的"老干妈"获得的荣誉和奖励无以计数，但她最得意、也是经常挂在嘴边的却只有两组数字：一是给国家缴了多少税，二是帮助了多少农户。2014年，陶华碧说"老干妈"在过去的三年间缴了18亿元的税，2015年则增加至22亿元。为了保证货源质量，陶华碧搭建了一条"企业＋基地＋农户"的农业产业链，带动了至少800万农民发家致富。对于相对贫穷落后的贵州，这是个了不起的贡献。

舆论曾津津乐道陶华碧"靠心算管财、靠亲情管人"的成功之道，但她却对员工说："我是老土，你们不要学我。你们这些娃娃出去后，要给我带点文化回来。"实际上，"老干妈"的管理模式不可复制，简单的模仿是要吃苦头的。近年来，"老干妈"招募了许多学有专长的人才，其管理团队则由职业管理精英组成，引入了现代管理体系，确保了企业实力不断壮大，品牌日益深入人心，利润逐年递增。

陶华碧的底气和霸气，不是她的任性，而是用心做事、踏实经营、淳朴商业逻辑的胜利。

2017.2

天堂伞：凭什么走进亿万家？

1985年，60岁的王斌章退休了。这个不起眼的老头儿，却有一个天大的梦想：做中国最好的伞！

说起伞，你可能想到的，就是大名鼎鼎的天堂伞吧？你没有想到的是，它的创始人居然是一位退休以后才开始创业的老人；你更没有想到的是，仅仅用了十多年的时间，他便把一个乡镇小作坊，变成了全国制伞行业的龙头老大，不可撼动地占据着全国80%以上的市场，每年销售上亿把；他把这个不起眼的小产品，做成了名播海内外的大公司，年销售额高达24亿元，谱写了令人惊诧的商业传奇。

这位堪比褚时健老人的传奇人物就是王斌章。他如何凭一个夕阳产业创造出了高科技产业的利润，硬是一针一线地织就了一个制伞王国？在这个堪称"绝唱"的过程中，发生了哪些动人心弦的故事？从中又折射了哪些足可以写进商学院成功案例的启示？

创业靠诚信

　　1985年，60岁的王斌章退休了。在中国经济高速发展的时代感召下，他没有享受安逸的退休生活，揣着仅有的2000元钱，挂靠在杭州市留下镇"工办"的名下，办起了简陋的制伞小作坊。这个不起眼的老头儿，却有一个天大的梦想：做中国最好的伞！

　　退休前，王斌章是杭州五联农机厂的制伞设备设计师。他设计的制伞设备畅销全国，科学性和精密度都极高，连上海飞机制造公司的技师都慕名前来参观学习。55岁的时候，他在工厂的转轮上被60度抛出，昏迷了七天七夜。与其说这是"大难不死必有后福"，不如说是为了梦想而百折不挠、矢志不移。

　　凭着多年积累的独家秘籍，王斌章的小作坊第一天就生产了二十多把伞，他兴冲冲地拿到杭州闹市武林广场摆上了地摊。他的伞不但花色独特，琳琅满目；而且伞形各异，质量上乘。当时市面上每把伞也就二三元钱，他却一口价七元一把，仍然销售一空。他因自己的自信和技艺被市场认可而兴奋不已。

　　"烟雨西冷话南山，半遮红颜半遮伞"，《白蛇传》中许仙和白娘子西子湖畔以伞定情的美丽传说，使伞成了杭州的四大特产之一。"上有天堂，下有苏杭"，王斌章为自己的产品和企业起了一个富有诗意的名字：天堂。

　　在竞争激烈的环境中，王斌章从不打价格战，而且还要比同行贵两三倍。他坚信：质量才是产品的生命线，而诚信则是企业的生命线。

　　建厂初期，出现了一次质量事故。全厂停工六天七夜，召集全体员工找病根除隐患，制定质量体系。王斌章要求选用最优材料，绝不偷工减料，确保每把伞都不出一点毛病，可以使用十年以上。他亲笔书写了"宁失万贯，不丢品牌"八个大字挂在厂区，成为全厂上上下下恪守并践行的座右铭。

　　王斌章踏踏实实地走好每一步，不急功近利也不赚快钱。他要求每把伞都要附上一张小纸条，写明伞坏了如何免费维修，并承诺终身维修。凡是外地寄来的伞，还要附上五元钱作为对方邮资的补偿。这在同行绝无仅有，看起来有点傻，却饱含着一个民营企业家的诚恳和朴实。宽厚仁义的王斌章说："我只是出于本能地觉得赚消费者一分钱，也得对他们负责。"

　　树大招风。20世纪90年代中后期，由于产品持续畅销，并先后获得了"中国名牌"和"中国驰名商标"的殊荣，假冒伪劣天堂伞铺天盖地，打不胜打，连工商管理部门都无计可施。经过深思熟虑，他在全国挑选了营业额较大、人品又相对可靠的经销商，让他们只经销正品天堂伞，保证比经营假天堂伞有赚头，化敌为友，互利共赢。与此同时，他加大了产品更新换代的力度。半年后假冒伪劣产品得到了遏制，逐渐澄清了市场秩序，王斌章老人露出了孩子般得意的笑容。

　　世界上没有无缘无故的成功。王斌章每天早上四点钟起床开始工作：画图纸、批文件、看书学习，晚间11点才睡觉，每天工作14个小时。晚饭后，他坚持步行五公里，这是他一天中最放松的时候。勤奋的本性和积极的生活方式，或与他出生于浙江萧山农村、童年生活艰辛困苦、青年参军抗战、中年以后在生产第一线摸爬滚打的经历有关吧。

发展靠创新

王斌章结束了固定伞骨的纸伞和油布伞千百年的历史，潜心研究设计出钢骨的三折伞。从此，轻巧、新颖、美观而牢固的三折伞走进了千家万户。这个创新改变了人们的生活方式。

可别小看这把普普通通的折叠伞，它的零件居然有一百多个：伞面、伞骨、伞杆、按钮，每一处组合都必须恰到好处，不能出一点差错。它的伞骨材质优良、制作精湛，因而坚固耐用。它的弹簧、滑轮和绳索等零部件的连接和咬合，每一个环节都把"力"释放的程度控制到机械原理上的最佳，因而收放自如。每一把天堂伞都凝聚着王斌章和员工的智慧和汗水，其他品牌只能望其项背。

随着人民生活水平的提高，女人爱美的天性被唤醒。王斌章及时地捕捉到这一商机，带领他的研发团队，经过千百次的反复试验，终于研制出防紫外线的太阳伞。它轻巧可人，放在坤包中，与化妆品一起成为女性的随身必带物品，时时呵护着她们的美丽。太阳伞自1996年投放市场以来备受青睐，成为公司的拳头产品之一。

下雨天，湿漉漉的雨伞让人不胜其烦，天堂伞业发明了一种用完只须一甩伞面就干了的"一甩干"产品，深受欢迎。太阳伞的伞面经过技术处理散发着一种优雅清香的气味，至少可以保持半年以上，受到女性的追捧可想而知。天堂伞业每年的翻新率高达80%以上，王斌章总能把产品做到消费者的心里。

由于拥有自己的设计团队和制造基地，天堂伞的设备创新一直走在中国和世界行业的前列。例如伞面的着色，只要两名工人把伞布铺上去，一部长条形的机器便会一次性地完成各种色彩和图案的印染。高度的自动化，节省了人力和材料，降低了成本，提高了效率。

天堂伞拥有一百三十多个专利，从雨伞到阳伞，从普通伞面到特殊伞面，从铁杆到铝杆、镀铬杆再到淡竹杆，从弹簧片到按钮，从顺四节到倒四节……每一次进步，都映照着创新精神的光辉。不是什么伞都可以叫天堂伞。

王斌章虽然年事已高，却仍然酷爱学习，他订阅了三十多种报纸和专业期刊，不断"充电"，为其持续创新提供源源不断的动力。

除了技术创新，王斌章的营销创新也是一绝。他率先突破计划经济的传统模式，抛开百货批发站，把产品直接送到零售基层店，资金周转时间缩短了五六倍。20世纪90年代中后期，由于一部分人出行基本不用伞，而低收入人群又不接受较高的价位，天堂伞的销售出现了萎缩。王斌章顺应市场的变化，东方不亮西方亮，走出国门，进军海外市场，国际市场被他做得花团锦簇，热闹非凡。

进入21世纪后，王斌章与时俱进地将产品进行市场细化，重新定位。例如陆续推出了以白领和青年为主要消费群体的高档浪漫系列和价格优惠的百姓人家系列，全面占领市场。2015年销售额突破了20亿元，而排名第二的仅有4亿元。

作为遥遥领先的市场王者，睿智的王斌章更加冷静而努力。他知道，人的欲望和要求没完没了，产品和企业的创新也就没有止境。

传承靠文化

企业文化是企业的灵魂，也是其基业长青的根本所在和不竭动力。王斌章推崇儒家文化，一生坚守"仁义礼智信"。以人为本，厚德载物，天地人心，内外兼修。创业以来，他把这种思想融会到品牌建设、质量管理和市场开拓等企业实务的每一个细节；也把这种思想春风化雨、润物无声地传达给每一位员工，成为他们做人和行为的准则。厂区里随处可见他亲笔书写的"诚实、能干、勤劳"等标语条幅，他还亲自制定了"员工守则"，"待人要随和，讲诚信，不欺负弱小"等条文，员工们不但牢记在心，而且脱口而出。企业文化像个巨大的磁场，增强了员工的凝聚力和归属感。

2000年，天堂伞业集团成立，76岁的王斌章荣坐天下，任董事长。他的六个子女任董事，分别掌管着六个分公司，个个都做得风生水起，蓬勃兴旺。2015年，91岁的王斌章辞世，大儿子王杭生接任集团董事长，女儿王小英任总经理。平和友爱的儒家文化，转化为接班人团结一心、再展宏图的力量。目前，天堂伞还开启了与IT的深度合作，老牌要变潮牌。

天堂伞业新一代的管理者从开创者手里接过的不仅是工厂和财富，还有企业文化和创业者的企业家精神。他们将走得更远更好。父亲王斌章的梦想也是他们的梦想：做中国最好的伞！

2017.10

王石的精神馈赠

在执掌万科的33年中，王石做了什么？他给万科留下了什么？

所有的辉煌，终有一别。2017年6月30日，在万科股东大会上，王石发表了15分钟的演讲，告别了他一手缔造并付出了一生心血的万科。一个时代结束了。

万科历史上，曾发生两次危机。1994年"野蛮人""君安"和2015年开始的另一个"野蛮人""宝能"大举进入，把万科"搅得周天寒彻"。在这两场里程碑式的交锋中，王石率团队艰苦鏖战，均获完胜，特别是刚刚落幕的万宝之争，更是刺刀见红、险象环生，彰显了作为万科精神之父王石的巨大能量。在鸣金欢庆的时间节点上，王石功成身退、归隐让贤。"在最好的时候退场"，王石再次为万科、也为商界留下一段佳话，获得了尊敬和掌声。

在执掌万科的33年中，王石做了什么？他给万科留下了什么？

"首先选择了一个行业"，定位是否准确决定企业的成败。一家多元化的公司，在王石的坚定指挥下，终于打造成了世界最强大的城市住宅建设公司。"其次，建立了一个制度"，制度建设是可持续发展的保证。万科以规范化和流程为核心的管理模式，开创了中国现代企业制度的先河。"最后，培养了一个团队"，多年来，王石耗尽心血地培育了万科包括"不行贿"等"道德洁癖"在内的管理团队，内心强大的郁亮不但是这家地产业"巨无霸"的继承人，也是其价值观的守护者。企业最终拼的还是文化。

有没有遗憾或教训呢？王石和他的团队放弃了万科的原始股份，三十多年里也未能实行经理人回购，股权过度分散的隐患导致了万科在大风大浪中的摇摆。此外，也应指出，作为一个负责任的优秀企业家，谨言慎行才是对公司根本性的"利好"。

王石退出万科后服务于社会，无论是调研企业还是发表讲话都极为认真、忠恳。我们终于明白，王石为什么能把一个企业做到行业世界领先，就是因为有这种精神。

2017.8

董明珠的电饭煲与日本的马桶盖

一位企业家或一名员工，对待工作的态度，折射着他对待人生的态度，而对待人生的态度则决定了他存在的价值。

在俄罗斯的莫斯科或符拉迪沃斯托克（海参崴），大街上来往奔驰的大都不是俄罗斯自产的汽车，而是日韩的二手车。中国汽车产量世界第一，在这里却难觅踪影。而在阿联酋的迪拜和印尼的巴厘岛，逛遍大小超市，没有多少甚至很难找到中国制造的商品。

这是笔者这一二年在海外的亲眼所见。2015年4月8日商务部发言人沈丹阳称，今年一二月以来，中国的外贸出口继续下挫，同比下降12.6%，令人忧虑的是，这还不是下降的止点。

曾经声名远播、光耀五洲的"中国制造"，怎么了？

一场特别的饭局

2016年3月8日，在北京一家宾馆的大厅里，高朋满座，记者如云，人头攒动，热闹非凡。作风霸气的商界巨擘、长盛不衰的话题女王、格力总裁董明珠，将在这里举行一场罕见的饭局。下午4时许，一盘盘装着大米饭的餐车推到了人群中。每个餐盘都用ABCD标注，分别放了四种米饭，这是用四种电饭煲按照一模一样的模式烹制出来的。

大厅两侧分别有一个二维码，在场嘉宾自行扫码投票，客观公正地"盲测"，选出自己认为口感最好的米饭。结果是选择A的8人，选择B的14人，选择C的5人，选择D的则是压倒性的31人。ABC分别是日本等三个国家的顶尖名品，D则是格力制造的大松电饭煲。

中国质量协会和中国农业大学的官员和专家现场发布称，通过实验比对，从粗蛋白含量等营养成分看，大松是最好的。著名财经作家吴晓波是听到消息后"打飞的"赶去的，另有不少重量级人物现场参与。

掌声响起，董明珠的脸上露出了得意的笑容。

事情过去两个月了，新闻已成旧闻，然而它引发的持续关注和深度思索却还在发酵。

作为全国人大代表的董明珠始终是个明星人物，2015年3月她参加"两会"时就被记者围追采访，当被问及对中国人远涉重洋到日本购买电饭煲的看法时，她被深深地刺痛了，"我们这么一个制造大国，怎么可能造不出让人心动的产品？我觉得很遗憾，同时也很悲哀，中国没理由连个电饭煲都做不好。"

一千句豪言壮语不如一个实际行动。一年后，在3月的"两会"上，她拿出了"国货"高端电饭煲，并激动地说："格力举办此次体验活动，就是要以此为契机，重建国人对中国造的信心。"董明珠的"煲"不是简单的煲，它是争气煲、自强煲，彰显了一个优秀企业家的时代担当和社会责任。强烈的民族自尊和自信，是董明珠的核心价值，也是她精神的动力源。

2012年，53岁的董明珠被任命为格力董事长，在她的带领下，3年后即2015年格力打入世界500强，排名家电类全球第一。她凭什么气势如虹、"横扫千军如卷席"？扎扎实实的研发和科技创新，是她也是格力的底气。为了研制电饭煲，格力投入了几百名科技精英，从内胆结构到外观设计，每一个技术细节，都经历了成百上千次实验。仅电力工程师孔进喜率领的其中的一支小分队，三年间就用掉了20多种不同品牌的大米34.5吨。董明珠说："提升中国造的水平是我一生的追求，为了让中国人不用到国外去买电饭煲，格力始终坚持核心科技和原创设计，用品质卓越的产品打动消费者，让国人爱上中国造，才能让世界爱上中国造。"

董明珠不愧为营销高手，此番她在最有利的时间（全国"两会"进行时）、最有利的地点（全国政治和文化中心、首都北京）、最有利的场合（名人和媒体云集），举行了一场最有效的产品推介会。投入最少，收获最多。从这一天起，格力的大松电饭煲为海内外所瞩目，也必将顺风顺水地走进千家万户。智者总是赢家。

一条繁华的商街

东京的银座与巴黎的香榭丽舍、纽约第五大道齐名，是世界三大繁华中心之一。笔者2014年4月去日本看樱花，由于花期掌握有误，到达上野公园时已是落英缤纷、零落成泥。不过却腾出了大把时间逛街，首选当然是银座。果然名不虚传，马路宽阔整洁，路旁高楼林立，著名的百货商店如和光、三越、松屋、爱马仕等鳞次栉比，资生堂等国际名牌旗舰店和流行服饰店优衣库也比肩而立、和谐相处，共同构成了这条现代日本象征的步行者的天堂。

盛开樱花的美景没有看到，却感受到了另一番令人咋舌的盛况。整条银座几乎全是海量的中国同胞，他们仿佛装上了劲道充足的发条，意兴盎然、步履匆匆、摩肩接踵地出入各家商店，因购物而兴奋甚至亢奋。在飞机上结识了一位优雅的旅友，说好一起活动的，或是由于笔者行动的迟缓或购物更加迟缓吧，他终于难以忍受，一边盯着手机微信里的提示，一边忘记承诺急不可待地抢购去了。笔者很纳闷，到了银座怎么都变了？

国人对日本产品似有一种毫无保留的信赖感。早就有人说，日本人把最好的东西留给自己，把较好的出口欧美，把最差的卖给中国。现在到了日本，岂能把"最好的东西"错过？好在免税店里的服务员差不多都是中国人，交流没有任何障碍；即使在一般商店里，也总有面容姣好、举止文雅的日本女孩，用一种半生不熟却又别有韵味的汉语为你热情服务。

"Made in Japan"（日本制造）绝无假冒伪劣，加上产品的个性化设计，足令国人倾心：睡裤会留好换皮筋的口，换皮筋时无须剪开再缝上；创可贴不用胶布，是液体的，直接涂于患处即可随意沾水；小学生的书包会在跌倒时自动张开，以防摔伤；一个小小的马桶盖，能加温，能冲洗，然后热风吹干……这些细节做到了极致，唏嘘感叹的同时也应持有敬意。还等什么？出手吧！于是衣服鞋子、化妆品、保温杯、保健品、药品、陶瓷菜刀，五花八门，林林总总，都成了国人的箱中之宝。

可是这时，带来的拉杆箱已经装满了，再买东西怎么办？不急，日本商家早有预见并为你谋划好了。银座许多商店都出售一种只需200元人民币的拉杆箱，外观、做工、质量都比国内同类商品好而且便宜。于是，银座商街上到处都是拉着同样箱子的中国人，兴奋地从一家商店转移到另一家商店，成了银座一景。

在东京购买家用电器，要到秋叶原电子一条街。这里的购物热潮甚至超过银座，柜台前人满为患，人人争先恐后，大宗物品的纸箱遍地皆是。笔者看到一位中年男人一口气爆买了六个马桶盖，然后如释重负地长出了一口气，接下来是很气派地刷卡。

据日本观光厅的统计数据显示，中国大陆游客旺季的人均消费达到了30万日元（15695元人民币），2015年全年人均消费为16万日元，远高于欧美游客8万日元的水平。日本"311"地震后，旅游业元气大伤，他们提出"希望更多的中国客人到日本来旅游"。我们国内消费疲软，却提振了衰败中的日本经济，令人尴尬、痛心。

如何看待国人到日本疯狂购物，崇洋媚外？盲目无理性？土豪炫富？这些生硬的问号也许并非全不靠谱，但是日本产品质量的严格保障，还是吸引国人最根本的原因。国人生活水平提高后，对产品质量提出了更高的要求，也折射了当前中国经济矛盾在供给侧而不在需求侧。很多在日本销售的马桶盖，其实是在中国生产的，但由于是按照日本标准和技术要求，因而质量是过硬的，购买者心里托底，才会千辛万苦地把它背回来。笔者以为，冷静反思，见贤思齐，迎头赶上，才是一种现实的态度。

一个意义深远的号召

截至2013年，全球寿命超过200年的企业，日本有3146家，德国有837家，荷兰有222家，法国有196家，日本为全球之冠。而在中国，创业历史超过150年的企业都屈指可数。日本企业长寿的秘诀是什么？答案并不复杂，就是他们始终在传承着一种"工匠精神"。工匠精神的核心是，工作不仅仅是为了赚钱，而是一种对产品质量尽善尽美、几近苛刻的追求和执着，一种从无厌倦的精益求精、精雕细刻的精神。他们以制造出高端产品为骄傲，甚至自负，相反则是难以洗刷的耻辱。

工匠精神要求专业、敬业和献身。要耐得住寂寞，在执着、缓慢、细致，甚至是少量的劳作中，保持内心的绝对平静，在所有的变数中，做到"最好"是永远不变的恒数。追名逐利、马马虎虎、敷衍了事、碌碌无为还怨天尤人，与工匠精神背道而驰。一位企业家或一名员工，对待工作的态度，折射着他对待人生的态度，而对待人生的态度则决定了他存在的价值。

企业家雷军在全国"两会"时说："我们与日本的最大差距就是工匠精神。"近日，华为总裁任正非在写给全体员工的一封邮件中，郑重地提出了要"学习日本工匠精神，一生专注做好一件事"，立刻红遍朋友圈，引发各方强烈关注。

李克强总理在2016年的《政府工作报告》中首提"工匠精神"，对3月29日的第二届中国质量颁奖会作出重要批示："弘扬工匠精神，勇攀质量高峰，打造更多消费者满意的知名品牌，让追求卓越、崇尚质量成为全社会、全民族的价值导向和时代精神，为促进经济'双中高'、全面建成小康社会作出更大贡献！"这是一个意义深远的号召，只有重塑工匠精神，才能营造一个人人重视质量，人人创造质量，人人享受质量的时代氛围和社会环境，从而开创质量强国的康庄大道。

中国制造怎么了？正在转型，从中国制造到中国智造。为什么转型？为了质量，包括为了制造出世界一流的电饭煲，还有马桶盖。转型就是变革，而阵痛则是所有变革都要付出的代价。

2015.5

深商前传之袁庚

蛇口招商局的一声炮响，把商业启蒙再次带回中国大陆。

1978年年初，袁庚摘掉"特务头子"的帽子，从秦城监狱释放出来，此时他已61岁。受交通部部长叶飞的委派，6月他到中国香港调查招商局工作。香港工商业的发达和繁荣对他触动很大，他深深地感到内地改革开放的迫切性和必要性。10月他被任命为交通部所属香港招商局常务副董事长，主持招商局全面工作。

1979年1月31日，袁庚向中央报告，建议设立蛇口工业区，得到了时任国务院副总理谷牧和中共中央副主席兼国务院副总理李先念的支持。在中南海，李先念在地图上将整个南头半岛都批给了袁庚作为试验区，但袁庚考虑到改革必将引起的震荡和风浪，作为试验区，还是适度为宜。他只要了南头半岛东南部、与香港隔海相望、原广东省宝安县面积为12.29平方公里的一个"公社"。它就是日后名震海内外的蛇口。

1979年10月，袁庚仅仅用了四个月的时间，就做好了各项准备，率领第一批创业大军开赴蛇口，在荒山滩涂上打响了填海造港的开山炮。这是中国改革开放的第一炮，蛇口从此与一个大时代紧紧地联系在一起。

蛇口工业区被誉为"特区中的特区"，比改革开放的标志性事件——十一届三中全会还早两个月，比深圳经济特区成立早一年多。也就是在这个时候，继晋商、徽商、潮商、台商和港商等各大商帮，后来居上的深商开始孕育并横空出世。

1981年年底，袁庚提出了"时间就是金钱，效率就是生命"，并且冒着极大的政治风险把它制成巨大标语牌矗立在蛇口工业区最显眼的地方。这句后来响彻神州大地的口号，在当时不啻一枚观念炸弹。它包含着诸多新思维、新办法、新作风，被邓小平认同后很快传遍全国。第二代深商的代表人物马化腾说，自己第一次来深圳看到这句口号时，内心被深深地震动，"像夜幕中的一道闪电，春天里的一声惊雷"，从此深圳成为他心中创业的热土，也成为所有深商精神上的图腾。

在袁庚的带领下，突破僵化的计划经济的体制，打破"大锅饭"，引入竞争机制，勇于探索，大胆创新，先行先试，"敢为天下先"，最早按照国际惯例和社会主义市场经济体制，更新价值、时间、人才观念，成功地建立了全新的劳动用工、干部聘任、薪酬分配、城市居民住房、社会保障、工程招标和企业股份制，成为中国的希望之窗、改革的"试管"、开放的"模式"，完成了"杀出一条血路"的历史使命。

这些宝贵的精神和伟大的壮举，使刚刚诞生的深商，得天独厚地获得了与其他商帮不一样的基因。

1992年，蛇口总设计师、深商的奠基者和灵魂袁庚，交出了亲手缔造并工作了14年的蛇口，此间不但催生了赤湾港、中集集团等一大批优秀的企业，卸任前还力排众议，做出了最后一项决策，将下属的三个企业招商银行、平安保险和南山（港口）开发公司走出体制外，实现股份化。袁庚早年的司机、后来平安保险的掌门人马明哲等众多深商风云人物，开始在商场上纵横驰骋，激荡风云。

蛇口招商局的一声炮响，把商业启蒙再次带回中国大陆；广大深商的拼搏与奉献，谱写了改天换地的壮丽篇章。这一切，被称为"深商前传"。

2019.11

吉利并购：力量在风中回荡

吉利集团董事长、自称"农民企业家"的"汽车狂人"李书福，堪称海外并购高手。

"中国企业国际化海外风险管理论坛"2016年报告指出：中企海外并购有效率仅1/3，只有不到20%的海外并购能够真正成功。财大气粗的上汽集团2004年收购韩国双龙，2009年双龙在吵嚷声中申请破产，上汽宣布退出，40亿人民币的真金白银随之打了水漂，成为汽车业海外并购完败的典型案例。有志于海外发展的中国企业被浇了一头凉水，难免望而却步，踌躇不前。

中流击水，逆风飞扬，方显英雄本色。2010年8月，吉利以27亿美元成功收购沃尔沃，"蛇吞象"的壮举令世界目瞪口呆，难以置信。2019年2月，吉利再次发威，豪气地收购了戴姆勒-奔驰9.69%的股份，成为该集团最大单一股东。信息传出，海内外舆论震惊，国内企业为之振奋。

吉利集团董事长、自称"农民企业家"的"汽车狂人"李书福，堪称海外并购高手。在这位民营造车大鳄的带领下，吉利雄心勃勃地对标全球高端汽车产业，海外并购一宗接着一宗，步步惊心却又繁花似锦。除沃尔沃和戴姆勒－奔驰这样轰动业内的收购外，八年来，宝腾、路特斯、伦敦黑色出租车等一一纳入囊中，吉利的收购似乎没有终点。吉利汽车的品牌一次又一次地被擦亮，实力大增，影响日隆。

经过十几年的积淀和跨越式发展，吉利已将声名显赫的一汽、东风、上汽、长安等甩在了身后，成为中国汽车自主品牌的领跑者。2017年吉利的营业额为2700亿元，全球纳税346亿元，其中中国境内纳税183亿元。2018年沃尔沃汽车销量首次突破60万辆，连续第五年创新高。其中，中国市场销量超13万辆，同比增长14.1%。

没有成功的海外并购，也就没有吉利的跨国荣耀。那么，在海外并购中，吉利都做对了什么，特别是并购后做对了什么？并购给企业带来了什么？未来的吉利将走向何方、其隐忧又是什么？

并购融合的创新路

中国民营汽车井喷式产生和生长时，大都靠低端产品撬动市场，价格战的厮杀使赢利能力下降，企业伤痕累累，痛苦挣扎。李书福和他的吉利在生存危机中，清醒地认识到，只有励志转型，致力于技术与品质的提升，才能走出困境。而以并购换技术、用技术换市场则是一条弯道超车的捷径，它比合资企业的"市场换技术"更具自主性和长久性。认识决定思想，思想决定行动，行动决定成败。

收购"全球最安全豪华的汽车"沃尔沃，是吉利并购大戏中最为耀眼的一幕。然而，13岁的吉利收购83岁的沃尔沃，又谈何容易？

一个耐人寻味的细节是，吉利最早并不叫吉利而是波音，美国波音公司抗议时，吉利虽然打赢了官司，但基于对老牌名企的尊重还是主动放弃了"波音"。此事给当时波音的一位高管留下了深刻印象，后来这位高管去了福特，在吉利收购沃尔沃最艰难的时刻，他提供了至为关键的帮助。李书福深谙"舍与得"的哲学，必要的让步远胜蛮力的争执，这是企业家的一种智慧。

大胆想象、敢于冒险是吉利创始人李书福最为突出的性格特征；吉利海外并购的每一次成功都是战胜艰难险阻的结果。沃尔沃高管约克·安沃说："李董事长总是鼓励我们说，沃尔沃的最大风险就是不敢冒险。你们要去冒险，明智地去冒险，要有雄心壮志。"机遇从来只垂青敢于冒险的人，只有敢于冒险，才能抓住稍纵即逝的机会。

冒险的背后必须有缜密的调查研究作为支撑。其实，吉利在收购沃尔沃时做足了"功课"，他们深入地研究了福特治下的沃尔沃之所以被宝马赶超，是因为丧失了自己的独立性和创造性。这样一个看似平常的发现，在其后吉利并购的整合融合中，发挥了决定性的作用。它是海外并购中具有创新价值的经验。

拿下一家企业，有钱就够了；融合一家企业，钱却仅仅是万里长征的第一步。不知有多少企业倒在了这个"第一步"上，人财两空，欲哭无泪。在巨大的挑战面前，吉利选择了尊重和放权。

成为沃尔沃的"东家"后，李书福在第一次大会上说："沃尔沃是沃尔沃，吉利是吉利，两者是兄弟关系，而非父子关系。自由发展，充分释放活力和闯劲。"收购戴姆勒–奔驰后，李书福同样坦率地说：
"我尊重戴姆勒的价值和企业文化，我从未要求过（戴姆勒的）监事
会席位，这对我来说并不是特别重要的事儿。"李书福经常表示，要
尊重欧洲成熟的商业文明，尊重优秀的企业文化。这种虚怀若谷的态
度，不仅仅是胸怀，还有文明、文化和智慧。

吉利的尊重和放权，使猛虎归山、蛟龙入海，从而纵横天下，创
造价值。

改变吉利的大手笔

2009年，吉利收购了具有83年历史的澳大利亚DSI自动变速箱公司。
我国在16年前曾耗资8亿元组织200多位专家研发汽车自动变速箱，结果
不了了之。吉利也曾花大力气，数年的技术攻关无果而终。吉利通过并
购，引进了世界上先进的技术，参与了汽车行业"顶级工厂"的运作。

2013年2月，吉利以1104万英镑收购了英国锰铜，全资控股濒于
破产的伦敦出租车公司，很快扭亏，快速发展，订单遍及多国。同年
12月3日，来华进行国事访问的英国首相卡梅伦会见了李书福，真诚地
说："伦敦出租车伴随我成长，感谢你拯救了英国出租车品牌。"2015
年10月，习近平主席访英期间，专程前往吉利控股的伦敦出租车公司，
参观了首次在全球亮相的TXS伦敦出租车。吉利的并购在自身获得回
报和红利的同时，也为国家增光添彩，为世界人民的友谊添砖加瓦。

吉利并购沃尔沃后并非一帆风顺。2011年受欧美金融危机等因素
影响，沃尔沃出现了三五十亿的亏损。吉利和沃尔沃协同作战，兄弟
合作，优势互补，很快扭亏为盈，实现了双赢。

　　他们主要从两个方面发力。其一是降低成本。为此双方成立了成本委员会和采购委员会，吉利还在张家口建立了发动机厂，有效降低成本20%左右。吉利主张无须为不必要的配置让消费者买单，解决了沃尔沃传统的"对每个细节都要精益求精"导致的成本高企，实现了李书福的"造大家买得起的好车"。其二是开发新车型。2014年10月，吉利和沃尔沃斥资110亿美元精心打造的豪华车型xc90惊艳亮相。该产品采用了全新的基础架构、动力总承、电子架构和驾驶技术，单款售价约为200万人民币，当年即获3万多份订单，2017年销售57.1万辆，仅在中国地区即销11.4万辆，同比增长25.8%。沃尔沃重拾王者风范，吉利再创汽车王国佳绩。

　　收购沃尔沃，吉利改变的不仅是技术，沃尔沃的经验、水准、格局和看不到摸不着的实惠也一并揣进兜里。吉利的产品规划在发生变化，现有的帝豪、英伦和全球鹰三个子品牌将逐步取消，实现吉利品牌的回归。吉利的营销体系也在进行整合，向扁平化布局。更为重要的是研发体系的不断变化，吉利和沃尔沃共同在瑞典哥德堡成立了欧洲研发中心，吉利派出了大量的工程技术人员参与研发，为吉利也是为中国培养汽车研发工程师。

面向未来的竞争力

　　李书福的国际视野，使吉利成为中国企业"走出去"的典范；而他的远见卓识，则使吉利的未来充满了想象和希望。对新能源汽车的布局，吉利不声不响地跑在了同行的前面。吉利新能源商务车基地在四川南充落成，生产超低排放出租车的英国伦敦电动车新工厂已经投产，沃尔沃汽车第一个在全球提出燃油汽车停产时间表……也许正是由于底气足，李书福才会在今年"两会"上"放炮"："到2020年，90%以上的吉利车都将是新能源汽车。"

吉利汽车的高度自动驾驶、无人驾驶已经付诸实施，最近李书福又和沃尔沃CEO商量，将汽车前面的座椅拿掉，从而"少了一个座椅，多了无穷的舒适和便利。"想象的奇葩处处绽放。

让汽车飞起来可不是想象。2017年吉利收购了美国飞行汽车公司，拟于2019年下半年推出第一款飞行汽车，2023年推出垂直起降飞行汽车。人类的出行方式将发生革命性的变化。

吉利对戴姆勒的并购，媒体进行了多种解读，可以明确的是，它绝不只是一次优质的投资行为，吉利对奔驰的品牌、产品和经验，特别是对戴姆勒新能源技术的期待，都应是题中应有之意。吉利和戴姆勒不久前共同宣布，在电池和电动汽车方面展开合作。然而，德国的汽车产业虽然领先于世界，但在新能源领域却并没有多少优势。最近奔驰汽车在中国市场麻烦不断，吉利不会添堵，对于未来也不会失望吧？

2020年吉利要实现年销售200万辆、进入全球汽车前十强、成为"受人尊敬的全球化汽车集团"，梦想成真，指日可待。曾经的"放牛娃"、如今的"民营汽车教父"李书福很浪漫地写过"不低头不认输，擦干眼泪坚持住……"，与其说这是诗，不如说是励志的顺口溜，但他的一句名言，不但充满了第一等襟袍、第一等好诗的品质，而且其深刻的蕴涵和经天纬地的气势，也是一般诗人难以企及的："力量在风中回荡"。说得是何等的好啊！

2019.7

郭台铭的转型大手笔

"转型大师"拉姆·查兰说:"现在,到了我们彻底改变思维的时候了,要么转型,要么破产。"

2016年3月2日,鸿海集团董事长郭台铭的私人飞机再次降落在大阪关西国际机场。当天下午,郭台铭与日本夏普社长高桥兴三共同出席了鸿海并购夏普的签字仪式。这场历时四年之久的跨国并购案终于尘埃落定,引起了国际社会的强烈关注。

郭台铭在致辞中表示,夏普是革新者、技术领导者,是他钟爱的日本品牌。他下决心收购夏普,是因为夏普的价值,而不是价格。他信心爆棚地说,三年内夏普可以重建获利,他要让夏普再活100年。他还希望买回已经被出售的夏普大阪总公司大楼。

高桥在致辞中说,鸿海是一流的设计、开发、制造公司,体现了亚洲的成长感和速度感。两家公司文化互相认同，吸取经验，共享DNA，通过这次"策略联盟"，可使夏普蜕变，重振雄风。

夏普的遭遇，反映了日本家电业的整体衰落，这是为什么？郭台铭缘何不惜重金"死磕"夏普？世界名企的转型给了我们什么启示？

日本家电的落寞黄昏

日立、东芝、松下、三菱电机、索尼、富士通、NEC和夏普是日本综合机电厂商的"八大金刚"，也是世界家电业的开拓者和领导者。然而，三十年河东三十年河西，进入21世纪后，其雄霸市场的风光不再，辉煌尽褪，颓势凸现，相继出现经营困难，进入发展的衰老期。

2011年，松下、夏普、索尼三巨头分别出现7722亿、3760亿和4566亿日元的巨额亏损，可怕的是，这还只是开始。2015年下半年以来，它们进入寒风凛冽的严冬，沦落到以出售业务来保全公司的地步。东芝将白色家电业务卖给中国美的，三洋被松下和中国海尔瓜分，如今夏普又被中国台湾的鸿海收购，噩耗频传，令人唏嘘不已。从引领潮流到艰难求存，日本家电缘何集体衰落？

"二战"后日本在一片废墟上迅速崛起，在家电制造方面，学习、引进西方的先进技术，凭借严苛的精益求精的精神，实现了产品的整体超越，一度称雄世界。然而，它们在自卑与自信中反复撕扯，企业文化十分保守，上下级关系过度严苛，运营机制复杂烦琐，导致创新能力、市场洞察能力和经营能力持续下滑，在日新月异的世界经济竞争中僵滞乏力。它们一直采用"终身雇用、年功序列"的用人策略，这种"从一而终"而且以年龄和工龄为晋升唯一阶梯的机制，很难激发员工的创新和进取。当技术被摊平后，商品价格便成了市场的重要因素，面对来自中国和韩国家电企业的凌厉攻势，它们毫无还手能力，只能节节败退。

夏普作为世界顶级技术的老牌高科技公司，享有"液晶之王"的美誉，曾经是日本家电的骄傲。然而与日本家电业一样，由于企业文化的故步自封和企业管理的结构臃肿，在大屏液晶的市场预判上严重失误，投入巨大而收效甚微，造成资金链断裂。几经修补努力，却事与愿违，不得不弯下腰来对收购者俯首称臣。

"代工之王"的改革博弈

富士康是鸿海集团最大也是最重要的子公司，1974年创业，现已成为仅在中国大陆即拥有120万员工的世界电子代工之王。经过三十多年的发展，现在也是麻烦缠身，步履维艰。连续发生的员工"坠楼门"事件，它被推上了风口浪尖、冠以"血汗工厂"的恶名。面对来自各方面的诘问、指责和业绩的持续下滑，作为企业家的郭台铭忧心如焚。他深知，富士康如不改革，必将成为困境中的囚徒，前路只有衰落直至灭亡。富士康垮了，鸿海也就完了。在这痛苦的拐点上，郭台铭殚精竭虑、煞费苦心地推进了一系列的改革转型举措。

早在2009年，鸿海就有过一个"万马奔腾"的计划，志在打造一万家三四线城市的数码连锁经销店，直接打通销售通道。不过，由于富士康产品的"性价比"并不具有竞争优势，这个计划很快就"流产"了。

2011年，面对流水线工作的单调、枯燥和中国内地人力成本的不断攀升，郭台铭提出了三年内引进100万机器人的战略，同时将工厂从沿海城市迁往重庆、成都、太原、郑州等内地城市。然而机器人研发、引进受阻，工厂搬迁耗时费力，一时也难见成效。

2013年初，郭台铭收购了深圳一家手机公司，计划推出针对老年人保健市场的手机。但由于纠结于大陆市场开发的信心等诸多因素，计划搁浅。

鸿海的利润一半以上来自于"苹果"的大量订单，被诟病为"苹果依赖症"。代工企业本来就业务单一、利润薄如刀片、抗风险能力弱，雪上加霜的是2013年以后，苹果公司的增速放缓，订单亦"移情别恋"。不利因素的叠加，使鸿海的危机被放大。

2015年，郭台铭再度携手马云，除继续电子商务合作外，在生物科技和智能机器人等方面也将发力。郭台铭的野心很大，他还剑指新能源、新材料、无人驾驶汽车和云计算等尖端领域。

郭台铭的种种努力，都是要改变鸿海处于产业链低端的困局，在技术和生产经营上升级和转型，自己提供一流产品，搭建销售平台，实现可持续发展，将制造的鸿海，华丽转身为技术的鸿海、商贸的鸿海。

郭台铭为此一直在寻找机会。2012年，他看到夏普的股票大跌，企业巨亏，遂于次年年初提出以每股550日元的价格收购夏普的股权，成为其最大的股东。三星这个电子的"巨无霸"此时也跃跃欲试，成为鸿海强劲的竞争对手。"拉锯战"的结果是，郭台铭用个人资产660亿日元，入股夏普最具技术领先资质的液晶屏工厂。

其后，虽有日本多家银行援助，夏普却鲜有起色。2016年第一季度它急需偿还的债务已经接近5000亿日元，除了依靠外部力量，它已无计可施。于是，实力雄厚而又敢于决断的企业领袖郭台铭再次进入夏普的视线。

正在双方进行实质性的谈判时，日本政府担忧尖端技术外流，对并购进行干预，几经周折后才松口允许外资并购夏普。双方行将签字时，夏普又横生枝节，突然拿出了一个3500亿日元的"偶发债务"清单。郭台铭虽然"十分不解和愤怒"，却还是选择了"打碎牙齿往肚里咽"，以7000亿日元的高溢价完成了对夏普的并购。

并购的忽进忽退和一波三折，既折射了日企的深度失落和左右摇摆，也反映了郭台铭转型的快速反应、坚定信心和担当精神。

夏普的液晶显示技术世界一流，鸿海拥有后，可以迅速填补它在电子设备产业链上的最后一块短板，从下游跨向上游，从一个代工厂变成供应商，实现战略转型，与竞争对手拉开差距。鸿海并购夏普后，还可以借助夏普的品牌直接切入零售端，同时防堵三星对夏普技术的觊觎、加强对苹果议价的话语权。鸿海并购夏普，全球家电制造业的格局将要重新划分，一个全新的时代正在开启。

中外名企的转型启示

企业转型是事关企业生死存亡、兴旺衰败的头等大事。为了在不确定的环境中谋求生存和发展，那些中外名企纷纷走上了战略转型之路，突破惯性思维，创造新的市场，超越竞争对手，获取全新的利润。

进入21世纪后，世界两家最大胶片制造商之一的柯达，因其因循守旧而致百年老店毁于一旦；另一家富士却在关键时刻大胆转型，浴火重生。现在的富士，在日本国内转以医疗影像为主，在中国市场上却卖上了化妆品，挑战一个全新的领域。它的专营店这样推销自己的产品：照片放久了会发黄吧，但是富士的不会，因为用了抗氧化技术，现在这种技术用在了化妆品上，效果好得超出想象。富士转型成功的经验是，新产品与老业务之间有效对接，产生逻辑关联，并以此为新产品树立起竞争的门槛。

中国车企吉利的转型重在品牌的深度经营。成功地并购了全球豪华车企沃尔沃，使吉利的品牌知名度和影响力达到了前所未有的高度；同时，吉利还对自有品牌进行调整和升级，砍掉了企业初创时混乱的车型，打造了全球鹰、帝豪和英伦三大独立产品品牌。品牌的建设和提升，在企业转型中占有重要地位。

十年前一台电视机的净利润是1000元，现在陡降到100元，还有必要坚守这个"鸡肋"吗？日本家电"八大金刚"中的佼佼者，早就迅速而果断地剥离了家电业务，丢掉包袱，轻装上阵，在新的领域里生龙活虎地大展拳脚。这种转型更需勇气和智慧。

日立公司在2009年遭遇危机后，利用自己在发电、铁路、通讯方面的优势和在IT方面的技术积累，将两者融合，提供机车信号设备和运营控制系统，仅在英国就获得了上万亿日元的铁路项目订单。东芝在2016年放弃了家电业务，将精力集中到半导体、发电和电梯三个方面，以此作为企业的核心竞争力，重回行业的标杆地位。

鸿海并购夏普的效果，也许还有待时间的检验。然而，郭台铭转型的冲动、坚持和魄力，却可圈可点，值得关注。"转型大师"拉姆·查兰说："现在，到了我们彻底改变思维的时候了，要么转型，要么破产。"

2016.6

辉煌与梦想

——记大中华国际集团董事局主席黄世再先生

　　黄世再是一个智慧的人，是一个实干的人，是一个富有爱心的人，是一个高尚的人，是一个活得精彩的人，是一个大写的人。

　　2007年8月18日，艳阳高照，草木葳蕤，南国的大地一派勃勃生机。深圳大中华国际交易广场彩旗飘扬，锣鼓喧天，名车云集，高朋满座。"首届资本中国年会暨中国证券市场十八年庆典"和"2007年中国零售商大会暨中国商业地产价值发布展示会"正在这里隆重举行，来自国内金融、证券、地产、商业等领域的一千多名精英出席了盛会。

　　美国前总统经济顾问拉特里奇、全国人大常委副委员长韩启德、全国政协常委王厚德等数十位政界、经济界和社会名流等重量级嘉宾齐聚大中华国际交易广场，使这里成了世人瞩目的焦点。

大中华国际集团的缔造者黄世再坚毅的脸庞此时显得十分平静。他是大中华国际集团董事局主席，此外还是世界华人基金会常务副会长等十多个显赫的兼职，以及参加联合国60周年庆典唯一的华人企业家代表等无数个耀眼的桂冠。各种荣誉像美丽的鲜花傲然绽放在黄世再的生命之树上。他的智慧、拼搏和思想、经历，令人心驰神往……

上善若水，厚德博爱

中国从来都不乏迷信之人。穷人迷信，阔人也迷信，贵人迷信，官人也迷信，这个队伍很庞大。然而，有信仰的人却是凤毛麟角。

黄世再1951年出生于广东省惠来县一个虔诚的基督教家庭。浓厚的宗教文化氛围，博爱向善的道德规范，和谐而充满友爱的人际关系，为黄世再营造了一个别样的童年。

黄世再的母亲受到过良好的高等教育，性格温婉，待人谦和。她对子女言传身教，向孩子们灌输人类普世的美德。她教育子女以启发鼓励为主，在热切的关爱和无微不至的体贴中让孩子们感受到生命的温暖和生活的意义，引导他们积极向上，对真善美充满永恒的向往和诚挚的热爱。孩子们有了过错，她始终保持耐心，用说服、感化等方法让他们从内心深处认识到错误并主动改正。她从来不讽刺、嘲笑或挖苦子女，更不要说打骂了。她对几个子女一视同仁，没有什么偏爱。就这样，阳光雨露，春风化雨，黄世再和自己的兄弟们一起茁壮成长。

　　已过了"不惑之年"的黄世再，一提起母亲，仍然充满了崇敬和感激之情。他深情地说："我们几兄弟个性的塑造，以及人生观、世界观的形成，都来源于我的母亲。"

　　黄世再的父亲是位军人，充满了阳刚之气，知识渊博，思维活跃，富有高瞻远瞩的非凡智慧和抓住时机善于决策的魄力。他退伍后来到深圳的布吉。那时的布吉尚未开发，荒山野岭，荆棘丛生，乱石荒岗，一派萧索。黄世再的父亲独具慧眼，远见卓识，当机立断地承包了一些土地，在人生的起跑线上有了较高的起点。不久，最初的信和花园、国展苑、茂业城等建筑群便陆续出现在深圳的大地上。

　　少年的黄世再，经常与父母去教堂做礼拜，聆听牧师宣讲《圣经》，仁爱、良善、公义、诚实等美好的品德，像种子一样根植于他心灵的沃土上。他到国外求学时，对信仰仍然矢志不移，不管万丈红尘里充满了多少诱惑，他依然以一颗安静而纯洁的心灵向往真理；也不管外界发生了多少千奇百怪的变故，他仍坚持每天睡觉前向上帝祷告并且自省。他坚持到教堂做礼拜，感受与神同在的美好，净化自己的心灵。当记者问到他，作为一名虔诚的基督徒，信仰对他产生了什么影响时，他深情地说："上帝说，我们要爱人。大家要互相爱，你爱我，我爱你，整个社会都会充满温暖。用爱心来引导世界，各个民族就可以和平共处，不会互相残害，就不会有那么多战争、恐怖、血腥的事件了。"

　　家庭的熏陶，青少年的经历，在黄世再人生的征途上铸造了一个永恒不变的信念：爱。

敢为天下先

"有潮水的地方，就有潮州人"，这句凝结了潮商敢于乘风破浪并具商业天赋的经典名言，在黄世再身上得到了生动的体现。

黄世再怀着报效中华的爱国之心，海外求学后回到香港，本着潮商"不眷官场，潜心经商"的传统，他成功地创办了大中华国际投资集团，涉足房地产、财务顾问等多个行业。他自强不息，披荆斩棘，事业如日中天，影响日隆。

祖国大陆经济的崛起和腾飞，即使黄世再精神振奋，也使他敏锐地捕捉到了难得的商机。1989年，他排除干扰，承担了当时港商普遍恐惧的风险，毅然决然地把资金投向了内地，成为港资投资深圳房地产的第一人，用实实在在的商业行为实现他报效祖国的宏愿。由于他善于汲取商业智慧，弘扬潮商勇于创业、善于经营的商业理念，因而在地产业取得了骄人的业绩，声名远播海内外。

1994年，黄世再以愚公移山的精神，在深圳布吉的荒山野岭推土开路，盖起了17栋总建筑面积达40万平方米的高层住宅龙珠花园，从而打响了深圳农村城市化进程中至关重要的第一枪。

位于深圳罗湖口岸的汇展阁原为某国企的不良资产，黄世再以独到的商业眼光收购了它，并用西方酒店式公寓的全新理念为其重铸，仅仅用了三个月的时间便化腐朽为神奇，使其焕发了夺目的光彩。1997年7月1日，他借香港回归祖国的轰动效应，营造了"深港一体化、口岸物业"等热辣卖点，吸引了大量港人前来购房，创造了销售额达五个多亿元的旋风式的商业奇迹。港人在深置业的热潮也由此勃发，黄世再可谓引领风骚第一人。

大中华国际交易广场巍峨雄踞于深圳中心区，是黄世再的"大手笔"。这个集超级写字楼、大型停机坪、大型商业中心、超五星级酒店等具有国际一流水准的城市建筑综合体，总建筑面积达33万平方米，堪称深圳中心区的"城中城"。这座气派宏伟的建筑从1995年8月黄世再以真金白银在一片荒地上投下巨资，到1996年开土动工，"十年磨一剑"，至2005年12月18日大功告成，正式开盘。

对于自己呕心沥血完成的旷世杰作，黄世再动情地说："这个广场对于我的意义，就像儿子对父亲一样……"

2007年8月30日，大中华国际交易广场荣获"全球绿色商务大厦"，黄世再荣获"全球人居环境杰出贡献奖"。对于纷至沓来的荣誉和众口一词的赞誉，黄世再平静地说："一个人的一生应该起码做一件事，能够为社会创造出一定的意义。"

大中华国际集团目前已形成了集金融、房地产、商业、酒店、能源、港口等多元化经营格局，房地产开发项目遍布北京、上海、广州、深圳、重庆、汕头、汕尾、天津等城市，累计投资已超过200亿元。大中华国际集团正在不断推动中国城市的现代化进程，提升城市的内涵价值和生活梦想。

大中华国际集团实行国际化战略，已在美国成立了一家基金公司，开展收购美国公司，最近又在香港成功收购了一家英资上市公司。大中华国际集团计划在香港和纽约同时上市，目前正在积极筹备之中。

大中华国际集团是深圳也是中国最成功的企业之一，黄世再也是中国企业家的佼佼者。辉煌的业绩使黄世再和他的事业为世人所惊叹所景仰。

面向大海，春暖花开。

人才高地与精神高地

刘备三顾茅庐，萧何月下追韩信……古往今来，人才，从来都是制胜的根本所在，对正趋于高速成长的中国更是如此。黄世再在国际人才高峰论坛的精彩演讲给与会者留下了深刻的印象。他从宏观上首先指出："面对加入世贸组织后的挑战，我国必须建立自己的人才高地，这是关系到国家兴衰存亡的战略任务。"接着他又就人才的梯次结构具体地进行了阐述，简言之，就是既要培养创新型人才，又要全面提高劳动者的素质，从而形成结构全面的人才资源优势，为现代化建设提供强大支持。

那么，如何在竞争激烈的人才竞争中脱颖而出并赢得先机呢？黄世再的高明在于他超越了就人才论人才的传统窠臼，而是站在一个崭新的高度，他说："当代企业竞争的实质不是人才的竞争，而是人力资源管理制度的竞争。"也就是说，如果你拥有一套好的人事管理制度，人才就会吸引而来；反之，即使有了人才，也会因别人"挖墙脚"而惨遭流失。这一高屋建瓴的识见，把问题说到了根本。

黄世再不是一个空头的理论家。大中华国际集团实施了一整套行之有效的人才机制，用他颇具经典意味的话来概括就是："想干事的有机会，干成事的有地位。"简洁实用，掷地有声。

黄世再深深地热爱自己的国家和家园，他经常说的一句话是"企业家要尽自己的一份应有的责任"。他是这么说的，也是这么做的。

黄世再设立了"世再基金",用以关心弱势群体、资助慈善事业,身体力行地关注社会的安定与和谐。2005年在西北政法大学捐赠了300万元设立"黄世再教育资金",2006年为海军南海舰队捐赠巨款,为我国的国防事业尽心献力。

2007年6月8日,为了帮助在高考中取得优异成绩却因贫困难以顺利入学的学子们,大中华国际集团捐赠了300万元。黄世再在捐赠仪式上谆谆嘱咐学子们说,要"自尊,自信,自强,自立"。殷殷之情,溢于言表。

2007年10月17日是第15个国际消除贫困日,在规模庞大的慈善拍卖晚会中,黄世再以大中华国际集团的名义出资328万元,再献爱心,同时"大中华扶贫基金"也在晚会中宣告成立。

大中华国际集团还将积极参与西部大开发,在西部农村建设设备齐全的地产项目,为贫困地区和穷人做实事。四川乐山的此类项目已动工建设。

不胜枚举的公益善行使大中华国际集团有口皆碑,黄世再为推动中国公益事业的发展而慷慨解囊的爱心义举,使他成为人们敬仰的典范。潮商乐善好施、回报社会的传统在新一代企业家身上再次闪烁出耀眼的光辉。

枝繁叶茂的梧桐树

CBD,总部经济,是当下的一个"热词"。黄世再告诉我们,总部经济就是指一个区域由于物质的资源优势吸引企业将总部在该区域集群布局,将生产制造基地布局在其他地区,而使企业价值链与区域资源实现最优空间组合，以及由此对该区域经济发展产生重要影响的一种经济形态。

美国纽约的曼哈顿、法国巴黎的拉德芳斯、日本东京的新宿，都是被世界公认的CBD。它们的巨大威力及衍生出的效益，成为城市发展的催化剂，更是一个国家形象的名片。

随着我国经济的高速发展，全球500强企业对中国缺少国际级写字楼而感到遗憾，为此中国贸促会组织官员于2005年秋天在人民大会堂中南海会议厅检索中国商务写字楼，进行了一次高规格、严要求的评选和推荐。当轮到深圳CBD楼盘时，评选官员们不约而同将目光锁定在大中华国际交易广场。他们认为大中华国际交易广场的建筑规模、体量，以及生态、人文、美学方面的综合成就，足以达到国际级写字楼的标准，为此被评为"2005年度中国写字楼王"。

黄世再以领先十年的眼光慧眼识珠，如今，大厦已经矗立于大地与蓝天之间，深圳总部经济的雏形已经显现并健康推进。总部经济洪大交响的嘹亮序曲开始响彻苍穹。

2006年文博会期间，国际商协组织美、加、英、法、俄、澳、韩等二十余国的商务人士观摩大中华国际交易广场，极大地满足了海外商家对深圳顶级写字楼的租赁需求，有效地扩大了深圳总部经济的知名度和影响力。

随着大批企业入驻大中华国际交易广场，深圳带来了大量的税收，还带动了相关的产业，有利于优化和提升深圳产业结构，提升城市的竞争力。

黄世再是当之无愧的深圳和中国总部经济的领军者。他说："'栽上梧桐树，吸引凤凰来'，大中华国际交易广场就是一棵梧桐树，以其国际化视野的高端定位，以及各项世界顶级的软硬件配套，吸引世界500强进驻深圳CBD，形成总部经济的核心竞争力。"

最近，记者向黄世再问到未来的发展目标时，黄世再说："我的梦想就是把这座大中华大厦盖好，与大家共同分享。"笔者认为，这里的"大中华大厦"已不仅仅是那座无与伦比的物质建筑了，而是具有与宏伟事业相关的更为丰赡的内涵。在关于"梦想"的另一次讲话中，他说得更加到位："从某种意义上说，无国界，无企业，只有大社会，是我对大中华和深圳的期望。人们说我很富有，说我有几十亿资产，我的回答是：你错了，其实我一分钱都没有。因为企业的资产是社会的。为企业做事就是为社会做事。企业做得越好，对社会的贡献就越大。当中国的企业都能做到无国界时，中国将更加繁荣富强。"

这是一个中国优秀企业家的人生告白。从中我们可以真切地感受到，黄世再是一个低调的人。是一个虚怀若谷的人，也是一个志存高远的人。是一个智慧的人。是一个实干的人。是一个富有爱心的人。是一个高尚的人。是一个活得精彩的人。是一个大写的人。

2008.1

企业家的家风

家风是为人处世的行为准则，是健康成长的营养剂，是砥砺品行的"磨刀石"，是抵御各种诱惑的"防火墙"，是基业长青的"传家宝"。

习近平总书记在一次讲话中深刻地阐述说："家庭是社会的基本细胞，是人生的第一所学校。不论时代发生多大变化，不论生活格局发生多大变化，我们都要重视家庭建设，注重家庭、注重家教、注重家风。"

家风是一个家庭或家族的传统风尚。家风是中华民族五千年灿烂文化孕育的优良传统，是融化在华夏子孙血液中、镌刻在骨骼上的品质。家风好，则族风好、民风好、党风好、国风好。代代相传，薪火不熄。

很多优秀的企业家都是家风建设的楷模。每一个家庭，都历经考验和周折，穿过千山万水，找到与成长、与事业、与成功，也与美善、与明亮、与良知、与信仰、与爱有关的精神归宿。

以事业为传承纽带

如今的方太集团，连续十多年引领行业，具有百亿品牌价值，是名播海内外的厨电名企，其家族财富的成功传承，已成为经典，令国内企业家艳羡不已。

以"点火枪大王"而闻名的浙江商人茅理翔未雨绸缪，为儿子茅忠群的接班制定了"三三制"战略：带三年，帮三年，看三年。在这个渐进式的创业与转型过程中，当气质卓然、才干超群的儿子用梦想照亮现实时，高瞻远瞩、胸怀博大的父亲也在现实中反观梦想，实现精神境域和商业实战中的博弈与和谐。

1996年，公司从低档的点火枪转型，茅理翔主张生产微波炉，茅忠群却要生产吸油烟机，父子俩为此争执不下。然而，在儿子细致而严谨的市场调查面前，父亲认输了。接下来，在产品品牌命名上父子俩又起冲突。茅忠群准备启用的"方太"，因蕴含精准且颇具亲和力，父亲再次服输。方太吸油烟机一炮打响，各种仿制品随之铺天盖地，其低价竞争使方太的业绩大幅下挫。人心惶惶之际，茅忠群与父亲从前的做法不同，提出"只打价值战，不打价格战"的应对策略。方太加大了研发力度，新产品很快问世，价格不降反升，销售亦全线飘红。茅理翔对接班人的培养，体现在绝不固执己见，而是对正确主张和崭新思维的尊重、认同、支持和全力推进。

茅理翔的四弟要进方太集团当个部长。茅理翔深知，家族企业做大做强的根本出路在于淡化家族制，必须为茅忠群创造良好的接班环境。他没有满足四弟的要求。他的母亲老泪纵横地骂他不孝不悌，这时，年过花甲的茅理翔长跪在母亲面前，答应一定妥善安排四弟的工作，但不能违忤企业高管不准有自己亲属的规定。这是茅氏家族的一次重大冲突，也是中国商业家族传承史上的"标志性"事件。

1999年到2001年的三年中，茅理翔将企业的经营权和决策权交给了儿子。在营销和体制改革中，动了部分人的奶酪，于是反对声四起，纷纷向茅理翔告状"请求公道"。茅理翔对这些员工晓之以理，并告诉他们在方太只有茅忠群的决定才算数。2006年后，茅理翔干脆离开了方太，到全国各地考察、讲学、传道，帮助中国民企打破"富不过三代"的魔咒。茅忠群彻底放开了手脚，带领方太完成了从传统家族制向现代家族企业的转型，进入了发展的快车道。

茅忠群的成功离不开良好的家风，父亲的创业精神一直影响着他的为人处世，浙商创业时的"四千精神"（说不尽的千言万语，走不尽的千山万水，想不尽的千方百计，吃不尽的千辛万苦）也一直是他的精神支柱。茅理翔为企业制定的核心价值观是"产品、厂品、人品"，茅忠群在传承这一使命时，将"人品"置于了首位。他强调以儒家思想重塑方太，用"德"去治理和管理企业，开办"孔子堂"，弘扬中华民族的璀璨文化，使企业在激烈的市场竞争中，既勇立潮头又稳扎稳打地一路前行。

改革开放以来涌现的第一波企业家，大都步入了垂暮之年。他们的后代也日益成熟，思想和行为开始独立，一个接班潮正在悄然出现。刘畅是新希望集团董事长刘永好的长女，2002年"海归"时始在北京接触各界名流，后进入父亲的公司历练，2013年接掌新希望集团。梁冶中是三一集团老板梁稳根之子，从英国留学归国后，历任车间调度员、财务副总监等职，现为三一集团副总裁。此外如美的创始人何享健之子何剑锋、重庆力帆集团董事长尹明善的女儿尹索微等一大批青年才俊都在接班或在接班的路上。

成功的家族事业传承，大都具有循序渐进、信赖放手、创造空间、锐意革新等特点。良好的家风如同无声的教诲，助人立德立言，成人成才，让后人铭刻在心，代代受益。

那些口含金元宝出生的"企二代"虽然条件优越，但要站在父辈的肩膀上行云布雨却也并非易事。据全国工商联公布的《中国民营企业发展报告》，只有30%中国家族企业能延续到第二代，成功接棒至第三代的仅占10%到15%。中国家族企业的事业传承，任重而路远。

以家教为家风之源

淳厚家风的形成依赖优质的家教，无形的家风必须以有形的家教为载体得以流传并且发扬光大。家教是对传统道德的尊崇和修习，也是一种对子孙后代的教育方式。与家规、家矩、家训等家教相比，"言传身教"中的"身教"更为重要，也更为有效。

联想集团创始人柳传志的女儿柳青说：父亲对她影响最大的是精神层面的东西，父亲培养了她的性格、意志和品质，父亲就是她的"教父"。宗馥莉是娃哈哈掌门人宗庆后的女儿，连续摘取了"2011年浙江经济年度人物"等桂冠，她设立的"馥莉慈善基金"入围2013年胡润慈善榜。谈到自己的成长时她说："父亲是我的标杆，也是竞争对手，我要超越他。""身教"润物无声，潜移默化中的巨大能量，塑造着人的精神、气质和理想。

道德是家风的核心。高尚的道德可以净化人的灵魂，可以给家庭带来欢乐和长久的安详。一个善良的人，才会对苍生万物怀有敬畏之心，恻隐之心，悲悯之心。善良是一切美德，诸如诚信、孝顺、俭朴、敬业、友爱、谦和、勤劳、淳朴等文明行为的土壤和发祥地。善良是所有良好家风的底色。

世界上那些顶端的财富大佬都非常重视家教。法国爱马仕家族对继承人的培养从孩童时代开始。巴菲特指出：对子女后代"第一，自尊自信的培养；第二，对个人梦想的追寻；第三，拒绝被物质和财富所奴役"。李嘉诚则认为："孩子应该培养他们独立的意志品格，不能溺爱娇生惯养，这与有多少家财没有关系。"中国当下著名企业家们家教的内容和方式虽然各有特色，但有一点是一样的，他们送给子女的大都是精神和品质方面的东西。

柳传志40岁创业时，儿女都小，他整天忙于事业，对子女没怎么管，属于"放养"，而这又恰好造就了他们的独特气质。柳传志的子女均为名牌大学计算机专业的高才生，因为柳家的"天条"子女不得进入联想而改了行。女儿柳青做投资时，父亲对她的最大忠告是，不要光看被投资人说了什么，还要看他们做了什么。这种识人的智慧和原则使柳青终身受益。

与柳传志的"放养"不同，任正非对子女的要求则非常严格。2015年华为内部刊物刊登了一篇任正非亲自撰写的文章，斥责公司财务团队的审批流程太复杂、财务人员设阻等种种弊端，措辞严厉，语气冷峻，不留情面。这个财务团队的主管正是任正非的女儿孟晚舟。

　　孟晚舟说："父亲创办事业前后判若两个人，以前他是慈父，现在变成了严父。"

　　雷军的女儿目前还是个中学生，雷军说除了与女儿做朋友，还要培养她的情商（与人相处的能力）和逆商（战胜困难和挫折的能力），他认为：情商和逆商比智商重要。俞敏洪的家教原则是：好的品质和道德是成功的关键，他说："我女儿学习水平现在处于中等……你的孩子分数是好是坏，进北大还是进普通大学，没有任何的本质区别。真正能把孩子一辈子距离拉大的，是与他为人处事有关系的人品问题。人品的树立来自榜样的力量，父母作为孩子的榜样是不能逃避的。"

　　优秀企业家送给子女的不是豪宅宝车或产业财富，而是如何做人的一把钥匙：家风。家风是我们为人处世的行为准则，是健康成长的营养剂，是砥砺品行的"磨刀石"，是抵御各种诱惑的"防火墙"，是基业长青的"传家宝"。

2016.9

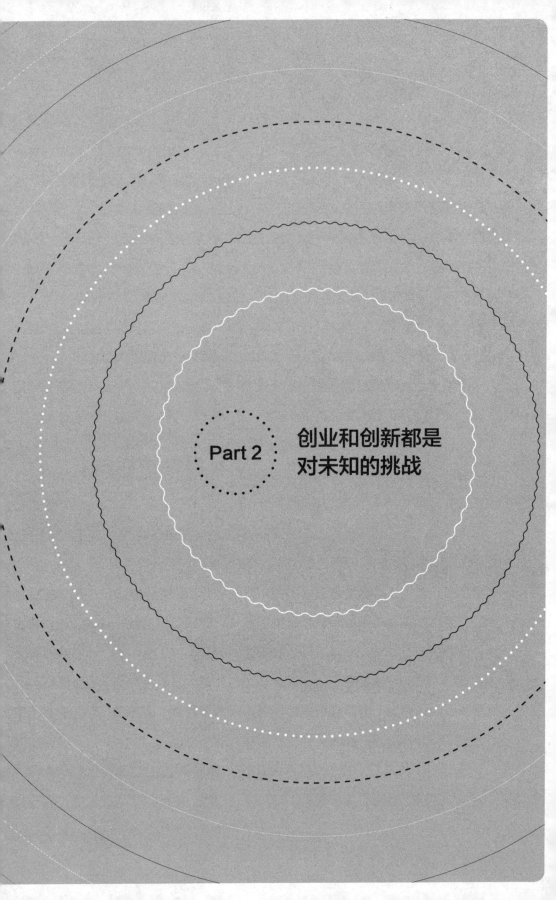

Part 2　创业和创新都是
对未知的挑战

段永平："中国最神秘的富豪"

段永平已退出江湖，他的传说却仍在世间，他旗下公司的业务仍在影响着当下中国人的日常生活。

也许，对段永平这个名字你还有陌生感。这并不奇怪，因为他不事张扬，而且功成名就时就已退出江湖，闲云野鹤，隐身于大洋彼岸。

其实，段永平早在20世纪90年代就已驰骋商界，带领两家企业步入辉煌，一手打造了小霸王和步步高两个名扬天下的品牌。其后，他又孵化造就了OPPO、vivo、一加等红在当下、畅销全球的电子产品和中国品牌。网易、拼多多等名企的背后，也都有他坚实可靠的身影。

网易的掌门丁磊说，段永平是他一辈子的贵人，对他影响最大；拼多多的创始人黄铮将段永平称为恩师，不止一次地公开表示"我是他下一代的四徒弟";而OPPO的总裁陈明永则直言,"阿段是我们的精神领袖";vivo的总裁沈炜和一加创始人刘作虎也都将自己的成功,归功于段的引领。

段永平是改革开放以来时代的弄潮儿、罕见的商界奇才。

由于他的刻意低调,被人们称为"中国最神秘的富豪"。

赢在开枝散叶间

1961年3月,段永平出生于江西,都是大学老师的父母在时代大潮的裹挟下,走"五七"道路,下放到了井冈山农村。虎头虎脑的小永平跟着大人插秧、割稻,也和小朋友摸鱼、打鸟,有苦也有甜的童年,造就了他顽强的性格和健壮的体魄。

1978年,17岁的段永平以高分考入了浙江大学无线电专业。初到杭州,奉母命给舅舅打电话,却不知如何拨号。孰料,就是这个"土包子",十多年后却成为中国无绳电话大王和两款移动电话的开创者。

1982年段永平大学毕业,被分配到北京电子管厂。这个许多人梦寐以求的大国企,他却提不起精神,内心的躁动与现实的刻板开始冲撞,三年后断然辞职,跨界考取了中国人民大学计量经济学硕士研究生。读研时,他曾贩卖过彰光101,短暂的商业试水,虽然没赚到多少钱,创业的梦却从此生根发芽。

研究生毕业后,他"犯傻"地放弃了首都北京,前往改革开放最火热的广东珠三角。他意识到,只有站在时代的潮头才能有所作为。

来到广东之初,段永平先是进了一家看起来光鲜的公司,不过很快他就发现,老板并不尊重知识和人才,自己的雄心壮志也无从施展，于是毅然决然地跳槽走人。

其后，段永平进入中山市怡华集团下属一个叫作日华电子的小厂。是金子就会发光。段永平在这个穷地方干得风生水起，能力一流，业绩超群，不久就被提拔为厂长。这一年他28岁。

日华电子租用台湾的一个品牌组装生产家庭游戏机，由于对方傲慢且不守信，段永平一怒之下自创品牌，于是诞生了风靡一时的小霸王游戏机和学习机。

段永平在狠抓管理和产品的同时，大手笔地聚集了40万元，于1991年在中央电视台砸下了一个广告，小霸王一下子具有了全国的知名度，销售随之大幅飙升。尝到了冒险的甜头后，1992年又斥资200万再次问鼎央视，结果爆棚，当年实现销售过亿，不但一举扭亏，还净赚了八百多万。

那时，电脑无比昂贵，普通人只能望而兴叹。1993年段永平主导研制出了电脑学习机，为大众电脑爱好者提供了一个简易的替代方案。小霸王迎风而立，蒸蒸日上。

栽下梧桐树，有凤自然来。段永平深刻地认识到，要有好产品、好制度、好广告，更要有好的团队。在他的主持下，一批精英人才，纷纷加盟小霸王。其中包括：后来创立读书郎的秦曙光、与杜国楹一起搞出好记星的张雨南、创立金正的杨明贵，以及金志江、陈明永、沈炜等。

1995年，高歌猛进的小霸王遭遇了发展的瓶颈。日华电子和怡华集团是集体所有制企业，按当时的组织架构和条条框框，段永平无法兑现对高管和员工的承诺，他希望将日华改制为股份制。他的要求被拒绝。机制的先天缺陷，使事业裹足不前。如果跳槽，个人损失千万巨资可以承受，难的是将要欠下一笔无法偿还的"人情债"——集团老总陈健仁对他赏识和重用的知遇之恩。

段永平最后还是听从了自己内心的召唤。1995年8月，段永平告别了与自己血肉相连的日华，在陈健仁为他举办的盛大欢送酒会上，"动情而悲壮"，很多人都哭了，段永平后来说"只觉千杯少，只想一醉方休。"这个34岁拿得起、放得下的硬汉内心里翻江倒海，五味杂陈。

一个月后，在距离小霸王30公里的东莞市长安镇，段永平创建了自己的企业，正式命名为步步高电子公司。时间永远站在成功者一边。段永平从零开始，仅用了三年时间，便把步步高的多个领域做到了行业巅峰，创造了商业奇迹，书写了人间神话。

这时，段永平做出了一个重要决定，令世人目瞪口呆。他把正处于上升期的步步高一拆为三，开枝散叶，由金志江负责教育电子业务、陈明永负责视听电子业务、沈炜负责通讯科技业务。三大版块人随事走，股权独立，互无从属关系。段永平对他们说，"放手去干，干好了分钱，干不好关门，别有负担。"段永平亲自培养起来的几员爱将，还嫌稚嫩的肩膀都挑起了大梁，一个比一个做得精彩，充满了前所未有的活力。"段氏体系"由此悄然形成，越做越大，越做越强。

段永平骨子里生长着不安分的种子，他的不断跳槽，实际上是一种充满自信的冒险和改变。告别既往的成就，向往未知的魅力。人在江湖，仗剑行走，不惧挑战，因为梦在远方，在天涯。

功在商业逻辑中

2013年，OPPO副总裁刘作虎创建一加手机，他专程到美国求教段永平，段永平送给他一段话："无论什么时候，商业本质是没有发生变化的。步步高、OPPO、vivo能够成功，靠的就是两个字：'本分'"。"本分"具有丰富的内涵，善良、诚信、老实、有自知之明、秉持平常心等，它是段永平企业经营的核心价值观，也是他鏖战商场创造一个又一个奇迹的"葵花宝典"。一加手机2014年惊艳问世，开辟了一块属于自己的"本分"市场，成为海外消费者的宠儿。

段永平研究生毕业后，因忙于事业而没有完成硕士论文，没有拿到学位。对此他从不避讳，亲自向媒体曝光："我真不是硕士，我是研究生，我记得我是我们班唯一没有拿硕士学位的。"如此自爆"污点"，是勇气和自信，也是自尊和"本分"。

1996年由于离开小霸王时对陈健仁承诺一年内不做内贸，段永平全力开拓俄罗斯市场，结果栽了，公司的资产赔掉了三分之一。当时步步高经营的电子小鸡卖得很火，但产品丢失严重，管理人员便采用了当时通行的对员工搜身的办法，段永平知道后马上制止并叫停了这个项目，损失一千八百多万元。信守承诺和尊重人格是段永平做人和经商的底线，也是他的"本分"。

国人一直将"争先恐后"奉为圭臬，段永平却反其道而行之，推崇"敢为人后"："做对的事情和把事情做对"。这个颇具哲学意蕴的理念，其商业运作就是，不贸然进入可能是"先驱"也可能是"先烈"的陌生市场，而是进入人（消费者）多的地方，这里才够安全，然后寻找突破。从小霸王的游戏机、学习机，到步步高的无绳电话、复读机、VCD，再到后来的OPPO、vivo和一加手机无不如此。"跟随者"后发制人，更需要真功夫，在成熟的市场中拼搏"后中争先"。

段永平是公认的"营销王"。他重视广告，善做广告，每次出手必定"稳准狠"。不惜重金，对标央视，启用巨星，是他的拿手好戏。他说："我们企业每年都投广告，一般都选择黄金时段，黄金时段的价格肯定最贵，但往往价格最贵的实际上是最便宜的，最便宜的广告也许是最贵的。"1998年和1999年步步高连续两年夺得央视广告的"标王"，成龙、李连杰、周星驰、张惠妹，甚至施瓦辛格等世界级明星先后为其代言助威，使产品的名头如烈火烹油，势不可挡。而"同是天下父母心，望子成龙小霸王""世间自有公道，付出总有回报，步步高"等大众耳熟能详、传诵一时的广告词更是打动人心，深入人心。

重视广告的段永平诚恳地对同行们说，"产品进入市场一定不是靠广告，而一定是靠产品"。产品的关键是质量，学习机一些品牌的返修率高达30%左右，而小霸王的返修率牢牢地控制在0.3%，为广大消费者所称道。段永平也很重视研发，陈明永做OPPO时秉承和坚持了这一理念，投入惊人，产品独树一帜，赢得了口碑，占领了市场。

段永平做产品讲究"突出差异化"。遍布城乡的OPPO，隔壁往往就是vivo，前者拍照功能超群，主打女性市场，后者为音乐手机，对标男性市场。两个兄弟品牌在同一市场竞争，各有特色、互为补充，手挽手地成长壮大。

利益共享是段永平商业成功的"秘诀"。段永平独立创建步步高后即开始实行股份制，所有管理层、普通员工和全国的代理商均可入股。没有钱的，段永平就借给他们，之后再通过股份利润和股息偿还。财散人聚，越来越多的人成为公司的主人。OPPO员工总持股超过60%，陈明永经常说，"公司没有老板，不要叫我老板。"利益的紧密捆绑，使企业拥有了稳定而长远的发展动力。

美在"开心平安"里

2001年，正当段永平如日中天时，他宣布离开中国前往美国定居。原因很简单，他曾答应妻子，一旦时机成熟，他就到美国与家人团聚。他不想食言，于是放弃了权力、财富和名望，急流勇退，"宁负天下，不负红颜"。

妻子刘昕比段永平小七岁，两人都曾在人大读书，刘昕从新闻学院毕业后在《中国青年报》工作了一段时间后，到美国俄亥俄大学进修，之后留在了美国，担任《棕榈滩邮报》首席摄影记者。1986年刘回国探亲，在两个月的时间里与段相识相恋并且"闪婚"。他们育有一儿一女，一家四口从名字中各取出一个字，连起来的谐音就是"开心平安"。

身在异国他乡的段永平，年方四十不能整天无所事事，他必须找点事干，给大把的未来寻找一个新的人生支点。他选择了投资。如果说段永平的人生上半场是在中国做实业，那么他的下半场就是在美国做投资。

段永平开始恶补金融投资相关理论和操作，强化悟性和独立思考，以巴菲特为样板，遵循其投资逻辑，只投那些有前程却被低估的公司。网易是他第一个投资项目，也是最有名气的案例。

2000年互联网泡沫破裂，网易股价大跌至0.48美元，公司岌岌可危，丁磊跑到美国找到段永平，段永平为他指点迷津，又真金白银地重仓网易，两年后网易股价飙升至70美元，段永平也得到了近百倍的投资回报。"段菲特"的称号不胫而走。

段永平认为，只有拥有一定历史的公司，才能看清它的未来，因而他不投创业公司，而只投上市公司。2012年乔布斯仙逝，未来一片迷茫，但他看好接棒者库克，于是重仓苹果股票，结果赚了。他做对了。

段永平做投资坚守一个理念：了解自己的对象。他曾重仓GE（美国通用公司）的股票，持续关注中发现该公司有去韦尔奇倾向，于是果断卖掉股票，结果成功止损。他又做对了。

黄峥的拼多多做到三岁时，百病缠身，十分危机，段永平站在未来投资现在，为其雪中送炭，排忧解难。段永平慧眼识珠早就看好这位比自己小20岁的浙大校友。黄峥与步步高的金志江、OPPO的陈明永、vivo的沈炜，合称"段永平四大弟子"。

2006年，段永平不顾各种非议，以62万美元的天价拍得股神巴菲特的午餐。饭局中段永平问巴菲特投资中不可做的事情是什么，巴菲特告诉他说："不要做不懂的东西，不要做空，不要借钱。"段一直铭记着这句话。

段永平不但是卓越的实业家、厉害的投资人，还是被人称道的慈善家。他和妻子刘昕2005年和2008年分别建立了两家慈善机构，主要用于教育捐赠。他们累计向浙江大学和中国人民大学捐赠了4.47亿元人民币，创下了该校个人捐赠的最高纪录。段永平说，"投资是我的爱好，慈善才是我的工作。"

在一次演讲会上，有人问段永平，对在座的有何忠告，他说，"享受生活，那是人来到这个世界的目的。"又有人问他，什么东西最重要，他说："不同的年龄答案是不同的，现在是家人，亲情，友情。"

如今，在美国加州的蓝天白云下，自称胸无大志的段永明，打打高尔夫，看看股票，做做慈善，陪陪老婆孩子，一日三餐吃在家里，喝点小酒，还开辟了一片菜园，喜欢吃什么，就种点什么。他也上网、写博客，网名是"大道无形我有型"，其简介只有两个字："闲人"。不管别人怎么看，反正他觉得这就是"开心平安"，这就是美。

严格来说，段永平已不是中国企业家，他是美籍华人。他不是那种背负着国家和民族使命的企业家，他选择的是另一种活法。这里没有高低对错之分。广袤无边的大地上，生长着千千万万却又各不相同的树木和花草。丰富多彩，才是世界，才是生活。

段永平已退出江湖，他的传说却仍在世间，他旗下公司的业务仍在影响着当下中国人的日常生活。2020年，段永平59岁，他的"四大弟子"在这一年里纵横商场，叱咤风云，越战越勇：金志江掌舵的步步高教育电子，一直牢牢占据着复读机等教育产品第一的位置；陈明永掌舵的OPPO，2020年一季度全国手机出货量第一名；沈炜掌舵的vivo，2020年一季度全国手机出货量第二名；黄峥掌舵的拼多多，2020年一季度中国电商行业活跃用户数和市值第二名。怎么样，这份成绩单，够牛的吧？

2020.8.10

郁亮:"万亿"时代的开创者

66岁的王石退隐,52岁的郁亮登场。从"千亿"总经理到"万亿"董事长,郁亮将把万科这艘巨轮带往何处?

2017年6月30日,是个注定被历史记住的日子。中国也是世界最大的住宅建设公司万科的股东大会如期举行。66岁的王石退隐,52岁的郁亮登场。

从"千亿"总经理到"万亿"董事长,郁亮将把万科这艘巨轮带往何处?

千里马与伯乐

王石在"交棒"大会上,显得云淡风轻,郁亮却难掩心中的激动。对于王石的知遇之恩，他感念有加，"如果说没有王石主席就没有万科的话，那么我可以说，没有王石主席也就没有万科的郁亮。"说到动情处，郁亮一度哽咽……

1990年，南下闯荡的苏州青年郁亮，带着他的北京大学国际经济学硕士文凭和一份"商业连锁模式建议书"应聘，当年12月加入万科。万科当时已是响当当的上市公司，王石更是呼风唤雨的商界领袖，巨大的光环下，郁亮虽心存崇敬却不失理性，踏实的作风和超众的才干，使王石对这个"书生气"十足的年轻人惺惺相惜，格外关照。

郁亮1993年便崭露头角，出任万科财务公司总经理，1996年出任万科副总经理，1999年任万科常务副总经理兼财务负责人，2001年任公司总经理。扶摇直上，气场非凡。

郁亮是一个谨慎而低调的人。与王石这样个性强悍的老板合作，必须小心隐忍、"细腻、踏实"（王石的评价）。无论官至哪一个层级，在公开场合言必称"王石主席"。他称王石为英雄，自己则是普通人；英雄可以感动人，普通人只能感动自己。与王石同行时，他总是放慢脚步，跟在王石身后。

当然，仅有这些还远远不够。烈火识金，惊涛骇浪中方显中流砥柱。1994年3月，君安证券代表四家股东发难，要求改组万科管理层。这是万科自成立以来遭遇的第一次重大危机，王石称之为"脚下可能就是万丈深渊"。

在这生死存亡的关键时刻，郁亮挺身而出，智慧应对，他前往海南获得了关键股东的支持，又北上中国证监会拿到了停牌许可，赢得了宝贵的时间。对君安的成功反击，郁亮有效地证明了自己的水准和忠心，从此成为王石的股肱之臣和心腹干将。

　　然而，一个好的心腹，却未必就是一个优秀的治理者，将才未必就是帅才。接下来的故事是，郁亮用万科一年年靓丽的业绩不断地证明、刷新着自己的能力。到了2016年宝能逼宫——万科遭遇有史以来第二次危机时，王石放话："我希望郁亮能接替我。"

　　成功的逻辑链条总是环环相扣、自然天成。

　　其实王石和郁亮27年的"君臣关系"，也充满了变数甚至危机。1999年王石卸任总经理，最先接班的是姚牧民，2011年郁亮接替姚牧民出任总经理时表示："我心里知道自己在见习，万一做得不好，王石主席也会把我换了。"时刻保持清醒，才能接近目标。

　　王石是郁亮心中的英雄，郁亮却不是王石亦步亦趋的影子。郁亮从不盲目盲从而保持自我和独立。他不是一个听话的"乖孩子"。他深知，精神上的侏儒难堪大任。

　　2004年郁亮提出十年后实现千亿产值，而当年万科只有91亿的销售实际。王石坐不住了，"年轻人要沉住气！不要乱了阵脚。"事实是，万科仅用了六年时间就于2010年跨入了"千亿俱乐部"，2013年销售额则达到了1709.4亿元，再次刷新纪录。

　　2009年11月，郁亮宣布万科将加大商业地产投入，三个月后，王石突然情绪激动地隔空喊话："如果有一天万科不走住宅专业化道路了，我即使躺在棺材里，也会举起手来反对。"郁亮随即委婉解释，但其主张却坚定而稳步地推行至今。

　　王石和郁亮互相吸引与砥砺，互补与退让，上演的不是宫斗的对手戏，而是最佳绝配的励志剧，成为中国现代商业史上精彩的一幕。

主导转型升级

王石留给万科的不仅仅是选择了一个行业、建立了一套制度和培养了一个团队，他还为万科开创并培育了一家优秀企业的价值观。让建筑赞美生命、做行业的领跑者，其价值观博大精深，是万科制胜的法宝，也是其可持续发展的灵魂。

郁亮是万科价值观的参与者、实践者、继承者和守护者。

郁亮也是个毫不妥协的变革者。

2008年，万科经历了行业危机，首次出现负增长，住宅开发遇到了瓶颈。雪上加霜的是，汶川大地震时发生的万科捐款门事件、此前的"拐点论"和此后的降价风波，诸多负面因素的叠加，使万科的公众形象一落千丈。

郁亮开始反思，将过去清零，寻找突围的方向。外部沉默的万科，内部却在酝酿一场革命。郁亮是这场变革的主要谋划者和操刀者。他说："房地产行业真的需要改变了。与其被别人革命，不如革自己的命。"

2009年上半年，郁亮提出了"上半场下半场转换"的概念。房地产行业的"上半场"以满足大规模居住需求为主，随着时代的发展，如今已进入了"下半场"，因而"必须与城市发展同步，满足多样性需求。万科将拉长产品线，全产品线覆盖。"

2011年，热衷于登山、划艇、旅游、冒险等活动的王石又开始了海外游学，郁亮被彻底地推到了前台。郁亮的变革首先从自己"开刀"。他原是个九十多公斤的胖子，这一年瘦身至七十多公斤。他是个长跑爱好者，每天坚持跑五至十公里，即使出差国外亦然，每年还要参加二三次"全马"比赛，拿过很不错的名次。他有一句名言："只有管理好自己的体重，才能管理好自己的人生。"他跑步时在享受脚步声、呼吸声和心跳声的同时，也向社会输出了"创造健康丰盛人生"的核心价值观。他面容清癯，板寸短发，线条刚毅，思维迅疾，语速极快，成了万科新的品牌和形象代言人。

如此坚定、自律、敢于挑战的郁亮当然是变革转型的尖兵。何谓转型？就是寻求与过去不同的成长方式和赢利能力。郁亮清醒地认识到，中国房地产业的黄金时代已然过去，进入到下半场的白银时代后，"将会遭遇传统意义上的天花板。"因此，他将"城市配套服务商"作为万科转型的定位。在这一前瞻性的构想中，万科将紧紧围绕城市需求，拓展商业、物流、产业办公、教育医疗、长租公寓、养老度假等产业。城市的生态系统全面开花，充满活力。

2016年万科跻身于《财富》世界500强企业。一直游走于理想与现实之间的郁亮，他主导的万科转型升级，蕴含了无限的想象空间。

从"最大"到"伟大"

郁亮接盘的万科，国资、民资和险资并存，内忧外患，十分复杂。郁亮再次被推到了风口浪尖。他将如何继承并超越王石，从"最大"走向"伟大"？

2014年，郁亮提出了"万亿大万科"的发展目标。在郁亮带领下万科的年销售额15年中增长了114倍，2016年的产值为3477.7亿元，却输给了恒大，失去了地产"一哥"的位置。在其后的场合里，郁亮反复修正万科的规划："万亿大万科指的不是市值，万科要把生态系统打造起来，做到数一数二，相关的企业体量和对社会的贡献，达到万亿水准。"这就对了。

郁亮指出，在万亿里面，传统住宅销售业务占比一半左右，另一半市场来自新业务。2017年，万科大手笔地收购印力商业平台，就是对"新任务"的憧憬和布局。郁亮似乎更看重企业的社会责任，他表示，万科从来不是靠为有钱人盖房子而成功的，从来都是靠为普通人盖房子而成功的。万科将为刚参加工作的年轻人提供出租住宅公寓，推动租售并举的发展趋势，重新定义市场。

从2014年开始，郁亮带领万科超千名员工增持购买公司股票，从而成为公司的"合伙人"。郁亮认为，职业经理人可以共创、共享，但不能共担，它将逐渐消亡，取而代之的是"事业合伙人"。通过股票跟投和项目跟投的方式，员工用自己的真金白银给企业一个愿意捆绑在一起的承诺。"事业合伙人"是万科人事体制上的创举，员工的凝聚力和向心力不再依靠"情怀"等虚无缥缈的说教，而得到了体制上唇齿相依的保证。员工持股也是郁亮为万科构筑的"护城河"，防止可能出现的"野蛮人"，时刻绷紧危机意识这根弦。

郁亮极度推崇凯文·凯利的著作《失控》，将其奉为自己的"圣经"，他相信"混乱会产生秩序，而稳定则会带来死亡。"去精英化、去金字塔架构，建立平台化机制，是万科组织变革的核心内容。

郁亮主导的"失控式管理"，极大地放权区域，鼓励创新，实行四大区首轮值制，搭建万亿大平台，创造更卓越的绩效与价值。

郁亮的母亲是工人，父亲是工程师，一路走来没有背景也没有靠山。他唯一能靠的是自己。2013年5月17日12点35分，48岁的郁亮登上了8488米的珠穆朗玛峰。他单腿向世界之巅下跪，并献上了洁白的哈达，表达了自己对大自然的由衷敬畏。从大自然的珠峰到商业社会的珠峰，还有多远？巨大的挑战面前，需要何等的毅力和能力？郁亮加油！

2017.9

方洪波：追逐梦想　逆风而扬

"时代翻天覆地，一代又一代人老去，但美的仍然年轻，风华正茂。"美的集团董事长兼总裁方洪波如是说。

2016年年度业绩报告显示，中国家电"三国杀"的胜负尘埃落定，美的以营收1590亿元而连续三年蝉联榜首，海尔排在第二位，格力则屈居第三。

不管你有多少委屈或不甘，数字都是淡定而残酷的。没有张瑞敏砸冰箱的破坏性和"管理大师"的耀眼桂冠，也没有"话题女王"董明珠的颠覆性和抢眼的曝光率，相比之下方洪波显得黯淡无光，但正是他带领美的成了行业的领跑者，并且是进入《财富》世界500强的首家中国家电公司。

这位世界最大家电企业的掌门人、中国最成功的职业经理人之一方洪波，2017年刚好50岁。他身高一米八，身材修长而笔挺，拥有明亮的笑容却像绵里藏针，他的短发已现斑白却越发英气逼人，标志性的黑框眼镜戴在他线条刚毅而方正的脸庞上，透出了知识分子和商人完美交融的独特气质。他热爱体育尤喜高山滑雪。在白皑皑的雪原上，他时而飞上山峰，时而又跌落谷底，然后又以更大的劲道冲上另一个山峰。把握好方向并保持冷静，才能享受运动带来的兴奋和快乐。

"美的风华正茂"

"时代翻天覆地，一代又一代人老去，但美的仍然年轻，风华正茂。"在2017年1月13日召开的美的集团经营管理年会上，董事长兼总裁方洪波如是说。

这是方洪波的梦想，而"产品领先、效率驱动、全球经营"则是他实现梦想的战略。他要撕掉美的现有的两个标签"家电公司"和"中国公司"，而蜕变为"科技公司"和"全球化公司"。

几年来，美的没有新增一亩土地、一平方米厂房、一条生产线，却集中了大量的资金，投入到研发领域，高薪聘请全球科技人才，购买先进的测试设备和软件平台，搭建现代研发和创新体系。然而，知易行难。"烧钱"的中央研究院曾三次被否决又三次重建，急功近利的思维和短视的行为形成了巨大的障碍。方洪波披荆斩棘，百折不挠，终于使其破土而出，并在风雨中茁壮成长。年轻的科学家团队开始了艰难而卓有成效的远征。

方洪波最为人称道的是其超越同行的全球视野。美国的开利、德国的博世、韩国的酷晨，以及日本的安川电机等众多知名品牌，都是美的的战略合作伙伴。美的目前是全球最大的压缩机供应商，2015年，来自国际市场的收入超过了80亿美元，全球的市场布局已然形成。

2016年，美的加快了在海外并购的步伐，不但将日本东芝的白电业务、意大利空调品牌clivet和以色列科技企业高创等尽收囊中，而且完成了对德国工业王冠上明珠库卡的收购，震惊了德国政商两界，在全世界引起了巨大反响。方洪波的愿景是，不但有能力在全世界进行资产配置，而且有能力经营和整合，从而获得新的价值并引领世界潮流。

方洪波尊重每一位竞争对手，美的与小米的合作令业界颇为不解，方洪波说，就是要学习小米的"无形思维"。去年两会期间，美的被指责"虚假宣传，技术侵权，窃取商业机密"云云。在无端的挑衅面前，方洪波异常平静而优雅，对十万愤怒的美的员工下了一道命令，要求他们骂不还口、打不还手，"唾面自干"。他认为，中国构建文明的商业环境，需要"从我做起"。

为了推进美的的战略转型，方洪波顶着巨大的压力，大胆而坚定地对美的的组织架构做了"大手术"。淡化一个人做主的传统模式，强化每一个人都能独当一面，形成一个年轻、精干、有效的管理团队，反应迅速并有助于相互协调。

"平等、互信、无边界、跨职能、跨职级"，这是方洪波为美的文化再造所制定的指导思想，取消了高管们的专用电梯和小食堂，减少了高管们的独立办公室，从原来的300间到现在的不到30间。他与普通员工吃同样的工作餐，挤同样的电梯，出差时自己订机票和酒店，不带随员一个人飞来飞去。他还在公司建立了批评和自我批评的机制，每个人都可直接与他沟通，他特别重视那些"逆耳忠言"。

方洪波是一个理想主义者，他对美的的转型战略有一个诗意的表达：追逐梦想，逆风而扬。

"变者才有机会生存"

2010年，美的集团进入了"千亿俱乐部"，极具现代感的美的大厦亦竣工亮相。10月29日举行了豪华的庆典：鲜花、彩旗、鞭炮，要员、大腕、明星，连空气都弥漫着兴奋。创始人何享健接受万人的致敬和欢呼，把庆典推向了高潮。作为何享健副职的方洪波，此时既热情洋溢又似乎心事重重。

波峰过后，阴云不期而至。2011年，美的的财务数字出现了三年来的首次下滑。雪上加霜的是，海外订单也出现了亏损。2012年美的整体开工率均值不到一半，厂房大量闲置，营收骤降三分之一。

时任美的电器公司总经理的方洪波，想起了海明威小说《太阳照常升起》里对商人破产的描写："慢慢瓦解，顷刻崩坍"。他虽然心存恐惧，却能沉着地迎接挑战，他说："适者生存已经不够，变者才有机会生存。"他要让他所管辖的公司从规模导向转变为质量增长，从低附加值转变为高附加值，从粗放管理转变为精益管理。

何享健的高明在于极强的自省和反思能力。2012年8月，70岁的何享健将美的董事长和总裁的权杖毫无保留地交给了45岁的方洪波。美的进入了完全由职业经理人操盘的时代。

方洪波临危受命，从"减法"开始了创业以来最为剧烈的变革。他说："与其别人来颠覆我们，还不如我们先颠覆自己。"一些低贡献、低毛利的产品干脆被取消，产品型号从2.2万个降到1.5万个，洗衣机等亏损项目全部砍掉，售价400元以下的微波炉停止生产。这种直接而强悍的做法不被理解，指责声四起。然而他义无反顾、大刀阔斧地推行自己的改革。他是一个无情的"杀手"。

变革中最伤筋动骨的是减人。当此时，壮士必须断腕，"你必须这么做，胳膊不砍命就没了。"2011年美的员工将近20万人，仅管理层就有2.5万人，2014年4月裁员1.3万人，其中包括管理人员1万多人。对内部如此"动刀"，反弹汹涌强烈。作为万箭齐发的"靶心"，方洪波伤痕累累却仍然态度坚定，决绝无情。然而，在这撕心裂肺的过程中，他是痛苦的。他其实是个多愁善感的人，一句话或一个镜头，都会使他怦然心动，甚至潸然泪下。然而他没有权力流露自己的柔软。这杯隐忍和孤独的苦酒他只能默默地消受，更向何人诉？

一年后，美的营收超过1209.75亿元，同比增长17.91%。方洪波交出了一份漂亮的答卷。此后他闯关夺隘、一路高歌。

"没有终点的马拉松"

1967年，何享健在乡镇小厂创业的前一年，方洪波在安徽枞阳一个小山村出生。一根扁担挑着柴米和咸菜，考上了华东师大历史系。"中国历史几乎是由一连串成功者铸就的，这使我很难让自己在平凡中归位。"英雄主义的历史观影响了他的人生观。

大学毕业后他被分配到"二汽"，后又考上母校的美国史研究生。1992年，他决心改变命运，果断地放弃一切，投奔改革开放的热土广东，进入美的电器，从此走上了一条不归路。

作为笔杆子，开始他在《美的》企业报做一名忙忙碌碌的小编辑。他用文字来抵抗种种不适。他虚心学习并适时地发表自己对市场局势的看法。他的胆略和见识引起了何享健的注意，三年后被提拔为广告科科长。

他的广告做得风生水起，豪掷一百万请来了大红大紫的巩俐做美的代言人，并由张艺谋执导广告片，"美的生活，美的享受"广告语流传至今。美的销量大增，总是板着脸的何享健乐开了花。

市场风云变幻，两年后的美的空调销量大滑，方洪波被钦点为空调事业部营销总经理。他率先垂范，吃尽了辛苦。然而，单枪匹马只能杀出一条血路，全面决胜还要靠团队。他很快发现了问题的症结，大胆地撤掉了五十多位销售元老，从全国选拔招聘了三百多名大学生，朝气蓬勃的"小虎队"开疆拓土，锐不可当。在1998年的空调大战中，美的空调完胜，销售增长率高达200%。何享健说："我最开心的不是挣钱了，而是我没用错人。"

2005年方洪波被提拔为美的董事局副主席兼总裁。"这更像一场没有终点的马拉松，"他有些沉重，也有些忧郁，却从不惧怕挑战，"明天总会来临，没有人能够逃避"。

何享健没有安排自己的独子何剑峰接班，他不想做家族企业。在一大批优秀的职业经理人中，他未雨绸缪，长期考察、精心培养可堪大任者。方洪波波澜不惊，在长期的"君臣"关系中，他已被磨砺得老成练达、沉静从容。

2012年8月25日，在美的集团交班大会上，方洪波只云淡风轻地讲了两句话："千里马常有，伯乐不常有。方洪波只是美的历史上的一个过客。"

站在世界家电行业巅峰的方洪波，没有高兴和自得，只有接近个人天花板的不安和恐惧，他说："CEO最像跳高运动员，你永远有自己跳不过的高度，最终挑战都以撞在横竿上告终。即使你是世界冠军，终究还是一个失败者。"

跳高、马拉松、高山滑雪，拼的是高度、耐力和速度。追逐梦想，逆风而扬。

2017.8

传音：书写"中国荣耀"

竺兆江说："传音不惧世界上任何强者，因为我们是遇强则强的公司。"

传音手机？它长啥样？怎么从未听说过？

这家公司总部位于深圳，创业十多年来，好像隐形一般，其产品全部出口，因而，不但公众对它知之甚少，就连深圳的高层人士亦不了然，2016年《南方日报》援引深圳一位官员的话："我2015年去非洲，才知道有一家企业在非洲手机市场占有那么高的市场份额。"

"那么高"是多高呢？2017年传音销售1.2亿部手机，其中9000多万部卖到了非洲大陆，占非洲40%的市场份额，10个人中就有4个人在用传音，硬生生地把苹果、三星这两个国际巨头拉下马，连续多年蝉联非洲销量第一，当之无愧地被公认为"非洲手机之王"。

闷声发大财的企业，掌门人也是低调的。不过，不久前传音创始人兼CEO竺兆江应邀参加了金砖国家论坛和中非合作论坛等重量级的国际会议，传音神秘的面纱才被慢慢揭开，其传奇的创业故事和商业智慧，开始受到关注。

差异化竞争

从拓荒者到最大的玩家，传音用了十年时间。

创办传音前，竺兆江曾在波导工作多年，跑过九十多个国家，对世界手机市场的格局可谓成竹在胸。2006年他离开波导创业时，中国的手机市场激战正酣，刀光剑影，血肉横飞，一些厂商亏损甚至倒闭。竺兆江敏锐地感到，中国的手机市场已难找到立足之地，必须避其锋芒，到海外去寻找生存空间。于是他将目标市场锁定在南亚和非洲，那里才是施展拳脚的一片蓝海。

拳头握紧了才有力量。必须将自己的资源和能量聚焦，也就是必须在南亚和非洲两大市场之间权衡、取舍。经过内部"辩论"和比较，这道选择题的答案很快就出来了。其一，非洲作为一个整体，拥有十多亿人口，庞大的用户红利十分诱人。其二，市场的机会足够多，占主流地位的是处于巅峰的诺基亚，然而也有一些"水土不服"。其他来自欧美或亚洲的品牌在非洲混战，却又粗糙而无章法。不能错过这个难得的历史机遇和时间窗口，传音决定，将非洲，主要是撒哈拉以南、南部非洲以北的市场，作为创业的发祥地。

2006年前后的中国手机市场正在野蛮生长，群雄并起，鱼龙混杂，深圳华强北那些只想赚快钱、赚了钱就想跑的山寨手机正在大行其道。作为这个行业的"老江湖"，竺兆江很清醒，那些既无核心技术，又缺乏创新能力的山寨手机被正规品牌击倒只是时间早晚的事。传音虽说出身于这片是非之地，但从创业的第一天起，就具有长远的战略眼光和国际大公司的气度，不追求一夜暴富，而要倾注全力打造自主品牌，制造出非洲消费者喜爱的手机，扎扎实实地把品牌树立起来，使企业行稳致远。

非洲的老百姓底子薄起点低，有些人还挣扎在温饱线上。面对价格高昂的高档手机，他们只能望洋兴叹。传音剑走偏锋，主打物美价廉的功能手机，由于接地气，所以受欢迎，迅速占领市场，夯实了创业的根基。

随着时间的推移和非洲手机市场的逐渐成熟，消费升级的需求日益强劲。传音把握时机，应势而为，开始推广中高端智能手机，结果又是大卖。

目前，传音旗下拥有 itel（售价 10–100 美元）、TECNO（售价 15–400 美元）、Infinix（售价 80–300 美元）低、中、高三个自主品牌，错落有致地涵盖了所有的用户群体，可谓市场通吃。

本土化创新

创业伊始，传音就十分重视市场调研，从一线城市到偏远乡镇，考查民众所需和民风民俗，目光开阔，注重细节。

他们发现，非洲一些国家往往同时存在好几个网络运营商，彼此之间的话费远远高于同一网络，消费者的包里要放好几个 SIM 卡，以备不同需要，非常麻烦。而当时中国的双卡双待手机早已司空见惯，2007年拿到非洲试水，果然一炮打响，就此撬开了这个陌生的市场。后来甚至还推出了被称为"怪兽机型"的四卡四待手机，令消费者惊艳。

他们还发现，非洲一些地方电力不稳定还经常停电，为了给手机充电，往往要跑上二三十公里。传音为此开发了超长待机系列，最神奇的是，有一款手机充电半小时竟可待机二三十天。

传音在满足消费者体验方面下足了功夫，做到了极致。非洲人喜欢唱歌跳舞，传音不但在一些产品上提供大音量的扬声器，还推出了一款主打音乐功能的手机，开机和来电的歌声洪亮而优美，还随机赠送一个头戴耳机，美妙的音质效果带来了最佳体验。撒哈拉以南的非洲气候炎热，为了防止手出汗导致的手机外壳滑腻，传音使用一种特殊材质做电池后盖。此外，还有支持多种语言的手机，诸多无微不至的细分市场设计和创新服务，击中了消费者的痛点和痒处，擦亮了品牌，赢得了口碑。

手机自拍功能的优化，是传音俘获消费者的又一利器。由于非洲人肤色较深，通常采用的面部识别定位效果很差。传音成立了专门的攻关小组，研发出通过眼睛和牙齿定位的美颜模式，同时加大曝光量，再对成像技术进行多重分析调整，使黑色皮肤最终靠近了巧克力色。这个杀手级的技术应用，秒杀苹果、三星等巨无霸，成为传音手机的一大亮点。

这些无限接近消费者的本土化创新，成为其他品牌难以逾越的护城河。传音已在非洲国家设置了38个分支机构，当地员工人数已过一万，本土化率90%以上。得民心者得天下。传音以与非洲"共创、共享、共生"为经营理念和企业文化。十多年来，传音与非洲的兄弟姐妹一起见证了友谊和发展的成果。当地媒体称赞说，这是"中国荣耀"。

2015年，传音进军印度市场时，同样采取了本土化创新，例如印度人大都用手吃饭，使用手机时手上有油，解锁不灵敏，为此，传音推出了"防油指纹识别"手机。种种有针对性的设计和措施，使传音在印度市场一路飘红，2017年拿到了13.7%的市场份额，位居第二。

传音的市场营销是其本土化创新的"秘密武器"。除了在媒体上做广告、赞助有非洲足球巨星的体育赛事等常规和高端渠道推广，传音还采用了非常独特的方式——刷墙。只要有墙的地方，就能看到传音的广告，铺天盖地，无所不在，触目皆是，想不看都难，这种全方位的渗透，在民众中形成了巨大影响。

传音进入非洲之初，由于山寨货无孔不入地搅局，中国手机品牌的名声并不好。传音在开拓市场时，经常吃闭门羹。为此，传音从2009年起陆续投入数千万美元，开始在非洲搭建售后维修体系，并成立了服务品牌。迄今为止，传音已在非洲建立了86个售后服务中心和1200多个售后网点，有效地扭转了消费者对中国制造的印象。

长跑型企业

传音深耕非洲，不断提高产品品质，抓住这些国家由2G到3G和4G，由功能机向智能机升级的机会，巩固并强化已有成果，同时，开拓非洲北部和南部的大片市场。

2015年，传音开始走出非洲，向东南亚、南亚、中东和拉美等市场布局。特别期望能将非洲成功的模式复制到印度，那里是世界第二人口大国。2016年传音在印度功能手机的出货量排名第六、智能手机排名二十，业绩不错。

2019年1月，竺兆江说：“我们是长跑型企业，绝对不会为了短期利益而出卖未来。”

为了跑得更远，必须寻找新的经济增长点，强化企业实力。2015年传音开始涉足小家电，冀望将多年来在非洲积累的市场资源和经验移植到新的领域，从而扩大新的市场份额。根据当地需要，发展移动互联网业务，充分挖掘市场，满足消费者多方面的诉求。

占有核心技术是企业成败甚至生死的关键，2014年收购上海嘉科，成立上海研发中心，加上非洲的两个，传音共有四个研发中心，近千名工程技术人员，为其“长跑”助力。

然而，世界上没有永远的王者。竺兆江曾调侃式地预言，他的好运将在2022年到头。可是市场不相信眼泪，更不在乎任何期许。传音在十多年前打了个漂亮的时间差和地域差，取得了今天的成功。这种商业模式，如果不注入结构性的创新，其优势将难以持续。传音的发展是否遇到了天花板？如何突破？它的未来有点令人担心。

坏消息说来就来了。目前，全球手机市场增长乏力，出现了停滞甚至下滑，三星、华为等巨头加大了对非洲市场的开发，强敌环伺之下，传音将遭遇严峻的挑战。传音手机的出货量虽然遥遥领先，赢利能力却差强人意，产品售价均明显低于竞争对手。传音的市场虽在海外，但为了做大做强，又势必回到国内拥抱资本。糟糕的是，2018年6月，传音试图用借壳的方式登陆A股，却惨遭折戟。

　　好消息是，中国主导的非洲商业项目陆续启动，"一带一路"畅议渐次开花结果，想象空间宏阔，传音还有机会。竺兆江说："传音不惧世界上任何强者，因为我们是遇强则强的公司。"为了"王者"的荣誉，为了"中国的荣耀"，为了跑得更远、更好，传音加油！

2019.3

方太：冬日里的暖阳

方太凭什么逆风而扬，市场寒冬里的暖阳，为我们提供了什么启示？

随着经济的高速发展和消费品质的不断升级，中国厨电市场一直处于高速增长期。然而，由于房地产多轮调控等多种因素的叠加，2018年，厨电行业好景不再，首次出现了负增长。2018年上半年吸油烟机、燃气灶和消毒柜零售量同比分别下滑了3.8%、1.6%和13%，其他产品亦不乐观。冰冷的数字释放了厨电市场业已步入增速换挡的信号，行业将告别高增长时代，下探调整为未来一段时间的主调。首先受到冲击的厨电生产小企业，破产、转行、跑路者时有所见，行业洗牌声清晰可闻，投资亦随之遇冷，一些知名品牌和大公司也感到了阵阵寒意。

在行业低潮的背景下，方太集团却取得了令人瞩目的业绩，继2017年营业收入突破了百亿大关后，2018年仍然持续稳健发展。不但吸油烟机等传统厨电产品销量保持增长，新兴厨电产品更是一马当先，表现抢眼，水槽洗碗机占有市场份额高达97%，高档消毒柜也达到了50%以上。据第三方行业研究机构预估，方太集团2018年有望取得两位数的增长。

方太凭什么逆风而扬，市场寒冬里的暖阳，为我们提供了什么启示？

厨电是个充分竞争的行业，生存不易，胜出更难。方太的成功，没有什么"秘笈"，有的只是普世公认的"真功夫"：永无止境的探索和与时俱进的创新。

创新是企业发展的第一动力，也是原动力。

产品创新

随着年轻消费群体的出现和消费结构的优化，驱使厨电产品升级换代和多元化发展。然而，洗碗这件烦恼的事却毫无变化，手工操作千百年来"一贯制"。方太抓住了消费者的痛点，以创新引领市场，按下了国内普及洗碗机的"快捷键"。

2015年方太推出了"洗碗＋水槽＋果蔬净化"三合一水槽洗碗机。它不仅能洗碗，还能去果蔬农药残留和清洗海鲜。它采用仿真手洗设计，冲洗、漂洗、净洗、烘干，全流程一步到位。它的操作面板采用纯平触摸按键，一触即达，简洁易会。其高度是按照中国人体的特点设计的，不用弯腰，舒适省力。安装时可利用原有水槽，不占用额外空间。这款洗碗机符合中国厨房特点和中国主妇的生活习惯，被誉为更懂中国的厨电产品。投放市场后不但一炮打响而且持续走强，成为现代厨房的标配。

生活水平提高后，消费者更加注重饮食的科学性、营养性和保健功能，基于对中国人历来爱吃蒸菜的传统和习惯的调研，方太于2009年在业内率先推出了蒸箱产品。为了满足不同地域、不同食材和不同口味的需求，蒸箱开发了智能菜单，完美地解决了所有的"不同"。经过市场的培育，蒸箱呈现出了爆发式增长势头。

茅忠群多次在公开场合提到，中国的厨房面积比欧美要小得多。高效利用"寸土寸金"的厨房，打造属于中国人的幸福生活一直是方太致力实现的愿景。为此，方太研发了嵌入式微波炉和嵌入式蒸箱等一系列产品，受到了普遍的欢迎。最新研制成功的"天际智能套系"，便是整合了多款嵌入式智能厨电的成套系列，产品与空间相融，实用与美感和谐。

在新产品持续研发、投产和上市的同时，传统厨电产品的改造升级也是方太产品创新的重要一环。例如，吸油烟机EM7T3首次采用了智能升降技术，在不打扰使用者的情况下，随着油烟的多少而自动升降，有效而快速地吸取油烟。这款明星产品，又一次刷新了吸油烟机设计制造的新高度。

方太产品的不断创新，源于雄厚的设计研发能力和拥有自己的核心技术。除本土的技术人员，方太还聘请了日、韩等海外力量，坚持每年将销售额的5％投入科研。目前方太已拥有2066项专利，其中实用专利1405项，发明专利316项，在行业内遥遥领先。

管理创新

方太是茅理翔的第二次创业，也是他成功地交班给"创二代"、自己儿子茅忠群并共同创业结出的硕果。交班后，茅理翔不再参与公司事物，而是致力于为更多家族企业培养接班人的事业，2006年他创办了非营利性的家业长青学院，帮助和见证更多家族企业的成长和发展。茅理翔说："传承不是儿子一个人的事，而是一个团队的事。这个团队里应该有公司的元老，但大多数应该是新引进的，和他一同创业的人。"

方太顺利地完成了领导班子的传承，而且也顺利地完成了从传统家族管理向现代企业管理的创新蝶变，即从家族管理转变为经理人管理，从家长制管理转变为制度化管理，从个人管理转变为团队管理。方太拥有员工近二万人，产品畅销海内外，是一家蒸蒸日上的厨电帝国。

从2008年起，方太开始用儒家思想来主导企业的创新体系，茅忠群将中国的传统文化和西方管理的精髓结合起来，制定了16个字的管理方针，即"中学明道，西学优术，中西合璧，以道御术"，将管理注入思想和信仰，使之具有行之有效的执行力。

2010年，茅忠群借鉴古代晋商的管理智慧，在方太实行了"全员身股制"，即员工只要在公司任职两年，都可根据个人的不同情况而获得数额不等的公司股权，极大地释放了员工的潜力，激发了活力，获得了归属感和幸福感。

坚持产品的高端和质量的精益求精，是方太管理创新的重要内涵。水槽洗碗机的推出并非一帆风顺，由于价格较高又非家庭刚需，前三次皆因不接"地气"铩羽而归。然而方太并没有气馁，而是抖擞精神、矢志不移，一定要打造出真正符合中国厨房使用习惯，而不是欧美等国家舶来品的洗碗机，做到"从中国用户中来，到中国用户中去"。在五年的研发过程中，其设计曾无数次被茅忠群推倒重来，公司还聘请了1200个家庭为产品提供建议。制作过程更是弘扬工匠精神，每个环节和所有细节都一丝不苟，实现了每一个产品都必须是精品的承诺，使方太"中国厨电领军者"的品牌内涵得到了精彩的诠释。

方太创业二十二年来，沉下心来做制造，抵制了扩张和多元化的种种诱惑，至今没有一个方太产品是外面贴牌制作的，从根本上确保了方太品牌的含金量和美誉度。

文化创新

文化是企业基业长青的灵魂，也是实现百年老店的原点，所有的创新都是这个原点延长线上的明珠。方太文化的核心是什么？茅忠群说："伟大的企业要求我们导人向善，用仁爱之心，创美善产品，促进亿万家庭幸福。"

创新的源泉是仁爱。企业家的仁爱之心是用"良知"来推动创新，生产消费者满意的产品；而不是用"功利心"去追逐利益。2010年，茅忠群看到央视的一则报道，厨房的油烟会加剧主妇罹患肺癌的风险，而原来开发的吸油烟机只是制定了风量、风压等几个量化指标，至于跑不跑烟并没有得到充分注意。鉴于此，方太决定开发一款吸油烟效果最好的产品。经过三年的研发，2013年推出了智能风魔方

GQ01T系列产品，确保排烟畅通无阻，油脂分离度高达98%，远高于行业的平均值，做到了"炒辣椒闻不到辣椒味"。产品很快成了市场的宠儿，直到今天仍然雄踞吸油烟机市场销量冠军的宝座。

创新的原则是"有度"。茅忠群说，儒家学说中"中庸之道"的"中"，不是无原则的调和、折中，而是"无过无不及""恰如其分""恰到好处"，也就是"有度"。方太年销售从50亿元跨越到百亿元，仅仅用了三年时间，在众多中国厨电企业中可谓奇迹。然而方太又坚持不上市、不打价格战、不并购，坚持做高端产品，也并不看重销量订单。有所为，又有所不为；寻找突破，又恪守边界，一切都要"恰到好处"。

创新的目标是人的幸福。方太企业文化的出发点是以人为本，所有的创新都是为了实现"亿万家庭的幸福"这一终极使命。一些急功近利的企业以"联网""遥控""读取数据"等概念进行炒作，实际上是一种伪智能化，不会给消费者带来实际好处。茅忠群认为，真正的智能化是"更方便""更愉悦""更健康""更安全"等一系列"更好的体验"，满足消费者对美好生活的向往。

2018年9月11日，在第四届全球社会企业家生态论坛上，方太董事长茅忠群表示："方太的愿景是成为一家伟大的企业，一家能够积极承担社会责任、导人向善、促进人类社会真善美的企业。"

黄钟大吕之声在冬日的暖阳里激荡、回响，温暖、鼓舞着更多的企业和企业家：只要怀有一粒春天的种子，就没有过不去的冬天。

2019.1

江小白：白酒市场上的一匹"黑马"

大胆的创新，处处洋溢着青春文艺的气息，使江小白打破了传统白酒的条条框框，成了市场上的一匹黑马。

江小白？一个年轻人的名字吗？不，它是一款白酒的名字，很新颖，很浪漫，也很特别吧！

2012年江小白亮相于市场时，就是白酒这个汪洋大海里一滴不起眼的小水珠，孰料它没有被淹没，也没有被蒸发，反而掀起了滔天巨浪，搅得"周天寒彻"。

目前，它已拥有原酒酿造产能3万余吨，瓶装产能2000万箱；奇迹般的销量超过了茅台，让贤于五粮液，暂居第二；它还出口到韩国、德国等20多个国家，2018年销售额突破了20亿大关，成为近年来现象级产品，业绩抢眼，声名显赫。

创业仅仅七八年时间，在激烈的市场竞争中，江小白是怎样杀出一条血路、创造了商业神话的？遭遇了麻烦，它能扛过去吗？其前景如何？

不一样的定位

江小白2011年在重庆注册成立。川黔是得天独厚的白酒"天堂"，名牌林立，市场的厮杀没有一天消停过。江小白从出生到长大，可谓险象环生，步步惊心。

江小白的成功逆袭，靠的是什么？不是盲目的胆大，而是理性的自信。江小白选择了一个绝对差异化的消费群体定位——年轻人，雄心勃勃地杀入了这个传统白酒不敢想象的市场。江小白对年轻人的生存状态、经济收入、喜怒哀乐做足了"功课"，从而确立了独特的品牌理念。

"我是江小白，生活很简单"既是它的品牌主张，也是它的生活态度。"简单纯粹，特立独行"既是它的口感特征，也是它的精神和风格。"简单包装，精致佳酿"既是它反奢侈主义的立场，也是它坚守产品品质的宣言。独一无二，天马行空。

巴渝地区古法精酿工艺中有"江边酿造，小曲白酒"的描述，江小白由此得名。除折射其历史悠久外，"小白"还有菜鸟、新手的寓意。简单、亲切、不装。

年轻人多不喜欢传统白酒的浓烈、刺激、易醉和浑身的酒味，江小白要挣脱这种枷锁，它既不是自视很高的酱香型，也不是大众流行的浓香型，更不是酷烈的老白干、二锅头，而是另辟蹊径，酿造了市场少见的小曲清香型高粱白酒，以清淡爽口、细腻干净的时尚口感，抢占年轻人的味蕾。轻口味是江小白差异化定位的又一亮点。

江小白主打小瓶酒的细分市场，新颖的产品形象，使人感到清新的气息扑面而来。

金钱和权势的显摆，欲望和社交的表达，是支撑传统白酒文化的基本元素。年轻人对此望而生畏，甚至充满了内心排斥。年轻人不是不需要白酒，而是不需要赋予了更多世俗内容的白酒。年轻人喝酒不需要奢华的包装和吓人的价格，也不需要那么大的桌子，那么多各揣心腹事的酒客，他们只是几个同学或同事聚到了一起，聊一聊心里话，宣泄一下欢乐或烦恼。这里没有身份，没有规矩，没有领导，没有应酬，更没有算计，只有朋友和兄弟。当然还有江小白。

江小白传递的是去阶层的文化，让饮酒回归到简单、纯粹和惬意。

不一样的营销

江小白的营销，可分为品牌创意和品牌促销两个层面。

文化是江小白品牌创意的重要推手。江小白善于捕捉青春个体的丰富情绪，带有酒精度的饮料放大了这些情绪，既可以使人更幸福，更快乐，更激情，更兄弟，更姐妹，也可以使人更孤独，更悲伤，更恐惧，更沮丧。年轻人就要"不回避、不恐惧，与其让情绪煎熬压抑，不如任其释放。"对于江小白而言，与其说是喝酒，不如说是喝情绪。而年轻人是情绪的宠儿，情绪袭来怎么办？江小白呀！

品牌创意的另一利器是酒瓶上的贴身广告，"青春不朽，喝杯小酒。""把所有的人都喝趴下，就是为了和你说句悄悄话。""我们总想着迎合别人，却忘了最该讨好的是自己。""约了有多久？我在等你有空，你在等我主动。"等等。这些碎片化的文案设计，可谓"奇葩奇葩处处开"。这些堪称绝妙的文字，很走心也很扎心吧！字字搔到痒处，句句击中穴位，使人产生共鸣，无法抗拒。当年轻人在"压力山大"下忙碌奔波的间歇，看到江小白瓶子上的一句"你别太累了"时，那颗坚硬的心一下子软了，不喝上几口真的很难。

江小白的品牌促销有别于主打电视广告的烧钱手法，一开始就在互联网上发力，社区论坛、微博微信，玩得都很熟。现在，天猫、京东、淘宝等大型购物网站都设有江小白的旗舰店，让消费者放心购物。

线下销售是先易后难，先区域后全国。首先是在重庆的B、C类餐厅，不但摆在吧台上，还别开生面地将其独具魅力的贴身广告印在菜单上。2015年开始向全国市场进军，不但抢占了大城市，全国50%的三四线城市也都出现了江小白。依托商超代销是其主要渠道。

江小白的价格策略也按在了年轻人的脉搏上，不搞豪华包装，让利给消费者；不同规格的产品，开拓了消费者多样的选择空间。

江小白投资了年轻群体喜欢的《致青春》《小别离》等影视剧，当江小白那个有着极强辨识度的磨砂酒瓶出现时，观者就会自然地产生一种心理认同和尝试冲动。

为了扩大品牌影响力，江小白每年都要组织若干场文化盛事，"毕业季""万物生长青年艺术展""同城约酒大会"等活动渗透进了新生代生活的方方面面，增强了粉丝的黏性。这些充满青春气息的文化互动，随着时间的发酵和空间的无孔不入，在这个复杂的世界，恍惚中，仿佛我们都是江小白。

大胆的创新，处处洋溢着青春文艺的气息，使江小白打破了传统白酒的条条框框，成了市场上的一匹黑马。

不一样的实力

定位可以借鉴，营销可以模仿，模式可以复制，产品的品质却不可以取巧，必须用心锻造。而建设完整的产业链，则是其"不二法门"。

江小白创始人陶石泉表示，"我们特别不在乎短期的得失，但是特别在乎长期价值。我们要做时间的朋友。"

2018年5月，江小白发布了全产业链"+号"战略，包括"农庄＋""酒庄＋""市场＋""人才＋"等众多产业布局。

"农庄＋"战略由"高粱农业""循环农业""农旅产业"三大板块组成。其中"高粱农业"项目核心区已建成2000亩，计划辐射带动区规划面积10万亩，确保江小白优质原料的供应。

再如"酒庄＋"，江小白已经建成上千亩的酿酒基地，累计涉及资金30亿元，手工精酿车间、机械化酿造车间，以及研发、仓储等应有尽有，纸箱、瓶盖等配套企业也已到位，形成了一个产业集群。

人才密集一直是江小白的核心战略，重庆有8位国家级白酒品酒师，江小白拥有5位，超过了重庆酒业的半壁江山。此外，还拥有高级品酒师12位，高级酿酒师8位。江小白的技术团队达到了国内一线名酒企业的综合配置和人才储备水平。

实力的比拼，才是企业竞争的主战场。

不一样的官司

江小白公司与重庆市江津酒厂旷日持久的商标争夺战，在2018年11月22日画上了句号。北京市高级人民法院做出终审判决，宣告江小白公司第10325554号"江小白"商标无效。

这就意味着江小白有可能失去了这个堪称价值无限的网红商标。2019年3月30日，江小白公司称：自2011年起，我司在中国已注册百余件"江小白"商标，依法可继续使用，所有江小白产品均可正常销售，暂时无效商标仅为我司名下注册的10325554号商标。

早在江小白创业时，陶石泉曾委托江津酒厂代工生产江小白，销售等环节则由自己负责，因合同存在不规范而埋下隐患。随着江小白的迅速走红，其商标的归属成了争夺的焦点。说到底，官司背后站着一个面目狰狞的家伙：利益。这与当年王老吉和加多宝的商标争夺战如出一辙。

江小白此番输掉官司，再次为企业家如何依法维权敲响了警钟。

江小白获得了多家酒企大佬的道义声援。业内专家也表示，按目前法院的裁定，江小白公司还可以使用其他已注册的"江小白"商标，并且拥有对于其他同类商标的优先保护权，如能发挥好深层次差异化竞争的优势，对企业的发展影响不大。

然而，企业依赖的是消费者对于品牌的忠诚度。吊诡的是，有时"成也青年，败也青年"。文艺虚幻，情怀易逝。商标事件后，越来越多的青年消费者开始吐槽江小白：口感混杂、品质不佳、价格偏贵、酒劲太差，像兑了水等。消费者的指责和舆情的诟病，成了江小白必须面对的一道坎儿。拥趸者也可能变成终结者啊。

高品质、好口感，永远是饮者的选择，没有之一。而且，选择与"情绪"无关。

人们说，疾风知劲草，动荡出英豪，风雨过后是彩虹。"文青"江小白，你以为呢？笔者唯有祈福：江小白，但愿一路走好！

2019.5

"微信之父"：蓝色星球旁的孤独身影

张小龙在听众课中表示，不希望用户沉迷于微信。

广州华景路边，伫立着一幢蓝色玻璃外墙的普通楼房。同样普通的一间办公室里，墙上挂着乔布斯重返苹果的照片，它预示着一个全新的时代正在开启。楼房的远处是日夜奔流的珠江，还有博大浩瀚的南海。正午的阳光打在北回归线附近，江水和海水金光闪烁，云蒸霞蔚。

这里是腾讯广州研发院，那间挂着乔布斯照片的房间是它的神经中枢。这里诞生过不少风靡华夏的产品，例如QQ邮箱。当然，最耀眼的还是微信。

如今，微信仿佛空气一样无处不在。它覆盖了中国96%以上的智能手机，14亿人中有10亿人都在使用。指尖上的舞蹈，跳动着世界的风雷云电和人间的喜怒哀乐。

这一切都与一个神秘的人有关。这个人就是手机时代的"地球观察者""微信之父"，腾讯高级副总裁张小龙。

弹簧怎样反跳？

张小龙1969年12月3日生于湖南省邵阳市邵东县魏家桥镇一个农民家庭。18岁以优异的成绩考入华中工学院（今华中科技大学）电信系，本科毕业后读了研究生，25岁取得硕士学位后走向社会。

大学时代的张小龙不爱说话，拙于沟通，喜欢摇滚音乐，喜欢体育，喜欢睡懒觉，喜欢到塘里钓虾，也喜欢学习，拿到了奖学金。

张小龙最大的爱好是电脑，专注，痴迷。他编写的数据库曾有效地帮助了他导师的一项发明，他还是华工最早学习C语言的人。

研究生毕业后，张小龙被分配到一家电信机关。然而，当他面对那栋森严而呆板的大楼时，立刻有"一种窒息感从头顶笼罩下来"。他只草草地溜了一眼，立刻就做出决定，放弃大家都很向往甚至羡慕的"铁饭碗"，决心投入充满活力也充满风险的互联网行业。

张小龙进入一家电脑公司却又很快离开了，他不愿在庞大的公司里做一颗螺丝钉。"自由软件的写作者"，不过是他对自己无业游民身份的一种自我安慰。然而，这个总是愁眉不展、郁郁不得志的年轻人，内心深处却隐藏着火山喷发般豪迈的激情和宏伟的抱负。他饥一顿饱一顿地躲在角落里整天鼓捣电脑，着了魔似的通过手指和键盘，不厌其烦地哗哩哗啦，敲打着那些十分枯燥的代码。

1997年1月，这位对电脑有着疯狂爱好和超人直觉的技术天才，凭借一己之力闷头完成了一款名为Foxmail的软件，很快便吸引了100多万用户，粉丝遍布世界各地，而腾讯当时的用户不过10万。

虽然Foxmail声名大噪，激情已经耗尽的张小龙却不为人知，处境仍然糟糕，甚至想到硅谷去当一名程序员。

1998年9月的一天，雷军给张小龙打了一个电话，问他愿不愿意把Foxmail卖给他。早已不堪重负的张小龙，忐忑不安地向雷军报了个15万的价码。可惜雷军派去与张小龙接洽的家伙不识货，居然错过了这个历史性的机遇。

周鸿祎当时与张小龙一样迷茫，到广州来看张小龙，在曲里拐弯的胡同里买盗版影碟消磨时光。周鸿祎劝张小龙在Foxmail上加广告，赚点钱。张小龙一脸惊诧地问为什么要这样，做自己喜欢的事，有情怀就好了。

2000年4月18日，博大以1200万的价格收购了Foxmail，张小龙被委任CTO和副总裁。对于从天而降的名和利，张小龙却高兴不起来，仿佛自己的心头肉被剜走了，忧心忡忡。

多年以后，张小龙对一位不自信的求职者说，自己也曾很不自信，但随着成长而变得自信，就如压迫中的弹簧一样反跳得会更高。这是他掏心窝子的自白。然而，重要的一句话他却没有说：做弹簧的钢要非常坚非常韧才行啊！

"穿过幽暗的岁月"

被博大收购后，张小龙度过了五年沉寂的日子，几乎从江湖上销声匿迹，而与他同一时代的程序员或产品经理已成为互联网的大佬，例如雷军，例如周鸿祎。博大内部的喧闹与吵斗没有一天消停过，加上盲目扩张，它走上了一条不归路。虽然张小龙短暂地执掌帅印，终因沉疴日久，无力回天。

2005年，刚刚在香港上市的腾讯如日中天，马化腾认识到张小龙的价值、Foxmail的技术和客户，以及中国互联网三四年将呈爆发增长的势头，收购了处于穷途末路的博大。张小龙和他的技术骨干随之成了企鹅帝国的新版图。

张小龙不愿去深圳，马化腾就在广州开设了腾讯研究院，张小龙被任命为总经理。马化腾尊重张小龙的个性，广研院成了腾讯的一个"特区"，独立工作，自由生长。

接手QQ邮箱后，一年多的时间过去了，广研院交出的答卷却让人大失所望。在模仿谷歌划时代产品Gmail的过程中，张小龙主导的产品既笨重又缓慢，广受诟病，虽经修改、弥补和完善，却仍差强人意，难见成效，客户吐槽不断，腾讯遭遇重创。张小龙这个被委以大任的科技精英栽了个大跟斗，颜面尽失。

吴晓波在其《腾讯传》里形容此时的张小龙："在腾讯内部，张小龙的名气主要来自两个方面，他是公司某次运动会的网球冠军，也是全广州最大的KENT香烟的消费者之一。"可谓字字诛心，刀刀见血。

许巍的《蓝莲花》深受张小龙的喜爱，"穿过幽暗的岁月／也曾感到彷徨／当你低头的瞬间／才发觉脚下的路"，这样的诗句，对处于人生低谷的张小龙，是否很容易引起共鸣？

张小龙并不气馁，重压下的弹簧在积蓄刚劲、韧劲和反弹的力量。广州研发院硕大的办公区，300台电脑24小时运转，300多名工程师在汗味和烟味的笼罩下日夜不停地玩命。张小龙那间普通的办公室里，在乔布斯锐利的目光下，除了更为浓重的汗味和烟味，还时时传出争吵声和叫骂声。而在广研院的楼下，则不分昼夜地停着一溜出租车，的哥们知道，楼里那些黑白颠倒的工作狂们随时都会出行。

2006年底，张小龙放弃了模仿的思路，转型创新了一个崭新的QQ邮箱版本。一贯崇尚极简、实用、认为复杂的东西脆弱的张小龙，终于找回了自己，凤凰涅槃，把QQ邮箱从鬼门关拉了回来。

张小龙带领团队奋战，获得了巨大的成功，一年的时间里实现了400多个创新，快速、便捷、大容量的发送功能和漂亮、到位的产品体验，使QQ邮箱的用户激增，超过了网易。2008年底，张小龙的团队拿到了腾讯的创新大奖，向来低调的马化腾在微博上写道："张小龙的团队是腾讯的骄傲和典范。"

"独裁者"的人性化创新

QQ邮箱转型的成功，给张小龙带来了巨大的光环，然而，邮箱的盈利模式还模糊不清，他的团队仍然游离在边缘地带。2010年的一天，张小龙受到一款手机应用的启发，灵感突袭，看到了做微信的可能，于是深夜给马化腾发了一个邮件，马化腾立刻回复了四个字：马上就做。

2010年11月，张小龙的微信项目正式上马。其实，此时外部已有雷军的米聊，腾讯内部马化腾也秘密布局了两个团队，都在攻关同一个项目。在严峻的形势和内外夹击中，张小龙受了刺激似的莫名兴奋、斗志昂扬，他说："我喜欢的不是产品，是战争。"

　　张小龙习惯晚上写程序，从下午5点到次日9点一直沉溺在电脑前。工程师们和他一样，也都是"夜猫子"，每人桌子下都有一张行军床，挑灯夜战是一种常态。张小龙对员工不讲情面，要求反复试错，细节的严苛令人恐惧，大家说他是微信的"独裁者"。

　　微信是什么？一些人认为是可以不花钱打电话发消息的通信工具，张小龙认为，"满足社交需求才是微信的核心价值。"帮助用户驱赶孤独，给他们提供新的体验。它是一种生活方式。

　　一切从"人"出发是微信的灵魂。张小龙坦言："做产品的时候，我们在研究人性，而不是产品的逻辑。"附近的人、朋友圈、摇一摇……都是基于对人心的洞察、满足人的"贪嗔痴"、更加贴近人性而设计的。

　　张小龙十分重视用户体验。简单干净的界面和操作方式，既是来自极简主义的哲学观和审美观，也是对用户体验的深刻把握。张小龙每天都要亲自上网浏览用户对产品使用的感受和意见，拒绝下属汇报的"二手货"。

　　张小龙和他的团队终于打败了全国二三十个微信研发团队，最先取得了胜利。2012年8月推出的微信4.2版，用户超过2亿。2013年7月与联通联手，实现与运营商合作的破冰。张小龙被任命为腾讯高级副总裁，在财富和权力编织的森严序列中，兵不血刃，他登上了微信帝国的王座。

　　微信的商业化不可阻挡，除了电商化、支付化，马化腾还将引进游戏这个功能，它的吸金能力令人咋舌。

　　张小龙或将慢慢地失去控制权，微信将进入"后张小龙时代"。张小龙将如何规划人生的下半场？微信将来也必将被什么东西所代替，张小龙将在哪里一展拳脚？也许只有时间会回答一切、证明一切吧。

张小龙一向低调，不喜欢人们叫他"张总"，公司上下都称他为"小龙"。他很少出现在公众场合，即使出现也是牛仔裤、T恤衫、休闲鞋，神情淡泊，烟不离手，但声调和蔼。微信火了以后，马化腾不得不亲自出面，替他应对媒体。只有每年一度的"微信听众课"，他要讲上几个小时，其演讲被奉为经书，在网络内外疯传。

在人们已经离不开微信时，张小龙却在听众课中表示，不希望用户沉迷于微信。

打开微信的页面，立刻会出现一个庞大的蓝色星球和一个孤独的身影。这是什么意思？有何寓意？

解读五花八门，莫衷一是。"始作俑者"张小龙也不做正面回答，据说他比较喜欢网友的一个答案——"为什么这个人会站在地球之外？"于是有人来解读这个"为什么"：这个独特的画面暗合了张小龙的形象：总是默默地站在热闹喧杂的人群之外，静静观察大千世界的纷纭复杂，用近乎偏执的专注抽丝剥茧，找出事物的本质，再用看似最简单的方法解决问题。你认为呢？

2019.8

邓中翰：中国无"芯"历史的终结者

邓中翰破釜沉舟，与"中国芯"血肉相连。

2018年4月16日，美国商务部发布公告，称美国政府在未来七年内禁止中兴通讯向美国企业购买敏感产品。平地一声雷，这家中国第二大、世界第四大、拥有十多万名员工的通信设备巨头，瞬间被击垮，顿时陷于"休克"，举国震惊，寰球哗然。

这个敏感产品的名字叫"芯片"。这枚小小的一直躲在喧嚣尘世身后的科技产品，居然可以颠倒众生，生杀予夺，令公众万分惊诧，匪夷所思！

其实，早在1960年代，中国就开始在电路芯片领域进行开发。改革开放以来，科技界更是奋发图强，戮力攻关，海思、展讯、龙芯、华大、北易创新……一大批高科技产业和科技精英，在时代的浪潮里中流击水，百舸争先。其中，最引人瞩目的当属中星微的董事长邓中翰博士。

邓中翰带领他的团队，研制出了中国第一批具有自主知识产权的数字多媒体芯片，结束了中国无"芯"的历史，被称为"中国芯之父"。他将自主研发的数亿枚芯片打入国际市场，成功占领了全球计算机60%以上份额，覆盖了欧、美、日、韩等16个国家和地区，位居世界第一。

扎根在神州

1988年春天。中国科技大学。大二学生宿舍。19岁的学生邓中翰听到了敲门声，打开门，一位白发苍苍的长者微笑着站在门口，"不认识吗？我是物理学教授胡友秋啊！"

邓中翰满脸通红地待在那里。原来，在前一天的物理课堂上，胡友秋讲解关于电磁学的一个课题，认真听讲的邓中翰却认为老师讲错了。回到宿舍后，他把自己的想法一口气写了八页稿纸，还注明了证明自己的五种试验方法，然后将信件投进了胡教授的信箱。

面对学生的"冒犯"，胡友秋教授以博大的胸怀坦然接受，不但亲自登门看望弟子，因自己要出国讲学，还将邓中翰介绍给黄培华教授。这种追求真知的精神和虚怀若谷的境界，给邓中翰留下了难忘的印象。

在黄培华教授的启发下，邓中翰闭门苦学，研究了八个月，最终用量子力学解释了空间射线对地球矿物质晶体结构产生的影响。他将这一收获写成论文，竟然被中国权威科学杂志《科学通讯》采用，大四时他还获得了"全国大学生科技大赛挑战杯奖"的大奖。惊喜之余，邓中翰的人生"有了明晰的目标"，立志走科学研究之路，决心"要成为一个有价值的人。"

根深才能叶茂。据说，一棵大树有多高、有多少枝杈，它的根就扎得有多深、根须就有多繁密。1968年9月5日，邓中翰出生在六朝古都南京。从小他就对一切充满了好奇，总是缠着大人追问那些"十万个为什么"。他从小热爱科学，崇拜科学家，求知较真的品格伴随着他学业生涯的每一天。

在南京师大附中，邓中翰度过了快乐的中学时光。不但各门功课优秀，是个名副其实的"学霸"；而且爱好广泛，篮球健将、文艺青年、摄影高手、吉他爱好者、共青团书记、还学会了裁缝，众多亮眼的标签，伴随着他的青春成长。

1987年邓中翰顺利地进入中国科技大学，学习地球和空间科学。

凭借过人的天赋和不懈的努力，邓中翰中科大毕业后考入美国加州大学伯克利分校，攻读物理学。出于对科技前沿的敏感，他预见到IT产业将给人类带来巨变，于是选修了陌生的电子工程学。其后，为了使自己观察世界的角度多维而广阔，他又攻读了经济学。1997年，邓中翰在这所产生诺贝尔大师最多的美国名校毕业，拿到了物理学和经济学硕士、电子工程学博士学位，成为该校建校130年来第一位横跨理、工、商三科的佼佼者。

鲜花是美丽而迷人的，鲜花下面的汗水却是咸而苦涩的。邓中翰的科学之路，从怀疑开始；他的青春之歌，每一个音符都跳动着对不可能的挑战。

扬名在美洲

毕业后，邓中翰进入了世界驰名、风光无限的IMB，负责超大规模CM0S集成电路的设计研发。一年之内便申请了多项专利，获得了"IMB发明创造奖"，在美国科技界一鸣惊人。

1998年，邓中翰结束打工生涯，来到硅谷创办了Pixim公司，研制高端平行数码成像技术，获得了巨大成功，市值高峰时达1.5亿美元。金钱、地位、声誉，联袂而来，挡都挡不住。成功者富裕安逸的美国梦，成为现实。

就在这时，邓中翰遇到了中国科协主席周光召。这位在国际物理学享有盛誉的老人爱才心切，详细地向邓中翰介绍了中国芯片研发的过程，虽然早在1965年中国科学院就已开始了这项工作，但迄今仍然落后于人。而芯片是人工智能的"大脑"、技术发展的源头、电子信息领域的核心，所谓"得芯片者得天下"。

为此，众多国际巨头围绕芯片争相发力，在豪强争霸的严峻形势面前，中国的芯片必须发展起来啊！周光召向邓中翰提出了一个沉甸甸的问题："你有什么好办法？"邓中翰结合自己的亲身经历，从最擅长的角度，提出了中国宜尝试采用硅谷模式运作的可能。周老听了连连点头，突然问："你来做这件事，怎么样？"

这次不寻常的谈话，成为邓中翰思想和人生的重大转折。

1999年10月1日，邓中翰作为优秀留学人员回国参加建国50周年庆典活动。站在天安门观礼台上，在金秋十月北京的阳光下，邓中翰感受到了祖国的繁荣昌盛和民族复兴的宏伟愿景，后来回忆当年的情景时仍然激动不已，他说，"我突然意识到自己该为祖国的强大做些什么。"当天下午，邓中翰与后来共同创业的伙伴一同登上了八达岭，在烽火台上他们振臂高呼，爱国的情怀蔓延在每一个人的心里。晚上，天安门广场礼花绽放，璀璨迷人。他们情不自禁地跑到欢乐的人群中，载歌载舞，纵情狂欢。

产业报国的激情汹涌而至，强烈的责任感在心中激荡。然而，对祖国的由衷热爱和对民族命运的大义担当，不能停留在口号上、情感上，而要落实在行动上。邓中翰果断地做出决定，放弃在美国的荣华富贵，回国创业，打造中国芯片的长城。

星光耀五洲

1999年10月4日，在北京海淀区北土城西路一栋破旧的仓库里，"中星微"电子公司应运而生，"星光中国芯"伟大工程的大幕就此徐徐拉开。

然而，万事开头难。"中星微"场地不足，实验室只好安置在阴冷潮湿的地下室。冬天的北京滴水成冰，邓中翰和他的团队成员，有的被冻出冻疮，有的被冻倒，实验和研究却从未停止。天是冷的，心是热的。

缺少资金，公司没什么资产可供抵押，邓中翰和他的创业伙伴毅然拿出自己的存款、房产和股票，向银行申请了300万美元贷款，才算解了燃眉之急。邓中翰破釜沉舟，与"中国芯"血肉相连。

最难的还是人才的匮乏。当时的中国，几乎找不到芯片的设计人才，邓中翰不得不到清华大学去做兼职教授，培养急需的专业人才。

通过对世界芯片研制现状的观察和研究，邓中翰要寻找一个突破口，从而实现"换道超车"。相对于CPU芯片、存储器芯片这些已被国际霸头垄断的产品，数字多媒体芯片领域还处于群雄混战的局面，邓中翰决定，就从这里打入国际市场，快速腾飞。

邓中翰和他的团队，经过17个月艰苦卓绝的奋战，终于在2001年3月11日，迎来了自己研发的第一枚百万门级超大规模数字多媒体芯片"星光一号"。它不仅打破了国外芯片生产的垄断格局，还彻底终结了中国无"芯"的历史。它的功耗只有国际同类产品的1／3，运算速度却高出八倍以上。它被三星、飞利浦等国际品牌商所采用。这是一项具有里程碑意义的科技发明。

邓中翰带着自己的"中国芯"到日本向索尼公司推荐，孰料对方连看都懒得看，鄙夷地说："中国？中国有芯片吗？我们索尼才是图像处理的鼻祖……"被深深刺痛的邓中翰，只说了一句话："我还会回来的。"四年后，索尼的笔记本电脑用上了"星光五号"。邓中翰没有一雪前耻的兴奋，只有继续前行的雄心。

2009年12月2日，在中国工程院院士的选举中，41岁的邓中翰全票通过，创造了中国工程院最年轻院士的奇迹。

邓中翰高大英俊，步履轻快，性格开朗，言语亲和，朝气蓬勃，在中国科学家的队伍里十分抢眼。他与一位著名的军旅歌唱家结为伉俪，幸福美满。功成名就的邓中翰，虽然总是面带微笑，内心深处却被赶超世界科技前沿的时代使命所催赶，鞭策着他争分夺秒，砥砺前行。

2019年3月31日，在中国（深圳）IT领袖峰会期间，"星光中国芯工程"总指挥邓中翰没有什么豪言壮语，却说中国芯片研发的技术积累还不够，最先进的芯片制程还在28纳米，落后国外好几代，中国的芯片仍在爬坡和奋斗中。

也许，世界上只有实事求是、知己知彼的清醒者，才能将事业带到远方、笑到最后吧。

2019.9

宗馥莉：左手创新，右手传承

在中国二代企业家中，宗馥莉可能是最有成就感也最受关注，同时也是最有个性并且最受争议的。

2020年1月9日，对于宗馥莉，是一个不平常的日子。

这一天，宗馥莉荣获了"2019十大年度经济人物"的"新锐奖"。在北京举行的颁奖盛典上，在鲜花的环绕和热烈的掌声中，主持人宣读了颁奖辞："从产业'新星'到行业'探险家'，她用15年时间将宏胜打造成年入百亿的'全产业链专家'。面对极速变化的新消费市场，她勇担重任，助推品牌持续焕发年轻活力。她左手创新右手传承，'自下而上'进行改变，在产业实验中为行业提供发展先行样本，在商界战场里烙上属于她自己的成长足迹。"

这一天，在同一场合，宗馥莉的父亲宗庆后荣获了"2019十大年度经济人物"桂冠的首榜。宗庆后30年如一日，将娃哈哈从一家只有3个人的校办工厂打造成拥有3万名员工的"饮料王国"。而女儿宗馥莉的宏胜早已进入"中国民营经济500强"的方阵，其营收占娃哈哈的1/3。在颁奖盛典上，父女同框，尽显沉稳与鲜活的温柔交融。父亲宗庆后重磅开场，女儿宗馥莉则压轴谢幕。

这一天，还是宗馥莉38岁的生日。

宗馥莉在发表获奖感言时表示：坚守和传承是我的责任，探索和创新是我的使命，我会继续努力，勇于创新，不负韶华，为中国制造业带来自己的贡献。

宗馥莉信心满满，娃哈哈任重道远。33岁的娃哈哈必将焕发青春，再创中国实体经济的新传奇，或许，因为宗馥莉。

宗家有女初长成

宗馥莉1982年1月9日出生于杭州。5年后宗庆后创建娃哈哈并迅速致富。宗小姐是含着金钥匙来到这个世界的。

与其他同龄的孩子没什么不同，从杭州市建国一小、胜利小学到杭州二中，宗小姐也是扎着小辫背着书包，上学、放学，到爸爸的公司食堂吃饭，跑来跑去的。

不同的是，在爸爸的一次饭局上，听闻外国学生不那么累，潜藏在宗小姐内心深处叛逆的种子萌芽了，宗庆后忙于事业又对独生娇女有求必应，于是14岁的宗小姐便远渡重洋前往美国就读于加州圣马力诺高中。大胆、果断、独立、自信等个性基因从此和宗小姐一同成长。尽管妈妈一天一个越洋电话，宗小姐高中毕业后，仍然在洛杉矶读完了佩珀代因大学，主修国际贸易。

宗小姐读书期间热衷于阅读名人传记，"非常非常崇拜"宋美龄，欣赏她在抗战时期为了祖国而成功地游走于西方世界；后来她的偶像是时任美国国务卿的希拉里·克林顿，欣赏她"能上能下，能里能外"；现在她的标杆是任正非，而她一直崇拜的则是她的父亲宗庆后，特别是他对市场的敏感。

2005年3月，回国不满一年，宗庆后就让女儿练手，宗馥莉担任了娃哈哈萧山2号基地管委会副主任，这里有饮料、方便食品、童装、日化行业等6个分公司。父亲培养女儿的苦心开花结果，小鹰的初啼嘹亮而有章法，2007年，宗馥莉开始独当一面，出任娃哈哈旗下的杭州宏胜饮料集团有限公司总裁，直到今天。

这位"饮料王国"毋庸置疑的少东家，全无"富二代"的骄纵、任性和张扬，宗馥莉低调，尽管衣着打扮高档唯美而时尚，却难掩内在的严肃、冷静和工作上的认真和顽强。

宗馥莉在公司内部颇有"铁娘子"的风范，凡事注重规则与效率，而且干脆利落，绝不拖泥带水。她让公司员工叫她Kelly或馥莉，她的名片上不印头衔，但这不妨碍她遇到事情时会斩钉截铁地说："那肯定还是我说了算"。

宗氏父女虽然流淌着同样的血液，却有着相当多的差异，父亲的早餐是油条豆浆，女儿的则是面包牛奶；本土创业的父亲顾念"老臣"主张以人定岗位，追求制度化管理的女儿则认为应该以岗位定人，推崇公平竞争，尽量擢拔年轻人；父亲对员工比较中庸，即使有错，也会温和对待，女儿则相反，往往直言不讳"我不会容忍，因为公司的制度在那里。"

　　在一些战略问题上，宗馥莉在不断的磨合中逐渐接受了父亲的思维和打法，例如不空降高管，保持并维护娃哈哈的"家文化"。不过宗馥莉说"这个家不是家族的家，而是大家的家。"其实，这与宗庆后对企业架构的定位并无二致，娃哈哈的每个员工都能享受股权激励，以维持向心力。2019年在中国经济复杂而严峻的大背景中，娃哈哈仍然大手笔地拿出6亿元人民币作为职工的奖金。

　　2010年5月，宗馥莉接手进出口公司，着手推进娃哈哈的国际化。首先理顺了品牌国际化的内部后台，接着她就频繁地出国，或参加各种展会或直接推销产品，努力拓展海外市场。

　　宗馥莉不但继承了父辈中国民营企业家艰苦奋斗、敢说敢当的精神，同时也承担了企业的社会责任。除向浙江大学捐赠7000万元、向西安交大捐赠1亿元用于创建与食品相关的高端研发专业外，"浙江馥莉慈善基金会"多年来的慈善活动也受到了广泛的好评。2013年宗馥莉入围胡润慈善榜，可谓实至名归。

　　宗馥莉在宏胜的办公室也"非常宗馥莉"：偌大的办公区，没有老板与员工的隔断，所有员工全部面向老板成排而坐，老板抬头可以看到无数的脑袋，而在显示屏上则可以看到所有员工的工作状态。在宏胜，处处都体现着宗馥莉的个性和风格：开放、直接、务实，以及自我。

　　宗馥莉的智慧和汗水得到了回报，交出了一份很不错的成绩单。相关数据显示，2009年到2012年，宗馥莉执掌的宏胜集团从产品研发、生产到营销全产业链的年增长率超过30%，2012年实现营收108.74亿元。宗馥莉声名鹊起，从浙江到全国乃至海外。她摘取"浙商新星奖"后又入围福布斯"中国商界女性排行榜"（位居第八）、

"亚太女性商界领袖50强"（中国有21人上榜），在全球知名财富公司Wealth-X发布的榜单上，她以30亿美元的身价居亚洲十大年轻富豪第三名。如此等等。

路漫漫其修远兮

然而，宗馥莉是从不知"知足"的，她时时刻刻都在想着改变和创造。

娃哈哈2013年以782.8亿元实现了历史上营收的巅峰，此后四年逐年滑坡，2017年已滑至不足500亿元。宗馥莉强烈地意识到，娃哈哈30多年产品逐渐老化，太"土"了，而且靠饮用水、营养快线和爽歪歪打天下的时代已经过去，只有年轻化才能找回品牌的美誉度，重振河山。宗馥莉需要一个全新的娃哈哈。

2016年宗馥莉主导推出了一款以自己名字命名的定制化果蔬汁品牌"Kellyone"，投入了几百万，还建造了一个400平方米的中央厨房，结果事与愿违，市场反应平淡。这款包装设计时尚，售价高达每瓶28元~48元的产品，其整体策划和营销都与传统娃哈哈的风格大相径庭。宗馥莉的初衷是娃哈哈的传统产品走三四线城市，Kellyone主打一二线城市的高端市场。尽管市场打脸，Kellyone代表的却是娃哈哈品牌一种方向性的突破。

2017年，在宗馥莉的主导下，宏胜集团以每股0.3565港元、预计花费5.73亿港元（约等于5.07亿人民币）的代价收购中国糖果的股权。3个月后该收购要约失效，股价大幅下挫，宏胜以亏损宣告收购失败。宗馥莉一直认为娃哈哈应该拥抱资本，这是现代企业发展的需要，此番"试水"虽遭重创，宗馥前却用"意义非凡"来形容这件窝心事，颇令外界费解。如果从失败中汲取了教训取得了经验，这笔"学费"就算没有白交，或许成为娃哈哈未来一个转折的开始。

宗馥莉的连续"试错"，并没有惹恼父亲。宗庆后表达了对女儿的包容与支持："让她自由发展吧，她愿意干什么就让她干什么。"

2018年年底，宗馥莉进入娃哈哈集团，出任品牌公关部部长，负责娃哈哈产品的包装和品牌推广。集团内外对此满怀期待。

2019年，宗馥莉策划了娃哈哈的"节日营销"，春节关于八宝粥的公益活动还未落下帷幕，情人节推出的三城三列地铁品牌推广已经闪亮登场，而端午节的"娃哈哈粽"和中秋节的藜麦月饼礼盒等活动也都各有特色，风生水起。

庆祝新中国建国70周年，娃哈哈推出了限量版AD钙奶"中国红"，适时地表达了娃哈哈和全国人民一道的喜悦和感动。

2019年娃哈哈"稳准狠"地在《少年派》《庆余年》等八部热播影视中"植入"隐形广告，增强了品牌的黏性和影响力。

2019年娃哈哈与北大、复旦、浙大等一千多所高校合作，举办了12届娃哈哈新品营销大赛等活动，荣获了新浪微博"2019年度创新营销品牌"。

宗庆后对这些活动的评价是"做得很热闹，但没有在销量上直接体现。"宗庆后当然是清醒、理性而老辣的，然而成功从来都是一条荆棘丛生的漫长之路，正如屈原那句名诗"路漫漫其修远兮，吾将上下而求索。"

此间，宗馥莉还解除了娃哈哈与形象代言人王力宏的合约，称其"太老了，有审美疲劳。"王力宏20多年来一手把娃哈哈纯净水捧红，面对很没面子的苛责表现得很大度，颇富情商，反衬了宗馥莉"过河拆桥"的不够厚道。在中国二代企业家中，宗馥莉可能是最有成就感也最受关注，同时也是最有个性并且最受争议的。

75岁的宗庆后身体硬朗，关于接班人人选，虽然他一直没有明确表态，然而宗馥莉接班应该是大概率事件吧。宗馥莉对此却另有说辞，"我不想做个继承者……如果我做成功，我希望去收购娃哈哈。那是一种拥有而不是继承，对吧？"当然"对"。这种充满自信、自强和野心的豪言壮语，或许只能属于"青春"吧！

宗馥莉在娃哈哈这个庞大的帝国里，工作无疑是"压力山大"吧，然而她却能举重若轻，其生活状态比大众想象的要简单和安逸。她会时时悠然地坐下来，喝她喜欢的普洱茶或健怡可乐，"做做自己喜欢的事情，比如看美剧，和你们一样。"她曾这样坦言。她不关心其他"富二代"做什么玩什么，也不怎么和国内同行打交道，日常生活就是二点一线：公司和家里。对了，亭亭玉立的宗家小姐至今还是单身，为什么？各种猜测和八卦多如牛毛，其实很简单：高山流水，知音难觅呀！

2020.3

张一鸣和他的"今日头条"，路在何方？

张一鸣是怎样一个人？以今日头条为产品代表的信息帝国，又是怎样一家公司？

在这个瞬息万变的时代，每天甚至每时每刻都会发生奇迹。正当微博、微信俘获亿万受众时，今日头条、抖音等又横空出世，并且迅速飚红，获得了令人瞠目结舌的巨大成功。公开数据表明，截至2018年7月，今日头条累计激活用户数已超6亿，日活跃人数超过1.2亿，手机新闻客户端App同领域用户覆盖率占比最高，为53.2%；腾讯新闻和UC头条分别排名第二、三位。

今日头条改写了一般创业公司创业初期"烧钱"和亏损的不爽历史，2016年营收60亿元，2017年150亿元，2018年500亿元，2019年目标是1000亿元。目前，新一轮融资后，其估值为750亿美元，在全球创业公司的估值中当仁不让地名列前茅。正因为不缺钱，当外界风传腾讯要投资时，被今日头条断然拒绝，并奚落说"成为腾讯员工多没意思"。面对数家网络巨头的合作意向，今日头条自信心爆棚地笑言："还没有哪一家公司有能力把今日头条做得更好。"今日头条被媒体列为与美团、滴滴齐名的"新三巨头"。

其实，今日头条包括抖音，只是一家名为字节跳动公司（ByteDance）的两款产品。成立于2012年、体量庞大、实力雄厚的字节跳动，其创始人为张一鸣。这位"80后"企业家曾先后入选《福布斯》"中国30岁以下创业者"和《财富》"中国40岁以下商业精英"。2018年"新财富500富人榜"和"胡润百富榜"均榜上有名。被认为是中国互联网行业备受关注的青年领袖之一。

今日头条的崛起，使专注于传统内容的大佬们吃惊、不安并感受到了前所未有的压力。他们当然不是吃素的，于是开始反制。在硝烟弥漫的战火中，不善言谈甚至有点腼腆的张一鸣却云淡风轻，并无焦虑之感，每天仍然睡足七个小时，说话不急不躁，做事不紧不慢，好像一切都没什么了不得的。

那么，张一鸣是怎样一个人，以今日头条为产品代表的信息帝国字节跳动又是怎样一家公司？

好，让我们从头说起。

求学与创业

1983年，张一鸣出生于福建省龙岩地区一个小县城，父亲原在市科委工作，后去东莞开办了一家电子产品加工厂；母亲则是一名护士。在宽松和开放的环境中，在经商和创业的氛围里，张一鸣度过了一个不一样的童年。

中学阶段，张一鸣的成绩虽然不错，可也不是什么"学霸"。上化学课时，他对酒精灯、化学药品、坩锅以及反复试验等烦琐且有危险的事情，提不起兴趣，朦朦胧胧中他模糊地感到，只有迅速见效的事物才有意思。后来他深有感触地说："你的行为，你的输出，都要快点看到变化，而计算机是最快的。"

就这样，2001年他考取了南开大学微电子专业，随后转入软件工程专业。

他没有不良嗜好，不参加文体活动，看到别人抽烟、喝酒、交友、约架，他感到不可思议：这种浪费时间的生活是"多么混沌啊！"他的自律精神和争分夺秒的态度，给同学们留下了深刻的印象。

这位珍惜时间的理工男喜欢看书，但从不看文学书，而青睐于名人传记和《基业长青》《紧迫感》等启智励志一类书籍，日本企业家稻盛和夫的《活法》对他影响很大，一读再读。

不大和群、有点呆板的张一鸣，却成功地谈了一场恋爱。他为一位女同乡修电脑，心就动了，却遭到了拒绝。他并不气馁，两个月后成功地与心仪的女孩牵手，日后成了他的太太。纵然是恋爱和婚姻，他也不愿沉溺其中，他说找到一个"近似最优解"就好了，无须耗神费力。

张一鸣是同学中第一个买电脑的人，大四时编写的一个软件，曾获得"挑战杯"二等奖。

就这样，他度过了大学四年的平淡生活。谁也没有料到，这个默默无闻的同学，日后成了全校最有成就的人之一。

　　2005年大学毕业后，张一鸣在择业观上也与众不同，他不认为稳定和收入是最重要的，有无前途和能否成长才是重要的。是年，他与两名校友做了一款协同办公软件，因其曲高和寡而宣告失败。

　　2006年2月，张一鸣进入搜狐网站酷讯，他主动参与从前端到后端，从编程到销售的全流程工作，进步很快，第二年便将两名清华博士毕业的同事甩在了身后，负责整个后端技术团队。他认识到，做工作就要从全局出发，不自设樊篱，短期利益不重要，学到本事才值钱。

　　酷讯因经营不善而倒闭，张一鸣再次行走江湖，去了微软中国。微软工作轻松，收入颇丰，但却不是他想要的。离开无所事事的微软后，他和同乡王兴创办了一个名为饭否的微博，火得一塌糊涂，却因屡屡违规而被关停。

　　此间，张一鸣为买一张回家的火车票，编写了一个让机器自动搜索的程序，半小时后收到短信并拿到了火车票。此事被媒体津津乐道，什么聪明之类被广泛疯传。其实，事情的真正价值在于，此事激发了张一鸣要将人找信息变为信息找人这一颠覆性的创新思维，影响到了他后来的人生走向和事业的定位与发展。

　　2009年10月，张一鸣第一次独立创业，创办了垂直房产搜索引擎九九房。事业顺风顺水，仅用半年就拥有150万用户，成为行业的翘楚。

　　然而，创新的冲动使他激动不安。"我这个时候对移动市场又有了认识，感觉个性化信息推荐在手机上的需求更大。"这个"认识"，是对行业发展趋势的预测，是对未来社会需求的想象，也是对人性深处的洞察，新颖、大胆、独特而且务实。说干就干，能取敢舍，2011

年底，他辞去九九房CEO职位，开始筹备"今日头条"，把创新的思维变为活生生的现实。

成就与麻烦

2012年3月，29岁的张一鸣第五次创业，成立了北京字节跳动科技公司（ByteDance）。经过几个月的试验和预热，积累了大量用户后，是年8月"今日头条"亮相神州，搅动风云。

在张一鸣看来，互联网带来的信息爆炸，使人们在纷纭复杂的信息海洋中无所适从。而开发一款推荐引擎，则可满足人们对于更加智能化和个性化信息的要求。张一鸣的构想是，采集海量信息，通过大数据算法，分析出最热门最值得关注的信息，再根据用户信息的数据，进行个性化的推送。张一鸣为这款产品取了一个既接地气又富吸引力的名字——今日头条，并为它拟定了一句平实的广告语：你关心的才是头条。

由于贴心，速度超快，今日头条三个月便俘获了1000万用户，其后持续高速递增，业绩超出想象。中外投资机构闻风而动，热情高涨，八个月后估值即已超过5亿美元。

从一个普通的大学毕业生，到推出今日头条而笑傲江湖，张一鸣用了七年时间。他的成功为何如此神速？

张一鸣是个不安分的人，挑战的基因深植骨髓。他认为那些不敢冒险、求安求稳、每天做重复工作的人是在浪费生命。

作为理工科技术男，张一鸣高度理性化，做任何一件事，从起点到终点，不但要找出最佳路径，而且要全程被理性控制。他很少发火，不是脾气好，而是因为他知道发火没用。早期他经常熬夜，后来发现次日工作效率下降，反而得不偿失，于是坚持每天七小时睡眠，不会因为情绪大起大落而改变生活规律。

今日头条拥有一支强悍而高效的团队。面对人才挑战，张一鸣总是以足够高的薪酬天花板来网罗并留住人才，顶尖的精英可以拿到100个月的年终奖励。今日头条的人才竞争力，令其他公司望而生畏。

然而，由于急功近利等诸多原因，成功的同时也埋下了隐患。隐患就是地雷，随时可能爆炸。

今日头条没有编辑，所有内容都是通过一套被称为爬虫的软件，从网上不间断地扫描、抓取和转码而来。2013年下半年，《广州日报》《新京报》和《搜狐》等众多纸媒和网媒以侵犯版权为由轮番轰炸今日头条，称张一鸣为"小偷""骗子""强盗"。张一鸣回应说，今日头条不是媒体而是一家科技公司；后来又改口辩称，今日头条只是具有媒体的一些属性而已。经过一系列运作，张一鸣还是把事情摆平了。然而，人心，却是很难被"摆平"的。

张一鸣创建今日头条时曾坦陈，它的赢利模式就是广告，还卖一点技术。这是一句大实话。然而，真实有时是很可怕的。2016年，因虚假医疗广告曾给人民群众带来巨大伤害而被普遍诟病，张一鸣信誓旦旦地承诺，今日头条绝不刊登医疗广告。然而，事实并非如此，《京华时报》和"央视"的《经济半小时》都曝光了今日头条利用"二跳"手段大肆刊登违规医疗广告，引发了社会的强烈反响。

今日头条的发迹、张一鸣的第一桶金，靠的是低俗内容来博人眼球。为此，《人民日报》多次发表评论，直指其利用人们内心的阴暗面，违背社会主流价值观的错误行径。张一鸣是一个珍惜时间的人，却利用自己的产品，消耗几亿人的大好时光。

张一鸣近两年来在诸多领域全面出击，凡热门地界都要插上一脚，数十种产品的开发令人眼花缭乱，海内外的疯狂收购更是匪夷所思。这种缺乏挑选和过滤、没有重点和全面规划的开发和收购，是一种跑马圈地、抢先占位贪欲膨胀的反映。西方哲人安波罗修说："一旦进入暴饮暴食，世界末日便开始了。"但愿张一鸣是个例外。

曾经辉煌的张一鸣和他的今日头条，虽然蒙上了灰尘和阴霾，只要痛下决心，扬善惩恶，来日仍然可期。然而，路在何方？双脚坚实地踏在法律和道德的底线上，并且用诚实而富智慧劳动的汗水浇灌，才会走得很远。

2019.11

陈宁：用AI打造城市"天眼"

他奔跑着，越来越快，从深圳跑向全国，从中国跑向世界。创业创新的路没有终点。

深圳。麒麟山庄。麒麟苑。鹏城厅。流光溢彩。欢声笑语。和谐吉祥。

2019年的钟声敲过，黄钟大吕之音仍在回响萦绕；农历乙亥年的脚步正从时间的隧道走来，铿锵有力。在这辞旧迎新、承上启下的喜庆日子里，"深圳'创二代'先锋人物颁奖盛典"正在这里举行。

会议的亮点，是一位衣着朴素却难抑其书卷气的企业家的演讲。数百名与会人员神情专注、认真聆听，在深受感染、启迪和鼓舞的同时，也感受到了这位创业者砥砺前行的奋发精神。

这位演讲者和他的团队曾获得"中国创客"的称号、荣获"中国侨界贡献奖"和被称为"中国智能科学技术最高奖"的"吴文俊人工智能科技进步奖"等各种奖项。《人民日报》等众多媒体都报道过他的创业足迹。

他，就是深圳云天励飞技术有限公司董事长兼CEO陈宁博士。

理想，在哪里开花？

陈宁1975年生于河北邯郸，1997年在上海交通大学取得电子工程和会计双学士学位，后到美国深造，拿到佐治亚理工学院电子工程博士学位后，任中兴美国技术总监、美国飞思卡尔半导体高级架构师，是名闻海内外的信息处理及集成电路专家。有着令人羡慕的工作和优渥的待遇，人生如此，夫复何求？

然而，陈宁是个有情怀的热血男儿，创业始终是心之所系。当他注意到中国的人工智能已经抢占世界先机，一个大有作为的舞台正在翘首以待科技才俊一展身手的时候，他坐不住了。理想被唤醒，远方在招手。2014年8月，他义无反顾地回到了中国。

为什么是深圳？ 2018年中央电视台《新闻联播》以陈宁为重点，报道深圳吸引培育高端人才、营造创新创业良好氛围时，陈宁说，深圳和美国硅谷的气质相似。"深圳是最适合海归创业的城市，没有之一。"他不止一次地感恩这座年轻的城市，致敬这片他热爱的热土。

赚钱是企业的本能，但不是企业的唯一目的。2014年创建云天励飞伊始，陈宁就明确地宣称：打造一套现实版的"天眼"系统，实现"以人为本的城市大脑"的目标。这是件意义非凡的大事，具有极大的挑战性。

质疑、误解和攻击接踵而至，冷嘲热讽的聒噪不绝于耳。

陈宁没有回答。他没有时间回答。他只是低着头、铆足了劲，靠着做好产品来证明自己。

理想很丰满，现实却很骨感。创业之初，十几个人挤在一间办公室，不拿一分钱工资，举步维艰。陈宁很清醒，创业是一条不归路，而聚焦于高科技的创业，则意味着赌博，一旦赌错了，将会坠入深渊，万劫不复。

大风大浪中，陈宁没有动摇。他确信，坚持才有希望，坚持才能看到明天的太阳。

2015年，云天励飞创始人团队被评为"孔雀计划"，深圳给予了4000万元的资助，云天励飞还与深圳市龙岗区公安分局达成合作，联合创立了动态人像识别系统云天"深目"，为保一方平安尽力。

公安人员的刚性需求是抓嫌犯。然而，通过视频监控来查找一名嫌犯，往往需要动用几十名警力和七八天时间，破案成本太高。陈宁认为，只有科技创新、颠覆传统，打磨好人脸识别的云天"深目"系统，才能实现快速破案。

为此，陈宁和他的团队扛着摄像机，不畏酷暑和劳累，跑遍了龙岗区的大街小巷、车站、地铁、超市和娱乐场所，采集了大量的人脸数据，通过他们开发的"一人一档"管理系统，集中数据进行检索，快速而准确地找到并锁定嫌犯。

"深目"曾抓拍到一个偷自行车的嫌犯，跟踪了三个月之后，警方一举抓获了318名涉案人员，端掉了一个长时间形成而未被发现的犯罪链条。

这套被称为云天"深目"的动态人像识别系统，不但在中国而且在世界也堪称首创。2016年初在深圳龙岗正式上线后，协助公安破获各类案件一万多起，又快速复制到中国和东南亚的各国八十多个城市，打击犯罪，维护治安，效果显著，广受欢迎。

神奇的云天"深目"，从此名满天下。2016年起，陆续成功地服务于G20杭州峰会、乌镇互联网世界大会、博鳌论坛、上海合作组织峰会、青岛上合组织峰会、首届上海进博会等重大国际活动，保驾护航，功不可没，被公安部指定为国家级会议安保技术服务商。

正确的选择、辛劳的汗水、一往无前的创新和矢志不渝的坚持，是理想的肥沃土壤。只有在这样的土壤上，理想才能绽放出鲜艳的花朵。

神话，怎样变成现实？

陈宁具有深刻的洞察力和远见卓识。早在美国的时候，他就注意到美国很多大型企业开始关注人工智能的一个分支——深度学习，敏锐地感觉到人工智能发展的春天即将来临，于是开始谋划创建自己的公司。然而，"在'阿尔法狗'打败围棋天才的背后，是上千个处理器和数百万美元的硬件投入。"显然，高昂的成本制约了人工智能的大规模应用。陈宁更加确定要另辟蹊径，开发一系列崭新的人工智能芯片，实现人工智能的产业化。

早在回国创建云天励飞时，陈宁与公司创始人团队就优势互补，精诚团结，虽然也有争论，但风雨过后是彩虹，坦诚的交锋使友谊更臻淳厚。事业高于一切。与此同时，陈宁还引进了一批经验丰富、名校毕业的海外专家，形成了一个拥有业务覆盖多行业的人工智能综合团队。

占领人才高地，是高科技企业行稳致远的"不二法门"。

陈宁多次表示，"创业最怕的就是不专注、不聚焦。"创业四年来，云天励飞始终全力以赴、满腔热血地倾注于云飞"深目"，"打磨出一款又一款创造社会价值的产品。"

行人闯红灯，是城市治理令人头疼的顽疾。陈宁带领他的团队攻关研发了"智能行人闯红灯抓拍取证系统"，有效地解决了这一难题。深圳市莲花路口安装了多个实时显示人像的"警示屏"，自动储存闯红灯的人脸数据并对其曝光。三个月后，交警部门数据显示，闯红灯者从原来的1000人次下降到了80人次。闯红灯的行人数量降低了。由于规范了行人的出行习惯，减少了交通事故，已在深圳大面积推广，该"系统"还将与公安系统的常住人口库、个人征信等信息对接，实现对闯红灯人员的教育惩戒，从而培育公民的文明素质，提升城市的整体形象。

港珠澳大桥是一个令世界惊叹的世纪工程，大桥进出关口，车辆、人员的检疫防控工作十分重要也十分复杂。传统的人工服务工作量大、耗费时间长、准确率无法保障。采用了陈宁团队研发的"智能通关人脸识别系统"后，不但极大地降低了人力成本，而且准确率高达99.7%，通关效率提高了十倍以上，促进了文化交流和经济发展。2018年云天励飞上榜"粤港澳大湾区独角兽企业"名单，可谓实至名归。

"我们希望人工智能技术能够真正服务老百姓，打造社会治理新格局，实现共建、共治、共享。"陈宁的夙愿正在民生领域一个接一个地开花结果。"云迹"智慧社区平台通过动态信息聚类归档分析，将社区人口、安防、门卫、便民服务和老弱关怀等实现智能化管理，提高了效率和安全指数，为居民提供了高质量的服务。而"平安校园解决方案"则将实时展现陌生人提醒、出入校管理、智能访客、急速寻人等校园信息。2018年11月23日，深圳市元平特殊教育学校运行这一系统后，校园管理更精准、更灵活、更及时、更安全，也更便捷了。

云天"深目"的神奇，只有在神话或科幻故事里才会发生，陈宁和他的团队却把它变成了活生生的现实。家国情怀、社会责任、专注精神、持续创新和一丝不苟的匠人实务，是陈宁创造神奇的"秘诀"。

"爸爸，您在哪里？"

2017年春节前夕，深圳龙岗区派出所接到报警，一个三岁的孩子突然失踪，怀疑被人拐卖，悲痛焦急的家长情绪几近失控。民警运用人像识别、人脸比对系统排查，迅速锁定了嫌犯，在武昌火车站将嫌犯抓捕归案，被解救的孩子也回到了父母的怀抱。全过程仅用了15个小时。

孩子得救了，孩子的父母从惊恐的地狱回到了欢乐的天堂，一个面临支离破碎的家庭，重新恢复了愉快的生活。三四年时间里，这套系统已在深圳寻找到了数百名被拐卖或走失的儿童和老人。服务百姓、造福苍生，助力打造平安城市，是陈宁永远铭记的"初心"，也是他"最感欣慰的一个社会的价值。"

那个被拐卖的三岁孩子的家庭，终于团圆，过上了一个温暖而愉快的春节。然而，这幸福的背后，却是无数人的无私奉献和巨大付出。这些人里，当然有陈宁的身影。

作为海归的陈宁，亲人远在大洋彼岸美国的一个小城，枪击案、爆炸案时有发生，治安环境堪忧，而陈宁却不能陪在他们身边，而且错过了孩子成长的重要时期。陈宁是性格刚毅、善于决断却又感情丰富、细腻，充满爱心的人。每逢佳节倍思亲啊，忙碌了一天之后，夜深人静之时，他仿佛听到了五岁儿子稚嫩而亲切的呼唤："爸爸，您在哪里？"深深的思念和挥之不去的牵挂，使他"内心非常愧疚和焦虑"。他坦陈："创业最大的焦虑是无法陪伴家人。"

2017年暑假时，陈宁的孩子来到了深圳。陈宁带他们到公安局参观了云天"深目"，并给他们讲了那个三岁被拐儿童的故事。孩子们为有这样的爸爸而骄傲，五岁的儿子独出心裁地称爸爸为"Superman"（意为"超人"）。陈宁感慨地说："这个名字在我内心激起了很多波澜，让我意识到了创业的意义，不远万里海归创业的价值。"

许多企业家都爱体育运动，Facebook创始人扎格伯格酷爱长跑，陈宁亦然。云天励飞有个"跑步微信群"，陈宁总是超额完成既定目标。2018年底，他还兴致勃勃地参加了深圳南山半程马拉松比赛。

在日理万机的繁忙工作中，陈宁总要挤出时间"充电"，他说"学习与创新是公司的基因，已经融入每一天的工作和生活里"。

学习永远在路上，事业也永远在路上。未来，陈宁和他的团队将进一步聚焦AI+新警务、AI+新治理和AI+新商业，进而赋能百业。

陈宁既有全球视野，又富民族智慧，既立足于科技前沿，又脚踏于现实大地。他在"深圳'创二代'先锋人物颁奖盛典"演讲的最后，深情祝福"创二代"企业家要"开辟一个不一样的明天。"

是啊，明天！为了明天，他的奔跑将越来越快，越来越好，从深圳跑向全国，从中国跑向世界。创业创新的路没有终点。

2019.2

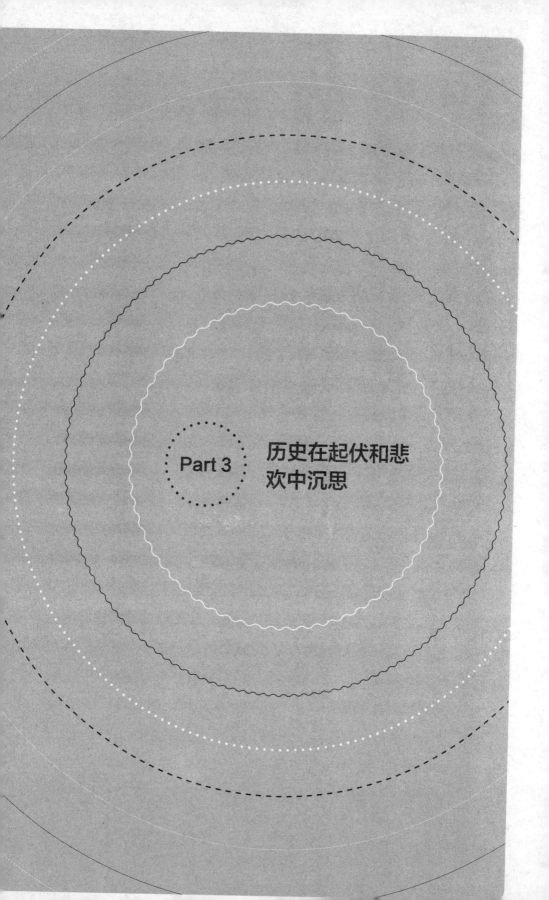

Part 3　历史在起伏和悲欢中沉思

王中军的"江湖"

王中军自称对电影是外行，却在电影圈里呼风唤雨；没有学过金融，在资本市场也同样玩得漂亮。

2018年5月，崔永元曝出的猛料仿佛一根导火索，将深埋于影视业乱象的地雷接连引爆，一时间火光冲天，人仰马翻。什么天价片酬、阴阳合同、偷税逃税等乱七八糟的内幕——大白于天下。舆论前所未有地刺激和聒噪之余，是影视行业的风光已成明日黄花，开机难、行业收入直线下滑，使这个原本无比热闹的大舞台瞬间归于平淡，寂寥荒芜。

烟雾弥漫之中，人们将目光转向和这一切既有某种交集，却又有一定距离感的人。他白手起家打造了中国第一家上市民营影视制作公司，并凭借其巨额收入于2015年登上了华人富豪榜单第338位。身为电影产业的代表人物，他曾成为"中国年度经济人物"候选人，2010年摘取了"中国魅力人物"的桂冠。他被称为中国影视行业的"掌门人""大腕""教父"和"第一代大佬"。

他，就是赫赫有名的华谊兄弟传媒股份有限公司董事长王中军。

圈子文化

王中军2010年一次演讲的题目是"无梦想，不兄弟"，2013年接受媒体采访时说："我觉得现在企业家交朋友是第一生产力，高过所有的生产力。"

这是王中军的经验之谈，掏心窝子的话。他之所以能走进影视圈，并且在很短的时间里名利双收、大红大紫，靠的就是兄弟和朋友。

1998年的一天，正为广告生计而奔波时，王中军在路上遇到了正在影视圈里做事、从前的同事刘晓玲，与刘晓玲的交谈，让他看到了拍电视剧的优势。王中军怦然心动，当机立断，凭借其较好的悟性，很快就拍出了自己的第一部电视剧《心理诊所》。由于进行了有效地推广，居然赚了钱。重要的是，王从此拥有了影视投资人的新身份。

尝到了甜头的王中军，一头扎进了影视圈，一发而不可收。

如果说娱乐行业有很多山头的话，京圈无疑是最著名也是最有影响的一个。

王中军是这个山头的核心人物。出身于军人家庭或有过当兵经历的人被称为"大院子弟"。同为"大院子弟"的王中军和冯小刚一见如故，惺惺相惜。相似的出身、经历、爱好、性格和价值观，使他们成了亲密的战友和朋友。两个人的合作可谓火借风势，风助火威，声名鹊起，财源滚滚。

王中军每年投资冯小刚的电影贺岁片，连续稳坐票房冠军的宝座。《没完没了》《手机》《夜宴》以及谍战大片《风声》等，十多年间赚足了观众的欢乐、叹息和眼泪，当然也赚足了他们的钞票。

王中军被业界称为冯小刚背后的男人。在央视撒贝宁的专访中，王中军坦言："如果没有冯小刚连续拍几个成功的电影，我可能也没有那么在乎这个行业。"

事有顺也有不顺。王中军经朋友介绍投资了姜文的《鬼子来了》和陈凯歌的《荆轲刺秦王》，最终都赔了。然而，王中军在圈子里个人的品牌却"桃李无言，下自成蹊"。亏的是摸得着的钱，赚的是摸不着的口碑。哪个更有分量，王心里有数。

王中军与太合房地产董事长王伟，因为都对宝马车着迷而相识，当华谊兄弟资金有缺口时，"二王"兄弟也就是喝喝酒、拍拍肩膀，"谈笑间"，王中军便得到了王伟2500万的融资。看，圈子的能量真是不可小觑。

在中国企业家俱乐部，王中军又结识了马云。开枝散叶的结果是，江南春、虞锋、鲁伟鼎、马化腾、马明哲等商界大腕，也都相继成了王中军的朋友。王中军经常向他们请教，投资掌趣和银汉前，马化腾和刘炽平都给出了"技术性、专业性帮助"。

王中军一表人才，着装随意，出席正规场合时往往是一袭黑衣；为人低调，至今也未开通个人微博，说话算数，随和而温和，从不着急，更不炫富、嘚瑟；爱好高雅，宁愿别人称他为艺术家而不是企业家，他也的确以艺术家的感性思维和独特的领导艺术见长，每天睡眠十小时，只有下午才到办公室看看报，处理下属处理不好的问题，坚持用人不疑的原则，他说"没有乱管事的人，管事的人才能发挥作用。"马云说王中军是他见过的"最懒的CEO"

吸金高手

王中军1960年出生在北京，自幼酷爱绘画。1976年初中还未毕业便应征入伍。1982年转业到物资出版社任美术编辑兼摄影记者。1985年辞职，下海到一家文化公司任广告部经理。1989年到美国密歇根大学读传媒，是"为了保持身份"，讲到这段人生经历时他说，每天工作15个小时，"开车送外卖，人家给小费，一块或者五块，甚至更少。"

1994年，王中军怀揣和妻子辛辛苦苦攒下的10万美元回国创办了广告公司。每天早上骑着自行车到地铁口，锁好车，然后坐地铁，到建国门站下车，再去公司，由于承接了中国银行网点"标准化规范工程"，才摆脱了困境。其间经商遭遇挫折的弟弟王中磊加盟到哥哥的旗下。这一年成立了华谊兄弟广告公司，而华谊兄弟传媒集团则诞生于2005年。"华"意为中华，"谊"指友谊。兄弟一家亲，中华根连根。

不安于现状、大胆决断、勤奋刻苦、善于学习、抓任机会，这些第一代创业者的共同特征，王中军一样都不少，为他日后大展拳脚夯下了坚实的基础。进入影视界则有赖于他独特的眼光、识见、圈子和一些运气。

在美国，以电影为代表的娱乐产业，是仅次于军工的第二大产业，迪斯尼、时代华纳都是上千亿美元的规模。王中军认为，在中国这样的市场，一定能够产生出足以和时代华纳相抗衡的影视产业巨头。

做企业，不论是哪行哪业，人，永远是第一要素。娱乐业是明星的天下，王中军深谙此中三昧，因而不遗余力地网罗人才、储备人才、用好人才，坚持明星策略。华谊兄弟旗下拥有演员百余人，导演二十多人，各路明星风云际会，八方大腕同台效力。王中军采用制片人制度，每部影视的制片人和导演就组成了一个小小的王国，王中军从不干涉他们的经营，充分信任，决不越权。导演、演员把电影拍得越好，他们成名的速度就越快，王中军的收入也就越多，"30个艺人，每一个贡献500万，就是1.5亿元，这个模式很简单。"王中军的数学也堪称一流。

插入式广告并不是王中军原创的赢利模式，却是把这种模式在中国的屏幕上运用得最到位的。《手机》开拍之前，王中军就找到了四家广告商，无论是摩托罗拉还是中国移动，在影片情节演绎的过程中，都得到了淋淋漓尽致的表现。当然，如果贴片广告过多过烂，也会使观众反感。对此，王中军有着清醒的认识，他说"如果你给我100万元，要我加一个不靠谱的镜头，我肯定不会；如果你给我1000万元，我会动脑子把不靠谱的镜头变得靠谱。"有所为又有所不为，在品质和金钱之间进行博弈，王中军得心应手。

赚小钱靠勤劳，赚大钱则需要创新。王中军一直在盘算如何将一部作品的收益最大化。美国一部好戏一周的票房就差不多相当于中国电影一年的票房收入，如何把中国电影推向美国和世界，王中军终于找到了突破口。与美国电影八大公司之一的哥伦比亚合作拍摄《大腕》，各占50%股份，中方主导拍戏，美方负责将该片卖给全球六十多个国家的电影销售网络。《大腕》试水的成功，使王逐渐掌握了国际游戏规则："如果今天重拍《大腕》，一样的阵容，一样的故事，一定比以前卖得好。"第一个大胆吃螃蟹的人，尝到了难以言说的美味。

参与全球票房分账，王中军为中国电影走向世界趟出了一条路子；在融资领域分散风险的作为，使他又一次成了第一个吃螃蟹的人。2005年拍摄《夜宴》时需投资1.28亿元，王中军将该片的版权作为抵押，获得了深圳发展银行5000万元的授信贷款。银行的信任，除了电影版权外，有没有王中军个人的因素呢？

王中军自称对电影是外行，却在电影圈里呼风唤雨；没有学过金融，在资本市场也同样玩得漂亮。

爱钱并坦承爱钱，没什么不好，商业的本质就是逐利；相反，骨子里爱钱，却装出对钱苦大仇深的怂样，倒是应该警惕的。

麻烦来了

2014年，华谊兄弟的经营架构重新明确，传统影视业务交由王中磊打理；互联网和实景娱乐两个开拓项目由王中军亲自操盘。在"三架马车"中，王中军说，他负责"想象"，王中磊负责执行。

然而，互联网业务开展得并不顺利。王中军着力打造的"星影联盟"，只是"看上去很美"；其后华谊兄弟斥资2.66亿收购的卖座网也差强人意，被猫眼等甩在了后面。失意的王中军很少出现在公众视野，好像"归隐"一样。

真正的麻烦发生在2018年5月，一些明星大腕的税务问题被曝光。影视公司的股票手拉手地下跌，华谊兄弟也没能逃过。

屋漏偏逢连绵雨。2018年5月，当红影星袁立怒怼王中军卖给她的一件15万元的雕塑作品是假货。事关人格，王中军很快做出了回应：

原本不想多言，为了保护收藏界和艺术界的朋友，才破例说两句：清者自清，就是这样。

雪上加霜的是，正当华谊兄弟"病痛缠身"，股价跌入谷底时，2018年6月华谊兄弟又发布公告称，王中军和王中磊手中的股权经过质押，分别只剩2.21%和1.04%。另据统计，王氏兄弟2013年通过股票减持，累计套现超过8亿元。股权质押和股票减持原本不是一回事，也没什么不可以，却都是锋利的双刃剑，他人和自己都可能受到伤害。

王中军回应说："一个创业人如果不去减持自己的股票，创业干什么？难道是最后等我死的时候，把所有的财产都捐掉，或者所有的财产都给我儿子吗？"坦率，在法理上也没什么不对，但还是陷入了舆论的漩涡，指责汹涌而至，铺天盖地。王中军再次选择了沉默。

作为改革开放以来文化产业具有标志性意义的企业家，王中军是独特的"这一个"。成功与失落相生相随，鲜花与拍砖忽左忽右。他还不到六十岁，还有大把时间任其驰骋，如果眼光和识见更为长远，胸怀和情怀更加广阔，社会回报更令人铭记，内功修炼得更臻深厚扎实，人生也将绽放出别样的精彩吧？

2019.2

董明珠没有听到掌声

成功的影响力和个人的性格魅力，如果不懂得克制，终有透支的一天。

她的霸气和人气源于她的底气

董明珠被称为话题女王、营销女皇、铁娘子、女强人、铿锵玫瑰、"她走过的路不长草"，以及董小姐、董大姐、董阿姨等，好听的，不怎么中听的，她照单全收。

强烈的个性，使她敢于向总理说真话、提意见，毫无畏惧地把广州市财政局推向法院的被告席，与家用电器销售的巨无霸苏宁张近东叫板，而与小米雷军的死磕，更是"谈笑间，樯橹灰飞烟灭"……如此强大的气场，在全中国乃至全世界，也难觅出其右者。她的曝光度极高、人气也极旺，隔三岔五就要爆出令人目瞪口呆的新闻，一出又一出波澜起伏、匪夷所思的故事，吸引了无数人的眼光，既令人血脉偾张，又使人不由自主地陷入沉思。

董明珠的霸气和人气源于她的底气。36岁时她从一个普通销售员干起，凭着超人的顽强和奋斗，一步一个脚印地用了17年的时间，坐上了格力总裁的位置。从此，她率领格力创下了连续多年空调销量、收入和市场占有率均为全国第一、独一无二的神话，并成功地将格力推进了世界企业500强。

她将工业精神发挥到了极致，在不断的博弈中寻找快乐。她有着钢铁般的意志，葆有旺盛的生命力，每天只睡四小时，疲惫的状态和她根本不沾边儿。她坚持原则，为格力不惜得罪哥哥，兄妹20年形同陌路。她认为，水既要至清也必须有鱼。她是个直截了当的人，不管时间、地点和场合，都会讲出自己要说的话，她曾直言："我从不认错，我永远都是对的。"

让人怕容易，让人敬就难了。

让人嘴上敬容易，让人心里敬就难了。

董明珠一贯雷厉风行，口无遮拦，语不惊人死不休。与雷军豪赌10亿元等过往神剧，早已华丽谢幕。新的剧本不但更有看点，更加惊悚，而且层出不穷。

"2015闽商青年领袖峰会"上，董小姐在主旨演讲中说："空调格力最好，不用格力，你就是傻瓜！""中国民族工业走向世界的时候，你只能支持格力！"她收获了意料中的掌声和笑声。她或许不知道，这与现场观众基于对她处世风格的了解，因而并不计较以及与礼貌等有关吧。

董小姐对格力的研发和制造能力信心爆棚，她说，"格力做手机就是分分钟的事。"她在股东大会上宣布，格力手机的年销目标是一亿部，后又改口为五千万部，这种罔顾实际的豪言壮语，变成了业内的一个笑话。由于她对手机市场的错位认知，格力第一代手机已经胎死腹中，泡沫刺破后，董小姐仍不认输，说："格力会将手机一直做下去，第二代产品将是世界一流水平。"第二代格力手机开机时是董小姐的头像、签名和她的一段话，她说此举是"为了尊重消费者"。在一次高峰论坛上，她竟然将手机从二米的高处摔到地上，然后霸气地反问观众："你敢摔吗？"

2016年9月，在凤凰卫视鲁豫的一次访谈中，因员工的工作不符合董小姐的要求，使她气不打一处来，当着客人叉腰对员工放下狠话："不把你们撤了才怪！"后又因灯光问题，使她再次发飙，大喊大叫。鲁豫、来访客人和格力员工惊得呆若木鸡，半晌反应不过来，大气也不出。

企业家中，不乏像柳传志那种沉稳、知性、儒雅"教父"类人物。其实，他们的内心也深埋着自信和霸气，不过与董小姐的直率和张扬是两种不同风格罢了。内在与外在很难说对错与高低——只要你的企业够好。何况董小姐的任性之举，还伴随着以自己独具的个人魅力而转换成了免费的商业广告。然而，成功的影响力和个人的性格魅力，如果不懂得克制，终有透支的一天。况且，格力的辉煌还凝结着每个格力人的智慧和汗水，他们理应受到应有的尊重。让人怕容易，让人敬就难了。让人嘴上敬容易，让人心里敬就难了。

董小姐是否应该反思：
企业的下滑是否与自己的任性有关？

格力本来已居中国空调业的老大，董小姐也实至名归地坐上了全国空调协会会长的龙椅，但她还要咄咄逼人、肆无忌惮地逐一抨击同行和竞争对手，而且"一个都不能少"。2014年，争强好胜的董小姐屡屡语出惊人。她称美的的"每晚一度电"是虚假宣传，海尔是"造假"，海信、科龙"已垮"，志高是"没出息"，她要以价格战"清场"，把那些烂品牌、假冒伪劣、偷工减料的企业全部消灭掉。

或许董小姐并不在意，但在一年后的2015年，苏宁的张近东联手国内六大主流空调企业董事长，发起了一场声势浩大的"破格行动"，对格力实行空前的围剿，成为中国商战的一道独特景观。没有资料显示"破格行动"给格力造成了多大的影响，反倒使人想起了战国时代六国合纵抗秦、秦反灭六国的历史故事。

然而，董小姐如此任性，将企业推向了"行业公敌"，毕竟不是什么光彩的事，逞嘴巴一时之快，总要付出代价。对企业内在的伤害，虽无形却深远。欠账总是要还的，既是江湖的玩法，也是人生的宿命。至于董小姐涉嫌造谣和人身攻击，突破了一个优秀企业家的底线。底线就是规矩，一个漠视规矩的人，怎么让人尊敬你、信服你？还有你的企业？

糟糕的消息说来真的就来了。2016年4月公布的格力业绩，营收从2014年的1400亿元陡降至2015年的1000亿元之内，降幅高达29%，净利润125亿元，同比下降11.46%。而美的2015年实现营收1384亿元，同比微跌2.28%，利润127亿元，同比增长21%。格力的2016也不容乐观，库存量大，前景堪忧。面对这样一份成绩单，董小姐怎能不焦躁烦闷？然而她仍然频繁地游走于各大名利场，曝光度依然强劲。

老实说，董小姐已经感到了压力。格力空调占全国40%的市场份额，发展遇到了天花板，转型是迫在眉睫的生死之战。于是她搞晶弘冰箱、大松电饭煲等多元化产品，可惜很难说哪一个是成功的。十分不爽的董小姐是否应该反思：企业的下滑是否与自己的任性有关？

重要的提案当场未获通过，难道就这么泡汤了？

刷新的剧本是，2016年10月28日，格力召开临时股东大会，对收购珠海银隆和增发股份等提案进行表决。董小姐进入会场时没有掌声，她很诧异，后又进出几次才坐下来，还是没有听到那早就应该出现的掌声。这种从未有过的诡异现象，使董小姐怒火中烧，当场就炸了，一梭子子弹噼哩哗啦地打了出去："格力没有亏待你们……我五年不给你们分红，你们又能把我怎么样？"

股东质疑，银隆估价才50亿元至多60亿元，你凭什么溢价两倍130亿元收购？银隆的电池技术并不成熟，而且跨界造车已有春兰、美的惨死在沙滩上的前车之鉴，你不上心吗？再说了，你凭什么稀释我们股权的比例？

重要的提案当场未获通过，难道就这么泡汤了？当然，董小姐是不会善罢甘休的。事态还在发展，然而不管结局如何，董小姐摊上了真正的麻烦。

世界上最强大的力量不是山崩海啸，而是万物生长。

过于自负、自我中心、执拗使性、固执己见、恣意放纵、不尊重别人等任性之举，说穿了，是一种不健康心理的外化，是意志薄弱、缺乏自控力的表现。它不但影响人际关系，还可能给事业带来巨大的灾难。世界上最强大的力量不是山崩海啸，而是万物生长；不是进攻，而是爱。

任性不是天生的。董小姐在老家南京时，性格还是蛮温柔的，我们在她与母亲和儿子的关系中，也体会到了坚硬之下深藏着的柔软。

追根溯源，还是权力这只怪兽没有被关进笼子里。董小姐的权力来自格力董事会，由于她的成功，管理层几乎成了摆设，没有什么制衡，诸多决策压根就是董小姐任性的结果，比如进入手机领域。如果对权力缺乏敬畏之心、戒惧之意，就无法实现公平正义，也就无法维护商业伦理和谋求公众利益……这些道理和逻辑董小姐自然是明了的，那就打住吧。

2016.12

马云"胡说八道"？

新，创新，当然值得倡导，然而以"新"的名义哗众取宠就不厚道了，正如不能以"革命"的名义倒行逆施、祸国殃民。

2016年10月13日，阿里巴巴集团董事局主席马云出席杭州云栖大会时说："未来30年是人类社会天翻地覆的30年，世界的变化将远远超出想象，'电子商务'这个词很快会被淘汰，有五个新的发展将会深刻地影响世界。"

这五个"新"，指的是"新零售、新制造、新金融、新技术和新能源"。它有多重要呢？马云称"将对各行各业造成巨大的影响，成为决定未来成败的关键"。

作为炙手可热的风云人物，马云时有惊世骇俗之论，此番甩出的这颗重磅炸弹，更是非同凡响，立刻硝烟四起。素有"世界代工王"

之称的郭台铭首先中枪，惶恐地表示（知道内容后）："这让我产生了无比的惊慌，一晚上没睡好。"富士康有多少年轻的生命从高空陨落，也没听说郭老板失眠过，可见马云一席话的惊天威力。

娃哈哈的宗庆后却见怪不怪，2016年12月25日在央视《对话》节目中毫无顾忌地说："我认为除了新技术以外，其他都是胡说八道。新制造，（你）本身就不是实体经济，制造什么。如果是新技术，我倒认为实体经济确实是在追求新的技术，来提高我们这个制造业，从中低端走向高端。"

无独有偶，格力电器的董明珠不但十分认同宗庆后的观点，而且气定神闲地指出，马云的"五新""都是以前原有的，并没有什么特别的重要性"。她还从事件的本质出发，忧虑地认为："90后不愿意去实体经济里工作，在家里开网店，是有隐患的，网店模式给实体经济带来冲击，给整个社会都带来了冲击。"

其他商界人士如TCL的李东生、"百货女王"厉玲等都纷纷发声，质疑马云的"新论"。

高档次的口水仗，自然吸引了众多围观者。马云的拥趸说：互联网降低了老百姓的生活成本，省去了中间商这一环节，有什么不对，有什么不好？不那么"新潮"的围观群众则说：马云连一个纽扣都不做，才是真正的中间商，你富得流油，屡屡高踞中国首富第一的位置，凭什么？学者们怎么看？他们似乎是永远立于不败之地：实体经济和虚拟经济要互相包容，相辅相成，共同前进。没错，说得对极了。然而，无可挑剔的不等于是有价值的。

重要的是，如果虚拟经济独占鳌头，挤压实体经济，实体经济必将疲弱，无法支撑整体经济的运行和发展，虚拟经济也就会变成泡沫消失。所谓"皮之不存，毛将焉附"是也。虚拟经济过度发展，不但将扭曲资源配置、扭曲消费行为，而且还将扭曲年轻人的价值取向，变得虚幻轻浮而不愿脚踏实地。苏宁、国美的连锁店不时传出关店的消息。位于深圳深南路与上步路交会的"深圳购书中心"，是深圳读书人的好去处，也已变成了记忆。

这边的争议撕扯得不可开交，那边又传来了坏消息。2016年12月21日，美国贸易代表办公室再一次发布"恶名市场"名单，阿里旗下的淘宝网因"假货泛滥"而名列其中。这是阿里时隔四年再次不幸被"拉黑"。令马云十分不爽的是，发布者认为，阿里在这一问题上，"还有很长的路要走"。阿里股市应声而落，瞬间蒸发了60亿美元。

至今没听说阿里有什么反应，也许马云忍气吞声地咽下了这碗来自大洋彼岸的苦酒。然而，对来自国内同行的非议，可就没有那么客气了。2016年12月29日，马云在"江苏省浙江商会十周年大会"上指出："企业家切不可活在昨天，抱怨明天。实体经济只有经历新科技的挑战、转型和创新的洗礼，才能面对明天的太阳。"这些充满诗意和金句的演讲，被媒体解读为是对宗庆后和董明珠等人的强烈回应：不是实体经济不行，而是你不行了。

是的，马云连一个纽扣都不做；然而这不能怪他，也不能影响他叱咤风云、富甲一方。人家干的是搭一个平台，让别人去卖纽扣，玩的是"虚拟经济"嘛。可是，我们要求你这个"平台""不卖假货"、对得起芸芸众生、也对得起自己的良心，过分吗？集中精力和智慧把你的"平台"打造得繁荣和干净，比辛辛苦苦地讲演和制造炫人眼目的"新论"，也许更具价值，也更得人心。

再说了，新，创新，当然值得倡导，然而以"新"的名义哗众取宠就不厚道了，正如不能以"革命"的名义倒行逆施、祸国殃民。旧，传统，也有宝贵的内核，值得继承和发扬。孔子、儒学，旧不旧？能够一笔抹杀吗？从陶朱公到胡雪岩都在坚守的商业文明"不卖假货"，旧不旧？对不对、好不好？

　　美国刚刚发布的那个"恶名市场"名单，将上一次上榜的百度移除了，因为百度与全球五大唱片公司达成了版税协议，在保护知识产权方面有了明显进步。当然，也许不必把这个远离十万八千里的"名单"太当回事儿，但是必须把"不卖假货"当回事儿。对于阿里来说，这也许就是最重要的"新"。如果阿里从这里起步，带头把中国的虚拟经济建设得更加健康、活跃，那么，愚以为，谁再对马云发难，谁就是"胡说八道"。

2017.2

李一男：一个"技术天才"的沦落

命运赋予李一男超乎常人的天赋和能力，把他推向了天堂，也把他拉下了地狱。巨大的鸿沟中，到底发生了什么？

2017年1月24日，深圳市中级人民法院做出一审判决，李一男因内幕交易罪被判处有期徒刑2年6个月，并处罚金750万元。李一男当庭表示上诉。实际上，早在2015年6月1日，李一男的小牛电动车高调向公众发布，两天后他就被带走，距今差不过过去了两年。

命运赋予李一男超乎常人的天赋和能力，把他推向了天堂，也把他拉下了地狱。巨大的鸿沟中，到底发生了什么？

李一男过山车般跌宕刺激的人生，似乎一直在期待如何证明自己。如今，他人生大戏的前半场业已归零。熬过痛苦的中场之后，在大戏的后半场，他还将如何证明自己？

在李一男堪称传奇的人生节点上，多问几个为什么，或许更有意义。唏嘘感慨只能徒增伤感和烦扰。只有"前事不忘，后事之师"，才能避免"后人哀之而不鉴之，亦使后人而复哀后人也"。

只要李一男讲话，他们都鸦雀无声

李一男1970年出生于湖南，15岁考入华中理工大学（今华中科技大学）少年班，1993年研究生毕业进入华为，仅用两天时间升任工程师，半个月升任主任工程师，半年升任中央研究院副总经理，两年被提拔为华为公司总工程师兼任中央研究院总裁，27岁坐上了华为公司副总裁的宝座。对于多数人而言，终其一生都难以实现的梦想，"谈笑间"，被他轻松纳入囊中。

在英才济济、能人云集的华为，李一男创造出火箭冲天式跃升的神话，全凭一己之力。他是罕见的技术天才。华为无线研究院总工程师唐东风回忆说，一次技术汇报会，邀请李一男参加，由于李太忙事先没有沟通，唐东风在从一楼到二楼的楼梯上向他做了简单的介绍。孰料，面对众多的技术牛人，李一男竟滔滔不绝地将相关技术的精髓阐述得到位而透彻，令人难以置信，坐在会场里的任正非也深感震惊。

李一男的罕见聪明还表现在经营才干上。他除了负责研发外，还兼任产品行销部总裁。当时任职市场部的六位副总裁均为名牌大学毕业的硕士、博士，学历比他高，年龄比他大，经验比他多，资格比他老，个个都是能征善战、叱咤风云的宿将，然而在市场部的常委会上，只要李一男讲话，他们都鸦雀无声，全神贯注地听，心悦诚服地执行。

　　李一男对华为的贡献巨大，做副总裁的五年时间，协助任正非将华为的产值从10亿推进到了200亿。程控交换机、数据通信等艰巨的技术攻关、盛大的市场策划以及全球性的战略扩张，在决策和操作中，都凝聚着他的智慧和汗水。任正非对他钟爱有加，寄予厚望，不但内定他为接班人，而且亲切地称他为"干儿子"。

　　孰料，世事多变，一念之间，咫尺天涯，阴阳颠倒。

小聪明与大智慧博弈，根本不在一个量级上

　　变化发生在2000年。李一男不顾与任正非的情谊，带着从华为分红所得一千万以及一批顶尖的研发和销售精英，到北京创办了港湾网络公司。华为职工自主创业，虽是任正非所倡导，但李一男的断然出走，还是让任正非大吃一惊而且打击甚大。

　　开始还算风平浪静。李一男按照与华为签订的协定，作为分销商只经营华为的产品，2003年港湾的营收已达七亿元。然而，羽翼渐丰的李一男并不满足于此，野心开始膨胀，由于对华为的家底和机密了如指掌，他一下子就瞄准了"光通信"这个华为的核心领域。此举无异于向华为公开宣战，双方在市场上的竞争日趋激烈，以致刺刀见红，港湾在宽带IP领域占有率一度达到7%—8%，华为也不过10%—15%。

　　志得意满的李一男，在各种场合从不谈华为，更不提任正非一个字。被短暂"胜利"冲昏了头脑的李一男并没有意识到，他已为自己的人生挖下了一个可怕的大坑。黑天鹅的翅膀正在头上盘旋，命运的

逆转已经开始了。

深谙兵法、崇尚狼文化、骨灰级的企业家任正非，面对咄咄逼人的挑衅，出手了。小聪明与大智慧博弈，根本不在一个量级上，结果可想而知，李一男丢盔卸甲，落荒而败。华为以大约合计17亿的代价，2006年6月6日收购了港湾。

穷途末路的李一男重回华为。任正非懊恼地说，华为是 "惨胜如败"。

宋代江西有个名为方仲永的神童，聪敏异常，震动乡里，惜其后天放弃了努力，于是 "泯然众人矣"。李一男的悲剧与仲永不同，他的问题在于 "做人" 上出了岔子。

做人很重要。古训云：三分精力做事，七分精力做人。素有 "企业家教父" 之称的柳传志说："小企业做事，大企业做人。"

其实，做人并不复杂，不被利益和欲望所蛊惑，恪守诚信，忠诚不欺，讲廉耻，讲修养，讲感恩，重品性，重责任，重尊严。守住这些底线之后，还可以向更高的境界攀升。

十多年间又多次跳槽，有人甚至指他为IT界的吕布

吃了 "回头草" 的李一男很郁闷，呼风唤雨的风光日子已是 "明日黄花"。

两年后的2008年10月，他再次跳槽加盟百度，被任命为首席技术官（CTO）。百度董事局主席李彦宏毫不吝惜自己的赞美："全世界能做百度CTO的只有三个人，李一男是其中的一个。" 称李将带领百度的技术团队攀上理想的高峰。

　　然而，李彦宏对事业的雄心和延揽人才的爱心，很快就打了水漂。任职仅一年有余的李一男放下了"阿拉丁"等正在研发的项目，不管李彦宏如何苦留，还是撂了挑子，转身而去。

　　李一男的下一站是中国移动旗下的无线讯奇12580，担任CEO。获得至高无上的主导权，也许这才是他想要的。然而，国企的水深不可测。他意识到，此地离自己的目标不是越来越近而是越来越远。一年半以后，他再次离职。

　　这时的李一男虽然正当年富力强，经历了大起大落的颠簸和毁誉参半的折腾后，技术天才的光环已然黯淡，不再是到处争抢的香饽饽。2011年8月，他以合伙人的身份加入了投资公司金沙江。这样的企业需要在人际关系方面具有运筹帷幄、决胜千里的能力，而这恰恰是他的短板。他再次进入孤独和焦灼之中，身心备感疲惫。

　　在一次投资对接项目中，李一男看好了一个电动车项目，创业的激情再次被点燃。2015年初，他创办了北京牛电科技公司并且高调宣布，将用最好的材料和最高端的技术打造一款中国最牛的电动车。然而天不假人，半年后，随着被警方带走，他的所有梦想瞬间化为泡影。

　　李一男被普遍诟病的是，两度进出华为，其后的十多年间又多次跳槽，有人甚至指他为IT界的吕布。平心而论，人才流动没有错，但在"流动"的过程中，如何做到对世道人心葆有敬畏、恪守游戏规则、稳健而为、尊重自己的内心和他人感受，却是重要而必要的。否则，反复无常、背主求荣等"毒舌"之论将如影随身，挥之不去。

　　孙宏斌的早期经历与李一男颇有相似之处。孙宏斌是清华大学高才生，才干一流，深受柳传志的器重和厚爱。然而，孙宏斌有意或无意地在内部另立山头，我行我素，结果在一场惨烈的内斗中失败，不但山头被铲除，自己也锒铛入狱。

追究是谁把孙宏斌送进了大狱，已无意义；是什么将人生活成了一个高高升起又狠狠落下的抛物线，才是要不懈追问的。恃才妄为，李一男和孙宏斌都不是孤例。

这个世界从不缺针扎火燎的狂人，缺的是忍辱负重的智者

人的性格渗透于行为的方方面面，同时也对生活的方方面面产生巨大影响。性格决定命运、性格主宰人生，信非虚语。

李一男的少年天纵，即使他无比自信、敢想敢拼，也使他锋芒毕露、张狂无羁。他在华为期间就因脾气而广受争议。他对人不屑于"给面子""留余地"，辱骂下属几乎是家常便饭，动不动就喊"我开除你"。对其他副总也是态度粗暴，时有交恶。

华为前人力资源部专员表示，李一男早年的成功靠的是超高的智商，在他的字典里没有"情商"二字，"他很少对人假以辞色，和任正非很像"。华为市场部经理唐更新因半公开批评过他，他便将其开除了，引起公司高层不满时他回应说："任正非这么做了也没怎么样，为什么我不能做？"

李一男从神坛跌落重回华为后，他的办公室是透明的，员工们看他时的那种眼光，使他如坐针毡；而"反骨仔"（叛徒）的议论更使他忍无可忍，导致再次出走。他或许不知道，这个世界从不缺针扎火燎的狂人，缺的是忍辱负重的智者。

任正非曾多次讲过，华为不培养和尚、牧师，华为是一支商业部

队，要容得下各种人。不按套路出牌的李一男，自然"大受任正非喜爱"。据华为高层回忆，任正非对自己看得上的人要求格外严格，李一男一旦做错了什么，任正非毫不客气，就像一位脾气暴躁的父亲教训性格倔强的儿子。这是"爱之深，责之切"，还是培育人才上的简单粗暴？任正非为了事业的发展，一再破格提拔李一男这样的技术尖子，职务升迁和权力剧增的速度，使李一男的灵魂跟不上，还助长了欲望，说是"捧杀"或许言过其实，说是"拔苗助长""欲速则不达"庶几近之吧。在用人上，摒弃感性因素，强化良好的制度安排，说易实难。

改革开放以来，经济体制、社会结构、利益格局和思想观念都发生了深刻变化，急功近利、心浮气躁的风气也开始蔓延。一些人为了追逐钱权，恨不得一口吃个胖子，失去了耐心、思考和想象。环境造就人。在这样的社会氛围里，如果不具备强大而理性的内心，在全民的焦虑中，很容易异化为目光短浅、心胸狭隘、行为乖张的"精致的利己主义者"。

从多维的角度考量，"科技天才"李一男的沦陷，无论是唯才是用的老板们，还是社会舆情，我们大家都有责任。

2017.6

"桔子酒店"的创建者吴海："命运推着我走"

"很多事情并不是我自己选择的，是命运推着我一步一步往前走。"

2017年3月25日，傍晚，几位高管聚集在一间并不宽敞的办公室里。没有谁说话，五味杂陈，纵有千言万语却又无从说起。凝重的气氛笼罩着悲怆的阴云，不知是哪位女士忍不住开始抽泣，情绪迅速漫延开来，却仍然没有人说话。大家的目光或直接或躲闪地注视着一位五十岁左右的男人，他虽然克制却仍然泪眼迷蒙，欲语还休。

这个名叫吴海的男人你也许并不知晓，但他创建的桔子酒店你该并不陌生。是的，这一天，吴海把自己和弟兄们花费了11年时间辛辛苦苦打磨的企业卖掉了。就在几个小时前，他一边流泪一边签完了出让协议。作为"桔子"的创始人和CEO，他每年都会在自家公司的年会上对着上千名员工哭，因为心疼员工。此番流泪却不仅于此，还心疼"桔子",也心疼自己。

"桔子"凝聚着他和弟兄们的青春与理想、欢乐与痛苦、自由与拼搏、智慧与汗水,然而春风不再,荣光已成记忆,命运的车轮无可逆转。不舍不忍,却又无奈,"挥手自兹去"成了唯一的选择。

"品牌的个性是自由和叛逆"

一般来说,企业家总是西装革履,沉稳理性,深藏不露;吴海却是个另类,虽然身价不菲,经常的穿着却是颜色偏深的T恤和破旧的牛仔裤,脚穿沙滩鞋,肩背破挎包。即使出席正规场合或会见客人,也是这身打扮,一点也不像老板,甚至不像个高管。这种自由随意、绝不从俗的文人气质也融入了桔子酒店的风格中,个性鲜明,独立不羁。

2006年创建桔子酒店时,吴海就注重使其特立独行,与众不同。他花大价钱聘请了上百名中外设计师,组成了高端设计团队;装修的施工单位也是百里挑一,绝不含糊。他的要求过于较真,为了提高隔音效果,墙壁采用最好的隔音材料,甚至不允许隔墙上安装影响隔音效果的插座,房门也要用上好的实木。每间客房的装修成本远超预算九万多元,但他还是咬牙挺下来了。"硬件"的过硬确保了品质的过硬,也奠定了日后的口碑和成功。

作为设计师酒店,"桔子"不但务实而且浪漫、感性、唯美,别出心裁的设计和创意无处不在,富有人文感的情趣化追求渗透在每一个细节中。"桔子"的每一间客房里都有一个鱼缸,一条漂亮的金鱼在清水和绿草间悠然游弋,鱼缸旁的卡片上写着金鱼对入住客人的悄悄话："年轻人，欢迎你入住我们的房间。我正在减肥，请不要喂我（担心客人乱喂导致金鱼死亡）……"亲切温馨，令人莞尔。安装在黑色烤漆玻璃衣柜里的夜灯更是新颖别致，上面雕刻着对称的牡丹花，白天并不显眼，晚上摁亮开关时，美丽的牡丹花就悄然绽放。

人在旅途，孤独感是难免的。让客人感到温暖，忘记孤独，远比奢华却冷漠的装潢和设施重要。2011年"桔子"为入住的客人拍摄了12部微电影，调侃12星座男人的不同性情，微博上的点击率高达四五千万。客人也可以独自玩魔方，如果能玩出三面，就可以凭借魔方到前台享用一杯免费咖啡……

桔子酒店大胆鲜明的设计风格，吸引了那些心态年轻、追求自我表达的客户群，停车场上经常可见各式豪车和跑车，一线城市的入住率保持在90%以上。

桔子酒店曾获得中国酒店金龙奖"最佳设计酒店"和"最佳精品酒店"等荣誉，桔子酒店品牌的精髓是什么？吴海的回答简洁明了："我更看重的是拥有自己的个性，我们品牌的个性是自由和叛逆。"

"员工的人权也不容践踏"

在员工的心目中，在商圈的朋友中，甚至在竞争对手的眼睛里，"真性情"都是吴海性格的重要标签。

吴海是谦虚低调的，他曾自嘲，做酒店就是伺候人的活。然而，他对"消费者是上帝"这句被服务业奉为圭臬的话却不认同，他自己的员工才是第一位的。

2008年北京奥运会期间，一位入住客人拒不出示证件登记，并且蛮横地推搡保安，值班的女经理前去解劝，客人竟然大打出手。吴海听了汇报，看了视频后义愤填膺，彻夜未眠，天亮时向千余名员工下发了取消关于"打不还手"等"三项规定"。于是在中国酒店业引起了轩然大波，质疑、反对的声浪此起彼伏，吴海不为所动、坚持己见：员工首先是一个人，其次才是酒店员工，员工是来打工的，不是来给我卖命的。生意我可以不做，员工的人权不容践踏！事件平息后，吴海加强对员工的培训，热情周到服务的同时，也要不卑不亢、有理有节地处理好与客人之间的冲突。吴海坚信，每一个人在人格上都是平等的，要提供一个彼此尊重的环境。

2008 年和 2009 年金融危机时，吴海只是降低了管理层的工资，普通员工的工资和带薪年假等福利待遇丝毫未减，也没有裁减一名员工，他想办法"让员工在最难的时候有口饭吃"。老板掏心掏肺的话化作了员工的动力，酒店的业绩未降反升，入住率领跑于行业。

一个造谣诬陷"桔子"的帖子使吴海忍无可忍，他在博客上写文章揭露行业恶性竞争的诸多黑幕，打击、扼制了不正当经营者的非法行径和财路。他坦陈："我就是一个打酱油的，但是你也不能欺负我啊。"容易冲动的吴海无意炒作，他是一个性情中人，他不怕明刀明枪的竞争，最恨暗地里搞阴谋、使绊子。

冲冠一怒站出来为行业仗义执言，吴海并不是第一次，也不是最后一次。2015 年 3 月 23 日他给总理写公开信，"对李克强总理说句话，对企业好才能真的对人民好。一个政府如果对企业(指守法企业)不好，实际上就是对人民不好。"他在文中以切身体会和所见实例，坦陈了地方政府在实际工作中的一些问题，并提出了自己的改进建议。在持续的热议中，有企业家说，看了吴海的文章泪流满面，终于有人说出了大家想说而不敢说的话。

吴海挑战潜规则和世俗行为的勇气及真性情十分惹眼，为他赢得了关注和掌声，也带来了意料不到的麻烦。是啊，有胸怀、重情义、讲感情，管理上偏软，这些性格特征在严酷的竞争和流行狼文化的商业时代，给事业带来的是加号还是减号？

"做人要讲良心"

吴海创建桔子酒店的2006年前后，他在携程时的同事郑南雁和季琦也先后创建了7天和汉庭两家连锁酒店。十年中，三家酒店走出了完全不同的发展轨迹。

吴海是酒店业的高手，2012年凯雷以大约一亿美元的投资获得了49%的股权，成为"桔子"的最大股东。一年后"桔子"具备了A股上市资格，专注于产品创新的吴海并没有意识到时不我待，错过了上市机会。这是他犯下的第一个错误。

为了坚持自己的特色和把控品质，吴海只做直营。2013年在凯雷的推动下，才允许加盟。然而，这时幸运已经不站在"桔子"这边了。2009年郑南雁的7天已有283家连锁店并在纽交所"敲钟"，季琦的汉庭也有210家连锁店，而两年后的2011年"桔子"才有了不成比例的28家连锁店。"桔子"急起直追，2017年发展到了近二百家，此时郑南雁却已经缔造了拥有6000家连锁酒店的航母集团，季琦的汉庭也成了拥有3200家连锁酒店的华住集团。昔日并肩而起的三兄弟，如今已经不在一个频道上。

规模的压力使吴海焦虑不堪，大把大把地掉头发，烟缸里外全是烟蒂。然而，资本的游戏是残酷的，如果你的速度、规模、上市这些数据不够完美，它将无情地抛弃你，冷冰冰地选择退出。发展滞缓、扩张乏力，是吴海犯下的致命错误。

著名作家柳青说："人生道路虽然漫长，但要紧的只有几步。"或者，最要紧的只有一两步吧！

投资是有期限的，通常是六年左右。凯雷退出后，吴海还有几种选择，他也没少折腾自己。但最终还是放弃了，以36.5亿元人民币的价格把"桔子"卖给了华住集团。吴海念念不忘的是投资人的好。"没有投资人就没有你。"他说，"做人要讲良心，光为自己，不合适。"结果不够，凯雷赚了1.6亿美金，将近200%的回报率。吴海自己没要凯雷一分钱。签字前后，吴海不安、自责、焦躁，一直在拷问自己是否为投资人和同事的获得而尽了全力。

与郑南雁和季琦相比，吴海是不够成功的。究其原因，吴海的独特、专注、追求持续创新、坚守工匠精神和精品思维，为他带来过光环，但这些是否也制约了他，形成了某种束缚？在一个整体浮躁的商业环境里，是否只有快速的扩张和疯狂的奔跑才能捷足先登、站到领奖台上？

吴海1987年从江西老家考入中央财经大学经济信息管理专业，毕业后先后卖过计算机、做过出纳、机票预订等许多工作。不甘平庸的内心和创业的冲动，激励他进入了波涛翻滚的商海。自1997年开始，他创建了三家公司，分别卖给了携程、新浪和华住。最近他在微信公众号上写了一篇《其实我只是个代孕妈妈》的文章，字里行间弥漫着悲凉和无奈，让外界为他惋惜不止、唏嘘长叹。

华住签完收购"桔子"的合同后，季琦和吴海喝了一场大酒，季

琦要吴海留下。目前，"桔子"和华住还处于磨合阶段。吴海表示，
一定要把事情做好，虽然身份已经改变，昨天的老板已成今日的打工
仔。"很多事情并不是我自己选择的，是命运推着我一步一步往前走。"
除了虚无缥缈的"命运"，他还能说什么呢？

2019.12

轰动中美商界的大案

"傍名人""傍名牌"等侵犯他人权益的行为，虽然可以获得一时的价值溢出，但其衍生的代价却是相当沉重。

2017年3月12日上午9时举行的十二届全国人大五次会议，听取了最高人民法院院长周强的工作报告。周强说："2016年制定了审理专利权纠纷案件等司法解释，完善知识产权保护规则。各级法院审结知识产权案件14.7万件，促进大众创业、万众创新。"周强特别指出："依法审理'乔丹'商标争议系列案件，彰显我国加强知识产权司法保护的立场和决心。"

"乔丹"商标案历时之久和跌宕起伏的过程，不但轰动了中国和美国商界，而且以21世纪著名的跨国商业官司而受到全世界的瞩目。事件具有标志性意义，蕴含相当丰富，昭示中国进入了一个面向世界、强化知识产权保护的法治时代，企业和企业家从中所受到的启示和教训也是多维、深刻而长久的。

背上了一个炸药包

福建晋江是中国重要的体育用品制造基地，很多企业为知名的运动品牌代工，一些日后名播海内外的民族品牌如安踏、特步等也从这里起步，走向世界。

成立于1984年的晋江县陈埭溪边日用品二厂，虽与美国球星迈克尔·乔丹没有任何渊源，转型为体育用品制造商后却将企业命名为乔丹体育用品公司，并于2003年完成"乔丹"商标注册，可谓用心良苦。其后的情景是，苍天不负苦心人，乔丹体育一路奔跑，凯歌高奏，2010年取得了营销29.3亿元的骄人业绩。2011年市场营销网络不但覆盖了全国31个省、市和自治区，而且包括美国在内的海外市场也红红火火，影响日隆。2011年底，这家在中国拥有6000家门店和8万员工的乔丹体育公司首发申请获准，拟于2012年挂牌上市。

迈克尔·乔丹是世界著名的篮球运动员，拥有相当高的知名度。笔者1997年在美国一家体育用品商店，亲眼所见，一件乔丹穿过的背心售价上千美元，可见其内在影响和隐形价值之大。

问题就这样出现了：当你看到冠以"乔丹"制造商号和产品商标时，会不会认为这家公司就是迈克尔·乔丹或与其合作开创的？会不会认为产品是迈克尔·乔丹代言或者就是美国产品？如果答案是否定的，那么，人们不禁要问，乔丹体育是不是"山寨"了迈克尔·乔丹，才打开了市场并且赚得盆满钵满？

　　"傍名人"打"擦边球"的行径，在20世纪八九十年代可谓屡见不鲜。改革开放的1980年代初期，多年的文化禁锢被冲破后，大量图书涌入大陆，金庸、古龙等香港武侠小说迅速地俘获了广大受众。一时间洛阳纸贵，印书等于印钱。然而"好景"不长，1990年9月国家颁布了《著作权法》、1992年10月中国加入世界版权组织《伯尔尼公约》，这种野蛮的侵权狂欢被叫停。

　　然而，在利润的驱动下，一些人冲破法律和道德底线，把一些粗制滥造的武侠小说，冠以"全庸著"或"吉龙著"行世，蒙骗消费者。

　　还有一种"傍名牌"打"擦边球"的行径，那时也大行其道。MP4比较火的时候，市场上突然出现了一款"索爱"电子产品。消费者误以为是索尼和爱立信这两家电子巨头联合生产的，后来索尼和爱立信声明与自己毫不相干时，消费者才知上当被耍了。其他如康师傅方便面被傍为康帅傅、绵竹大曲酒被傍为锦竹大曲、飘柔洗发水被傍为瓢柔等，令人啼笑皆非的"奇葩处处开"，屡打不禁。

　　这种欺诈消费、虚假宣传的不公平竞争，可能蒙混一时，但就像背上了一个炸药包，一旦爆炸，后果不堪设想。

　　乔丹体育公司在成长阶段，并没有在意"傍名人"的潜在风险。2011年申请上市时，才意识到问题的严峻和复杂。在其招股说明书中，把商标和商号列为需要特别关注的首位风险。为了规避风险，他们强调，公司商号和主要产品商标"乔丹"与美国前职业篮球运动员迈克尔·乔丹的姓氏相同，但并不存在任何商业合作关系，也未利用其形象进行企业和产品宣传。

　　然而为时已晚，辩解也显苍白。乔丹体育公司背上炸药包的引线已被点燃，令人心惊肉跳的咝咝声隐约可闻。

"权力在呼唤它的主人"

这是流行于西方的一句法国谚语，意味深长。2012年2月23日，与迈克尔·乔丹有着多重商业关系的美国耐克公司，以中国乔丹体育公司注册的"乔丹"系列商标侵犯了迈克尔·乔丹的姓名权为由，向中国国家工商行政管理总局商标评审委员会（以下简称商标评审委员会）提出撤销争议商标的申请。然而，其主张被商标评审委员会悉数驳回。

耐克公司不服，迈克尔·乔丹更是不服并且亲自上阵，向北京市第一中级人民法院提起法律诉讼。2014年10月27日至30日，北京市一中院组成九个合议厅，委派了近20个法官按不同类别进行审理。这个庞大而豪华的官司提交的证据多达一万五千页。如果乔丹体育败诉，这家经历了15年发展、品牌价值10亿美元以上的公司将蒙受巨大打击。

作为控方，迈克尔·乔丹的代理人表示：迈克尔·乔丹作为知名篮球运动员，中国公众看到与"乔丹""QIAODAN"相同或近似的标识，会将其与迈克尔·乔丹本人相联系；乔丹体育在明知或应知迈克尔·乔丹知名度的情况下，将相关标识申请注册为商标，有违诚信原则；相关争议商标的注册和使用，会造成社会公众对产品来源产生混淆和误认，扰乱正常的社会秩序，产生不良社会影响。而且这家公司不能对注册"乔丹"商标做出合理的解释，甚至还用球星乔丹儿子和女儿的名字抢注了商标，其主观恶意非常明显。控方的索赔额可能高达上千万元，并不想和解。

乔丹体育进行了积极的抗辩，其代理律师表示，乔丹体育公司注册的是"乔丹"，而不是"Michael Jordan"或者"迈克尔·乔丹"。"乔"和"丹"只是常用汉字，存在于公有领域，仅在中国，有记录可查、名字叫"乔丹"的就超过4000人。况且"乔丹"只是"Jordan"的翻译之一，比如在中国香港地区，"Jordan"被翻译成"佐敦"，因此乔丹体育公司并不存在侵犯姓名权的行为。此外，乔丹体育公司绝大多数注册在用的商标已过五年争议期限。乔丹体育公司的发展业绩是公司品牌创立过程中自身苦心经营所得，并非依靠攀附明星效应所取得。

北京市第一中级人民法院一审判定，"乔丹"只是常见的美国人姓氏，乔丹体育公司注册、使用"乔丹"系列商标的行为不侵犯迈克尔·乔丹的姓名权或肖像权。

迈克尔·乔丹不接受这个判决，遂于2015年7月25日向北京市高级人民法院提起上诉。然而，北京市高法也没有支持他，维持一审原判。接连的败诉并没有挫败这位"飞人"球星，他向最高人民法院提起上诉。

这场旷日持久的拉锯战，使乔丹体育遭受了重创。早就拟定的2012年底上市，因陷于侵权官司而被搁浅，直到四年后才有机会重启IPO。至于对其品牌形象等隐形冲击和伤害，更是难以统计。其实，在二十多年前，中国知识产权保护的环境还不完善，企业都在"野蛮生长"时，有远见的企业如匹克、鸿星尔克等却意识到了其中的隐患，及时转向民族品牌，拆除了引爆器，从而轻装前进，健康发展。

里程碑意义的判决

案件的逆转发生在2016年12月8日，最高人民法院判决，乔丹公司对争议商标"乔丹"的注册损害迈克尔·乔丹的在先姓名权，违反了《商标法》的相关规定，撤销一二审判决，判令商标评审委员会重新裁定。法院同时认定拼音商标"QIAODAN"及"qiaodan"未损害乔丹姓名权。

最高法的"一锤定音"，彰显了中国自加入WTO后不断加强知识产权保护的立场、决心和力度，不仅具有个案价值，而且将产生巨大的社会影响；不仅有利于我国净化商标注册和使用环境、为法治市场提供条件和气场，而且与世界搭建起互利共赢的国际条约框架，书写了中国知识产权史上浓墨重彩的一笔，具有里程碑的价值和意义，是历史的一大进步。

乔丹商标争议案为企业上了一堂普法课，也敲响了警钟。在法治社会，"傍名人""傍名牌"等侵犯他人权益的行为，虽然可以获得一时的价值溢出，但其衍生的代价却是相当沉重。从长远的发展看，玩心眼、耍小聪明，最后愚弄的是自己；只有树立忧患意识、品牌意识和知识产权战略意识，诚信守法、努力创新和提高管理水平，才能赢得市场。

中国政法大学法学教授冯晓青认为：因为缺乏对商标权的足够尊重，有些公司有时会借用或模仿其他中外品牌的名称。你没做大的时候，没有知名度，人家都懒得告你。有些外国公司还故意放纵，等你做大了，有利可图了，就可以告你了。对于乔丹体育来说，辛辛苦苦这么多年，经营也不错，因为一场官司，搞不好就要破产。

在今年的"两会"上，广东马可波罗陶瓷董事长黄建平说，在淘宝上搜寻马可波罗瓷砖，五百多家店铺中只有两家是经过授权的。在大众创业、万众创新的国家战略中，打击假冒伪劣、保护知识产权，已经刻不容缓，而且还有很远的路要走。

2017.5

打响绿水青山保卫战

　　企业家肩负着创造财富、推动社会进步的崇高使命。只有具备先进的思想和良好的道德，才能保持清醒的头脑，保持良知，保持谦虚谨慎，不忘打天下时如履薄冰的敬畏和孜孜追求的恭慎。静水流深，大道至简。

　　2018年7月31日，依法拆除陕西秦岭北麓违建别墅1185栋（其中包括网络疯传的支亮别墅），依法没收九栋，收回国有土地4557亩，多名陕西官员随之落马，震惊中外。

　　2018年4月20日，吉林省白山市抚松县政府发布拆除长白山西区和东区别墅群的公告。由93栋豪华别墅和大型滑雪场以及两座高尔夫球场组成的长白山国际度假区，是由万达集团斥资230亿元打造的。"拔出萝卜带出泥"，涉事人员已经或正在接受法律制裁或纪律处分。

2019年3月19日，位于黑龙江省牡丹江市张广才岭国有林区的私人园林"曹园"曝光，牡丹江市火速成立了专项调查组，六天后认定曹园存在违法采伐、占地和建设等行为，责成曹园立即自行拆除。4月2日，曹园老板曹波锒铛入狱。

清人孔尚任在其名著《桃花扇》中吟唱的"眼看他起朱楼，眼看他宴宾客，眼看他楼塌了"，一百多年后的现实版居然屡演不衰，令人惊愕、浩叹，把栏杆拍遍。

果决处理的考量

秦岭、长白山和张广才岭，林木葱郁，风光旖旎，蕴藏丰盈，不但是华夏大地上的绿色明珠，也是中华民族的生态脊梁，理应万分珍惜，用心呵护，然而却遭到了权力和金钱的野蛮践踏和疯狂破坏。损毁植被，弃渣排污，使原本美丽的大山变得千疮百孔，惨不忍睹。

为了保护绿水青山、建设美好家园和造福子孙后代，在党中央和习近平总书记的批示下，各地全力以赴地投入到了这场生态保卫战。

秦岭、长白山和张广才岭三地事件虽然各不相同，背后却都有违法违规商人的身影。他们的疯狂和任性触目惊心，他们的目的、手段和下场也都惊人地相似。对其进行观察、梳理和反思，虽然痛心，却可以引起镜鉴。基于此，笔者无意重复众多传媒关于事件跌宕起伏过程的叙述，也不想更多地关注涉事机构和相关官员的不作为和腐败，而是聚焦于环保生态背后的企业生态，企业生态背后的思想道德生态。

企业家是这场关系到国家前途和民族命运生态保卫战的主角。不能做负面角色，被人唾弃，成为时代的渣滓；而要争做建功立业的英雄模范，恩泽社会，功垂青史。

秦岭、长白山和张广才岭违法建筑的修建时间长达一二十年不等，投入资金高达数百亿，如今却要在机器的轰鸣和尘土的飞扬中，瞬间夷为平地，是不是太可惜了？难道不能改造利用例如作为观光旅游之地吗？

这些困惑可以理解。然而，国家此番处置，如此的果决而且不留余地，是有其深层考量的。首先是维护国家法制威严的需要。令行禁止，徙木立信。只有重典治乱，才会形成一个强烈的保护环境、依法治国的公众认同。其次是不给权力留下寻租空间的需要。及时严厉，以绝后患。更重要的是贯彻习近平总书记关于"绿水青山就是金山银山"的科学论断。不但要转变发展方式、促进中国经济转型升级，而且要时时处处推动人类命运共同体的建设。

丧心病狂的私欲

为了满足私欲，无良商人在攫取巨大利益时，往往采取巧立名目、假公济私、欺上瞒下等卑劣手段。而一旦将批文拿到手，便随意地更改项目，扩大范围，得寸进尺，无限膨胀。

西安海航置业有限责任公司申请秦岭草堂山居项目时，冠冕堂皇地打着旅游开发的幌子，结果却将旅游用地变成了住宅用地，文旅项目变成了别墅项目。万达集团也是说一套做一套，假借第12届全国冬运会分赛场的名义，拿到了用地批文，结果在国家级自然保护区违法修建国家早已明令禁止的高尔夫球场和独栋别墅。而曹波则是以森林综合保护及观赏的说辞，骗取了林地开发许可。曹园批复的项目用地为2.7667公顷，15年间扩大为19公顷多。秦岭支亮别墅是以"绿化、培植基地"的名义与蔡家坡村签署的协议，占用可耕良田15亩，严重违背了《土地管理法》。

商人追逐财富无可厚非，然而越过了国家政策的红线和商业诚信的底线，则必将迷失，走向不归路。

权钱交易，是无良商人惯用的伎俩。不但害人害己，而且严重地扭曲了商业伦理，污染了社会风气。

曹波原是轮胎钢丝供应商，小日子本来挺滋润。然而欲壑难填，为了攫取更多的财富，他瞄上了大型国企上轮集团一把手范宽。范宽脚伤住院，曹波先后送上两万元人民币和20万美元，均被范宽退回。曹并不死心，仍挖空心思地寻找机会，授意儿子曹超向范宽女儿范颖展开热烈的追求，两人终于牵手。曹波遂以订婚礼金之名送给范家335万元。范宽贪腐东床事发，被判无期，曹超随之结束了与范颖的关系。曹波回到牡丹江又找到了第二个靠山——牡丹江市原市长、市委书记张晶川。有了保护伞，曹波更加大胆地建造曹园，后因生意合伙人、知情人举报，终于银铛入狱。

西安一位不愿透露姓名的地产业知情人说："土地改变性质通常涉及利益输送。过去给领导送现金、黄金，后来一般就送房子了。市价一平方米卖两万元，卖给领导只要3000元，还是装修好的。"

贪婪会使人处于贫穷之中，也会使人忘乎所以。听说过一位"首富"的"豪言壮语"吗？"什么清华北大，都不如胆子大！"真敢说，也真无知。不良商人胆大而妄为，又心存侥幸，以为后台硬，腰包鼓，什么违法乱纪的事都可以"摆平"，于是更加无所忌惮。此番他们遭遇的滑铁卢，损失够惨，疼痛中不知能否长点记性?

习近平总书记在2018年11月1日召开的民营企业座谈会上，再次强调构建亲清型的政商关系，要求民营企业家"遵纪守法办企业，光明正大搞经营"。不走旁门左道，不搞歪门邪道，洁身自好，积极作为。

肆无忌惮的任性

土豪曹波的第一桶金是否有"原罪"，我们不得而知，他后来的钱却是肮脏的，行贿已成了他敲开财富大门的拿手好戏。金钱是催化剂，使堕落的人更堕落，使高尚的人更高尚。曹波为了自家的享受，疯狂地挖山毁林，建造了多座楼堂馆所，还有水库、跑马场和高尔夫练习场。每有贵宾来访，曹波就把猎枪分发给他们，野鸡野兔自然不在话下，连国家保护动物狍子也难逃罪恶的子弹。狩猎尽兴后，开始大吃大喝，除各式山珍佳肴，还有令人惊诧的老虎肉和熊掌。

秦岭北麓那座支亮别墅，虽说也是仿古建筑，但它更奢侈更气派也更洋气。在大片良田上盖豪宅挖鱼塘，连狗舍都有78.03平方米。院子内外的布局、陈设和装饰更是挑战老百姓的想象力。别墅的屋顶是橡木的，大厅里高达二米多的达摩像是黄花梨雕成的，范曾的巨幅八骏图以及价值连城的字画和文物随处可见。院子里运来的一棵国槐，树龄500多年，三棵皂角树估值20多万，五只藏獒幼崽和供它们吃的羊肉是从西藏空运来的。当地一位村干部说，参加过这里的一次宴会，"50年茅台当水喝，一次一箱，喝不了让我带走。"这栋别墅的主人是一位名叫陈路的年轻人，他的身后是陕西官场的一位要员，而要员的身后则是无良商人。在挥霍民脂民膏的丑陋表演中，商人扮演了极不光彩的角色。

其实，每一分钱都是无辜的。钱，用对了地方，可以造福人类，也可使个体生命获得自由；用错了地方，就会变成魔鬼，傲慢狂妄，挥霍无度，什么伤天害理的事情都干得出来，曹园和支亮别墅就是典型的例子。

鲁迅先生说，"金子做了骨头，也还是站不直。"怎样才能使人站得直呢？也许是思想和道德吧。企业家肩负着创造财富、推动社会进步的崇高使命，只有具备先进的思想和良好的道德，才能保持清醒的头脑，保持良知，保持谦虚谨慎，不忘打天下时如履薄冰的敬畏和孜孜追求的恭慎。静水流深，大道至简。

在新时代有中国特色的社会主义建设中，企业家要以无良商人曹波等为戒，用自己的聪明才智和财富改变中国，造福人民，在保卫绿水青山的伟大战斗中，冲锋在前，勇挑重担，再立新功。

2019.6

朱新礼的"过山车"

朱新礼创业以来，可谓大起大落，大喜大悲。本来挺好的一手牌，怎么就打烂了呢？

在送走21世纪第一个十年、迎来第二个十年的时间节点上，民营企业家朱新礼成为社会各界关注的焦点。人们为他的命运担心、揪心，为他的事业感叹、扼腕。

朱新礼打造的汇源果汁是一个家喻户晓的民族品牌，曾经风光无限，连续十多年在中国果汁市场中稳坐老大的金交椅，占有半壁江山，傲视群雄。"喝汇源，才算过年"，那些耳熟能详的广告语，陪伴着我们的岁月记忆。

享誉天下的汇源果汁畅销中外，在世界三十多个国家和地区都可以看到它的身影，年销售收入七十多亿元，企业累计缴纳各种税金上百亿元。

汇源果汁对中国农村和农民的贡献更是有目共睹，沉甸甸的数字令人肃然起敬：创建28年来至少累计消化了160多亿斤果蔬粮奶等农产品，带领数百万农民脱贫致富。

然而，近年来，汇源的隐患地雷爆响，企业迅速跌下神坛，变得千疮百孔，岌岌可危。2018年4月股市停牌，面临退市风险。进入2019年更是官司缠身，正在遭遇有史以来的最大危机。汇源果汁创始人朱新礼一年之中四次收到限制消费令。

汇源怎么了？真的大厦将倾吗？它究竟错在哪里？它将如何自救？又有谁能来拯救它？

早霞满天

朱新礼1952年出生于山东省沂源县，一直在农村打转转。由于交通不便等原因，盛产水果的山东沂蒙地区一车车的苹果只能烂在地里。这样的情景深深地刺痛了时任沂源县外经委副主任朱新礼的心。

1992年，朱新礼成为副县长的热门候选人，然而，他却扔下人们羡慕的铁饭碗和远大前程，辞职下海了。

朱新礼接手了一家负债千万、停产三年、濒临倒闭的县办水果罐头厂，创办了山东淄博汇源食品饮料有限公司。这一年他40岁。

1993年，第一批浓缩苹果汁诞生了。朱新礼"单刀赴会"，只身一人前往德国参加世界食品展销会。请不起翻译，他就请朋友正在德国留学的孩子客串帮忙。没钱吃饭，自带的山东大煎饼就是他的一日三餐。由于产品过硬，还有真诚，他拿到了一份500美元的订单，成了他创业的"第一桶金"。

在同类产品稀有的情况下,汇源果汁一炮走红。

1994年,朱新礼在质疑声中,毅然带领他的员工将工厂搬到了北京顺义,创立北京汇源食品饮料有限公司。走出家乡大山,来到交通、信息、人才和市场均具优势的首都,固然有望把事业做大做强;然而,也有可能因"水土不服"而彻底"砸锅"。这是一步险棋。

朱新礼和他的三十多名创业员工夜间是车间工人,白天则是走街串巷的销售人员。虽然困难重重,但他们坚持不懈,终于敲开了北京市场的大门,从而大踏步地走向了全国,走向了世界。

敢于冒险和艰苦奋斗,是一切成功的前提。

朱新礼本来是个能歌善舞的活跃分子,重任在肩后,他说学习和工作才是他最大的爱好。有舍才有得。肯于并善于学习,使朱新礼能够审时度势、思维超前,在制定公司战略和企业文化时,大都正确决策,少走了很多弯路。他是一个工作狂,没有什么休息日,每年的除夕都是在车间和工人一起度过。

朱新礼淡泊名利,行事低调,严于律己,重视发挥员工的积极性。在汇源公司不允许出现"打工"的字眼,人人平等,同舟共济。朱新礼锻造了一支敬业爱岗、肯于吃苦、雷厉风行的员工队伍,多次创造效率奇迹,被中外同行赞誉为"汇源速度"。

朱新礼不但是一位出色的实业家,也是一位高明的资本玩家。与德隆系合作,将产品推向国际市场、拥有股份金,又能"全身而退"。牵手统一、联合达能等成功的资本运作,也都备受资本市场瞩目。

朱新礼是一位慈祥而有魅力的长者、一个富有亲和力的企业家,看起来就像一个农村大叔,他总是憨厚而朴实地笑着,这样的笑容使人感到亲切而踏实。

正午阳光

2007年2月，汇源登陆香港联交所主板，募集24亿港元，成为当年港交所规模最大的IPO，上市当日股价大涨66%，倍受资本青睐。

历经十几年的奋斗，汇源成为中国最大的果汁帝国，拥有山东乐陵、吉林舒兰、辽宁锦州等21座现代化工厂，实现了生产规模化、营销网络化的战略构想，成为我国绿色环保型生态农业和农产品深加工业的翘楚。朱新礼随之变身为家喻户晓的果汁大王，各种荣誉和光环联袂而至，鲜花盛开，掌声雷动。

2008年8月，世界饮料巨无霸可口可乐提出以总计179.2亿港元收购汇源，意在其所有股权。

可口可乐进入中国市场以来，大红大紫之后市场已现乏力，虽然烧钱重塑品牌却收效有限，如能接手中国市场成熟的果汁饮品，然后提高管理水准和生产效率，实现产品多元化，结果当可期待，因此早就垂涎汇源。

朱新礼当然有他的"算计"，也是清醒的擘画。他已看到，正在红火的汇源其实有着致命的短板：单一的品牌和品种。相较于多品牌的饮料企业，无论是生产成本还是销售渠道都处于劣势。如能以溢价200%的价格将它卖掉，则可以将募集到的资金集中用于上游产业链，主要是果树种植和包装盒生产，两者均为汇源的强项。如果交易成功，将是汇源旧机制的解脱，也是新体系的诞生。

为了满足可口可乐的收购条件，朱新礼大刀阔斧地裁减员工，从

2007年的9722人减少到2008年的4935人；销售团队则从3926人伤筋动骨地减少到1160人。这种破釜沉舟式地自毁长城，为其后来的困局埋下了伏笔。

可口可乐收购案一石激起千重浪，媒体、网友几乎一边倒地谴责朱新礼，称其"卖身外资"，口诛笔伐甚至辱骂他是在"卖国"。

朱新礼解释说，出售汇源是一种多方共赢的商业行为，对国家、企业、员工、消费者等都有好处。"品牌不应该有国界，为什么非要打上民族品牌的烙印呢？大家不要狭隘地理解民族品牌，应以大国的胸怀和开放的姿态来看待这次并购。"

说得很实在也很明白吧？然而，回应他的是更加汹涌的谴责和更为猛烈的抨击。

外界无从知道这样的舆论对于决策者有无影响，总之人算不如天算，200天后的2009年3月18日，"靴子"终于落地，商务部以保护民族品牌为由，依据《反垄断法》，叫停了这桩普世瞩目的收购案。

至暗时刻

朱新礼早在收购前后的2007和2008年已在拓展上游的产业布局，在湖南的怀化、山西的右玉、安徽的砀山等偏僻农村及山区投资了二十多亿，新建了多个大型果树种植基地。

2009年，"卖身"可口可乐失败后，裁撤75%销售团队的负面冲击开始显现，销售一路下滑，业绩持续走低，其后竟有七八年处于亏损状态。现金流开始吃紧，负债率不断攀升。危机的阴影一步一步逼近。

心力交瘁的朱新礼一直在挣扎自救，如引进职业经理人、多元化布局等，但均告失败。

汇源果汁一位离职高管对媒体表示："朱总有心无力，头发全都熬白了也没用。汇源创新不力、产品老化，原有产品在新品牌出现后一路被围剿。当年大包装的低价模式面对的主要是三四线城市和农村市场，导致其无法走高端路线，加上渠道异常混乱，无法更好地提升利润率。"

重压之下的朱新礼手忙脚乱，为了缓解财务危机，汇源发行新股和债券还疯狂举债，拿到钱后又接连非理性投资，如对三得利饮料中国区业务的并购、与天地一号的合资方案以及对经销商的折腾，终于使汇源走上了一条不归路，上市公司被榨干，遭到反复查封。

雪上加霜的是，2019年12月2日，在与民生银行金融租赁公司的合同纠纷中，朱新礼被法院判为"被执行人"。紧接着的2019年12月11日，汇源的老债主招商银行一纸诉状，又冻结了朱新礼41亿元。各路金融机构的连续亮剑，意味着汇源帝国已经开始塌陷。

朱新礼创业以来，历经早霞满天、青春勃发十六七年的好时光；可口可乐提出要约收购时，其发展已达巅峰，晴空万里，阳光灿烂；之后则一路走低，乃至黑夜降临，可谓大起大落，大喜大悲。本来挺好的一手牌，怎么就打烂了呢?

资本的无情挤压，老实说，人家也没什么不对，关键还在于汇源自身。冰冻三尺非一日之寒。朱新礼始终没有专注于开发新产品，创新动力不足，却投放了大量电视广告，不是没钱而是没用对地方。家族式落后管理，不完善的财务机制，虽然看不见摸不着，却是绞杀自己的绳索。朱新礼大难临头时又缺乏应对危机的机制和能力，以至错招连连，终于越陷越深。

面对朱新礼的危局，自2019年12月2日以后，各路媒体在此起彼伏的报道中，他们笔下昔日的民族精英已经沦为"老赖"。68岁痛苦煎熬中的朱新礼没有抱怨，也没有解释，打碎了牙和着血咽下去，仍然对这个变幻莫测的世界保持着他那标志性的笑容，不过增加了一些无奈、苦涩和悲怆。

我们的媒体和"民意"能否摒弃急功近利的心态，增加一些独立思考和良知，对那些一路打拼过来而落难的企业家多一些时间、耐心、宽容和理解？

还有，或问：如果2008年汇源被成功收购了，情况将如何呢？谁来回答、谁能回答、谁应该回答这一跨世纪之问？

2020.1

"黑老大"的欣喜与哀伤

"黑芝麻"，这家名噪一时的公司怎么了？

2017年1月3日，深圳证券交易所发布公告称，南方黑芝麻集团有限公司自公告之日起"停牌"，引发了普遍的关注。2016年年初和10月，这家努力打造"健康营养"食品的公司，两度遭遇"质量门"。其品牌、渠道受到了影响，企业的转型也蒙上了阴影。

南方黑芝麻集团已过"而立之年"，是中国黑芝麻产业第一品牌、中国黑芝麻产业龙头企业、中国黑芝麻产业第一股，其"南方"品牌亦为中国驰名商标。

"黑芝麻糊哎……"这是南方黑芝麻糊的广告，曾作为1991年热播电视剧《渴望》的贴片广告，倾倒了亿万电视观众。那个小男孩喝完黑芝麻糊舔碗的温馨场景和"一股浓香，一缕温暖"的经典广告词，也为那个年代所家喻户晓，成为这家公司在营销领域的绝唱。

那么，这家名噪一时的公司怎么了？曾经的辉煌之后遭遇了怎样的危机？它将如何浴火重生、凤凰涅槃？贯穿企业30年历史的经验和教训对当下又有哪些启示？

怎样创业"长大"？

"黑芝麻"的创始者和领军人韦清文是1960年出生的中学毕业生，踩过生产队的农田，扛过装卸队的麻袋，做过纸箱厂的合同工。这个敢想敢干的能人，1984年在自己的家乡广西容县创办了南方儿童食品厂。当年生产的淮山营养粉及1985年生产的淮莲健儿粉、高蛋白健儿粉等六个产品，全部被评为一级品。

与改革开放初期的中小企业一样，南方儿童食品厂也是摸着石头过河地"野蛮生长"。

有了产品怎么打开销路？他们采取最原始的办法，手提肩挑着产品走街串巷地叫卖，汗水和真诚有了回报，买家逐步增加。在全国性的订货会上，他们没有展位，就在代表们下榻的宾馆一家一家地拜访，还在卫生间里张贴了大量的广告。

效果不错，订单接踵而来。

1986年全国副食品交易会在郑州召开，韦清文别出心裁地装扮了一辆"大篷车"，作为色彩鲜艳、新颖奇特的流动广告，从广西出发，经过了湖南、湖北、江苏、福建、河南等10多个省市，引起了不一般的关注和反响，签订了590多吨供货合同，至1987年元旦，订单骤增至1000吨，全年的生产任务几乎饱和。初战成功，旗开得胜。

　　韦清文和他的南方儿童食品厂并不满足于小富即安，而是锐意创新，努力开发新产品。他们认识到人们衣食丰将思健康，未来的食品要求将更趋于自然性、营养性、方便性和高档性。他们研究了从《本草纲目》到《神农本草纪》等医药名著，从老祖宗的大智慧里汲取营养，发现黑芝麻在中国具有上千年的历史，各种典籍对其独特价值的描述令他们怦然心动。

　　1989年秋，他们从全国聘请了七位食品专家，全力科研攻关。半年后，品牌诉求水到渠成，黑芝麻糊应运而生。投放市场后，奇迹般地红遍了大江南北。

　　1993年，南方儿童食品厂更名为南方黑芝麻食品有限公司。

如何炼成"老大"

　　质量永远是企业成败的"命门"。建厂初期，韦清文和员工同吃同住同劳动，三次试机生产出合格产品后仍不满意，一定要做出一等品才投放市场。在其后的黑芝麻糊生产过程中，苛刻的产品质量管理和品质保证标准，有效地葆有了黑芝麻的原生滋养，获得了省区级、国家级和国际级诸多奖项。企业还与多家科研、教学机构建立了长期的合作关系，形成了强大的科研力量和技术优势。

　　"黑芝麻"以儒家思想作为企业文化的灵魂，笃信"德不孤必有邻"，用道德教化推行企业管理。为解决员工住房困难，公司拿出一亿多元为五百多名工龄五年以上员工配备了福利房，解决了"蜗居"的棘手难题。有的员工学到本事后出去闯荡，韦清文从不阻拦，遭遇挫折后仍然热情地欢迎他们回归。据统计，从公司出走自立门户致富的百万富翁不下百名。其胸怀和格局非一般企业可比。

"黑芝麻"的渠道建设也可圈可点。公司通过整顿营销手段、提高市场占有率和品牌影响力，改变了渠道单一狭窄、市场服务不到位的被动局面，建立了以商超渠道为核心、以特通和流通渠道为双轮驱动和支撑、覆盖面广、渗透力强的营销网络。进入21世纪后，公司实现了线上和线下同步销售，与年轻目标消费群对接。

对主业的专注和坚持，是"黑芝麻"发展壮大的宝贵经验，韦清文说："如果没有坚持和信念，可能这个企业也没了。"当企业陷于停滞徘徊时，不少人都认为黑芝麻产品的高峰期已过，应该利用现有资金进入赚快钱和大钱的领域，韦清文却不为所动，力排众议，坚定地将主业进行到底。事实是，与"黑芝麻"一起出道的同类企业，匆忙转轨后，大都消失了。

经过十多年的奋斗，南方黑芝麻公司作为一家从育种、种植、产品研发、加工、销售全产业链深度经营的企业，在业内树立了权威，无可争议地处于领先地位，产生了较强的号召力和发展推动力。"南方"的品牌也有了较高的知名度和美誉度，拥有众多忠诚的消费者。韦清文被称为"黑色食品之父"，公司被誉为"黑色王国"里的"黑老大"。1997年韦清文携企业在深交所敲响了黑色食品领域第一家上市公司的钟声。

"做大"的路有多坎坷

经过1984—1991年风生水起的创业阶段和1991—1996年意气风发的高速发展阶段，欢欣和喜悦之后，"黑芝麻"遭遇了发展的瓶颈，进入停滞调整阶段，在不断地突围和试错中，弥漫着挥之不去的苦涩、焦虑和哀伤。

并购重组是很多企业家做大做强的集体想象。然而，并购重组是一把双刃剑，天使与魔鬼往往同台竞技。收购广西"黑五类"可谓"黑芝麻"投资的大手笔，对其仓储和物流发挥了积极作用。收购上市公司广西斯壮却是一大败笔，致使资金链一度断裂，企业被抛入深谷。

在世纪之交的几年时间里，"黑芝麻"一直偏安于糊类食品这一小品项上，醉心于拥有40%的市场份额和行业"老大"的地位。然而这个细分市场只有25亿左右的容量，纵有天大本事，也无法安放庞大的理想。

企业的生存和发展是要讲规模的。没有规模将丧失议价能力，导致成本高企，资源流向逼窄，难以面对市场的大风大浪。"黑芝麻"靠"糊"吃不饱，长期处于"饿不死也长不胖"的尴尬状态，根本原因就在于规模狭小。如何开疆拓土、强化规模成为其严峻的挑战。

饮料是个大品项，拥有一万亿的市场空间，是食品行业里最大也最诱人的蛋糕。娃哈哈集团成立晚于"黑芝麻"，开始生产儿童口服营养液，却并没有局限于这一狭小领域，而是不断向更为宽广的领域拓展，成了一家产值上千亿的名企。此外，广药杀进凉茶市场，天士力发力普洱茶等等，饮料市场已是商家必争之地。

"黑芝麻"决定向饮料这个"风水宝地"进军，从"黑芝麻糊"这条小河进入"饮料的大海"。

然而，在这个战略调整中，它走过不少弯路。首先出现在试错名单上的是对豆粉、豆浆和米粉等白色产品的开发，虽然被寄予厚望，挣扎了六年换来的却是六千万元的亏损，最后不得不宣布放弃。

"伟大"的路有多远?

回归"黑色"的路也不平坦。2010年推出黑芝麻露饮料,不惜重金邀请王力宏为代言人。然而市场对此并不感冒,收益远低于糊类产品,成为公司的又一次试错。韦清文总结教训时指出:产品淡化了南方黑芝麻这一品牌基因;明星代言属于盲目跟随娱乐营销,缺乏创新;产品与消费者的要求有差距。

"黑芝麻"进入饮料市场时曾尝试过消暑汤,此前的1990年代还开发过麦片、八宝粥,可惜都没有坚持下来。做饮料很难一蹴而就,贵在挺住,长期积累。红牛坚持了20多年,才赢得了较高的知名度。六个核桃、加多宝等也都经历过至少十年以上不赚钱的痛苦折磨,才打出了一片天地。

"黑芝麻"在左冲右突的变革中,2013年还脱轨涉足影视业,如此荒腔走板,自然广受诟病,投资打了水漂后只好收手。种种压力下的突围和连续的挫败使"黑芝麻"手忙脚乱,战略失误,出现了财务风险和质量事故。

韦清文一直向往将"黑芝麻"打造成一家伟大的企业,然而从"老大"到"伟大"的路却很漫长,而且充满了挑战。

风雨过后终见彩虹。"黑芝麻"痛定思痛,厚积薄发,从战略层面上紧紧围绕黑芝麻大做文章。建立黑芝麻博物馆、拍摄黑芝麻科教片、打造"黑营养家族"的舆论气场。2014年高调上马明星产品黑黑乳,吹响了进军植物蛋白饮料新品的号角。除了这款主打都市白领的高端营养品外,传统的看家产品黑芝麻糊也在升级并衍生出多种款式，"黑色王国"更加丰富而多彩。2016年进一步扩张，进入富硒食品领域，与湖北荆门市签订了建设"生态硒都"的战略合作协议，打造国内硒产业的新格局。

21世纪的农产品需求，将由过去的数量驱动逐渐转化为价值驱动，换言之，将由"吃得饱"变为"吃得好"。"黑芝麻"顺应并创造这一时代潮流，实现产值百亿将不是梦想，而是志在必得、水到渠成。

2017.3

冬天里的"小肥羊"

并购是把双刃剑，鲜花还是荆棘、坦途还是陷阱、天使还是魔鬼，挑战和考验的是企业家的智慧和能力。

中华饮食文化源远流长，博大精深。光火锅就有百余种三十多万家，南北东西，各展奇葩，市场竞争十分激烈。然而，资历浅薄的小肥羊却在很短的时间里力压群雄，一骑绝尘。其中的奥妙是什么？可惜十几年之后它却辉煌不再，每况愈下，走得趔趔趄趄、气喘吁吁，这又是为什么？巨大的变化折射了什么？

"中华火锅第一股"是怎样练就的？

1964年出生的张钢，技校毕业后进入包钢做烧结工，因难忍工作的刻板乏味，遂于24岁时大胆下海，倒腾过服装，做过声讯服务，然而东摸西撞，却难以长期坚持。一次他听说呼和浩特有一家火锅店，一改百多年来涮羊肉必蘸麻酱等佐料的传统吃法，好奇心驱使他前去品尝，十分惊艳，于是倾其所有，将这家店盘了下来。

此后整整一年，张钢着魔似地和家人研究、调整、改进汤料配方，采用当归、枸杞、桂圆等几十种滋补调味品，精心搭配，鲜香迷人，味道独特。他还深入草原，订购了纯天然、无污染且富含蛋白质而脂肪含量低的羊肉。准备充分后，1999年8月8日正式营业。

这家名为小肥羊的路边店，仅有30张桌子，50名员工，却因"不蘸佐料涮羊肉"的特殊吃法而一炮打响，随之迅速崛起。

八个月后，小肥羊开始凶猛扩张，依靠特许加盟，创造了平均三天开一家新店的神话，三年后全国已有600多家门店。然而，扩张过快的风险随之而来。由于管理不到位，加盟店良莠不齐，影响了小肥羊的形象和品牌。

张钢坐不住了。他知道，小肥羊若想发展，当务之急是人才外援。

于是，从2002年起，张钢开始煞费苦心地到蒙牛"挖人"。卢文兵时为蒙牛主管投融资和上市的副总裁，还是CCTV年度经济人物。他与大老粗的张钢不同，是企业管理和资本运作的专业人才，又有多年大企业的实战经验。在张钢"三顾茅庐"的诚意和小肥羊无可估量前景的感召和鼓舞下，卢文兵加盟小肥羊。

当然，卢文兵也曾犹豫过，毕竟蒙牛风头正健，他还握有相当的股份。这时他的老板牛根生大度地对他说，你什么时候想回来，随时都可以。这对兄弟般的合作者很有趣，卢文兵属羊，从小就酷爱涮羊肉；而他的东家牛根生属牛，自称一辈子与牛打交道。谈到不"赶牛上市"而去"赶羊上市"时，卢文兵说："蒙牛不缺人才，而小肥羊需要我。"

精明而务实的卢文兵经过调研，冷静地对满怀期待的张钢说，小肥羊上市还有很长的路要走，至少需要四年。张钢的回答是："你放手去干吧，想怎么干就怎么干。"卢文兵始任副总裁，不久即任总裁，大权在握。

卢文兵不辱信任与使命，雷厉风行地对小肥羊进行改革。他首先从公司的组织架构入手，科学地规范了部门设置和人员配备，裁汰冗员，招聘了一批德才兼备的新人，使公司的管理层焕然一新，充满了朝气与活力。

卢文兵改革的另一重大举措是，大刀阔斧地砍掉了或因违规经营或因资质不佳或因重大投诉或因效益不好的一些加盟店，从2003年的950家"瘦身"到300家，使庞大的加盟体系直接影响小肥羊管理效率的弊端得到了根本性的改善。结果营业额和利润不但没降反而有所增加，创下了餐饮业的奇迹。

卢文兵表示，"重启加盟市场后，不唯数量重质量。"对加盟店从前期的选址指导到后来的店面设计、员工培训等都加大了管理和服务，打造运营的标准化。同时建立了肉业基地、调味品基地和物流派送等保障体系，实现了从原料到餐桌完备的生产服务线。

管理的转型和品质、业绩的提升，使小肥羊华丽转身为现代管理体制的大型企业，好评如潮，声播遐迩。

2006年，在卢文兵的主持下，小肥羊成功地引进了欧洲著名的3i和普凯投资基金2500万美元的融资，成为中国大陆第一家引进海外私募资金的餐饮企业。在复杂而艰巨的谈判过程中，卢文兵本着实事求是的原则，既谈优势也不回避短板，既有坚持也有让步，不断改善合作方案。他的坦诚和质朴，不但赢得了投资人的信任，也使他们感受到了草原人的真诚和豪爽。

2008年6月12日，小肥羊在香港联交所主板成功上市，成为"中华火锅第一股"。强大的实力和非凡的影响力，使小肥羊站到了中餐企业的顶峰。

缘何走向黯淡？

2011年5月3日，美国餐饮巨头百胜以46亿美元的代价实现了对小肥羊的收购，占股93.2%，不久再次加码，以现金收购了小肥羊剩余的6.8%股份。

2012年2月2日，小肥羊在香港联交所退市，成为百胜集团旗下的新品牌。吊诡的是，小肥羊上市之初，张钢曾信心满满地宣称，要打败肯德基和必胜客，现在却成了"同门兄弟"。

其实，吃掉小肥羊之心，百胜早已有之。百胜作为洋快餐的巨无霸，其肯德基、必胜客等品牌，在高速发展后已现老态，增长乏力甚至停滞。这使它很不爽，也很不安。面对强大的中国市场，它亟须一个真正的中餐企业来提振效益和信心。火锅占中餐市场的三分之一，小肥羊又是火锅里面的老大。而且，小肥羊具有很强的可复制性，其底料、小料、菜品等都可通过中央厨房配送，易于与百胜的标准化对接、融合。此外，小肥羊的肉品等上游供应链较为完备，可以有效地降低食品安全风险；它的品牌受众符合百胜的总体战略，且与其现有品牌覆盖领域重叠性较低。

上市后的小肥羊管理层开始内斗并且愈演愈烈，职业经理人纷纷出局，创始人张钢的雄心和理想已成明日黄花，企业的赢利能力和品牌号召力都在弱化。趁着小肥羊还值钱，不变现走人还等什么呢？

小肥羊"卖身"豪门后境况如何？四年来，客流量一直在下滑，还不时传出关店的坏消息，昔日的火爆只能出现在记忆里。在它的发祥地内蒙古包头，创业晚于它的小尾羊，原来只是跟在它后面追跑的小兄弟，如今却后来居上成了老大，全国门店六百多家，包头有11家，位于全国火锅50强的首席，而这把交椅原来一直属于小肥羊。现在的小肥羊呢？全国门店约有202家，包头仅6家，全国排名也被甩在了后边。

面对这个"烫手的山芋"，百胜既无奈又疲惫。用标准化整合小肥羊远没有想象的那么简单。火锅这种消费业态频率不高，而小肥羊的产品定位又比较单一，菜品样式、口味、服务等各方面都鲜有变化和创新。而消费者的味蕾感受则需要多元的体验，一向"喜新厌旧"。

小肥羊原有的管理团队被收购后散伙了。西餐重在管理，而中餐是一种独特的文化，很多东西是只可意会不可言传的。百胜接手后新的管理层对此的理解尚不尽人意，一些细节被忽略。有论者质疑小肥羊的创业团队"肥"了自己的腰包，却"瘦"了原本壮硕的小肥羊。其实没什么可指责的。2008年朱新礼欲以24亿美元的好价钱将名噪一时的汇源果汁"嫁"给可口可乐，然而并购方案却被商务部否决了，如今还有多少人知道汇源果汁呢？

一荣一枯之间折射了什么?

小肥羊的江湖地位不保，除了自身原因，与外界的形势亦密不可分。小肥羊慢下来了，竞争者闷头发财的脚步却加快了。同属内蒙古包头的小尾羊正在打造"中国第一羊"，其产业布局即肉羊养殖、食品加工和餐饮连锁三大板块已然形成，发展势头如开江之水汹涌向前。

早就在火锅领域深耕细作的海底捞和呷哺呷哺，正在向高端挺进，它们不满现状，着力创新，不断推出新产品。门店上座率很高，经常出现排队候座现象，且以白领消费群体为主。两家的营业额和利润以及增长率都很抢眼。

有竞争才有进步，不进则退。冬天里的小肥羊虽然备感寒意，经过磨砺和淬炼，或会迎来自己的春天，不过需要时间。时间是伟大的见证者。时间充满了变数。

小肥羊被百胜收购这桩公案为餐饮业提供了反思和启发。业内资深人士指出："很多本土品牌的优势会在收购后变弱。"1980年代以来，一些驰名的民族品牌如中华牙膏、美加净、小护士、大宝等化妆品已经淡出消费者的视线。而高盛并购双汇、seb并购苏泊尔等，却又是成功的案例。

我们应该理性地看待并购。它是一把双刃剑，鲜花还是荆棘、坦途还是陷阱、天使还是魔鬼，挑战和考验的是企业家的智慧和能力。

2016.12

康师傅的危机

风光无两的康师傅，曾几何时麻烦缠身、名誉扫地，站在了企业由盛而衰的悬崖拐点。

2016年3月22日，康师傅控股有限公司发布了2015年业绩报告，销售额91亿美元，较上年同期下滑11.09%，利润2.56亿美元，较上年同期下跌36%。

糟糕的是，噩耗还仅仅是开始，两个月后的5月26日，康师傅公布了2016年第一季度财报，销售额21亿美元，同比下降9.5%，利润5800万美元，悬崖式陡降45.79%，造成了历史上最大的单季跌幅。冰冷的事实是，自2014年以来康师傅的股价每个季度都在下跌，因而无论什么样的坏消息，对于康师傅来说，都习以为常了。

很多人认为，以方便面为代表的方便食品行业一直在大幅缩水，面临前所未有的挑战，大环境的整体衰退造成了企业在凛冽的寒风中瑟瑟发抖。此言或许不虚，根据AC尼尔森市场数据分析，方便面市场每年都在温柔下滑。然而，一直被康师傅打压的死对头统一股份有限公司，在2015年却迎来了一个漂亮的逆袭，不降反增，获得了一个难得的丰收，上演了一个食品行业"一家欢乐一家忧"的悲喜剧。

看来，康师傅由盛而衰的根本原因还要从自身找起。

魏氏兄弟传奇

康师傅名播遐迩，海峡两岸耳熟能详，然而对其背后的老板魏氏兄弟却知之寥寥。他们的父亲1958年在台湾彰化的乡下办起了一个小油坊，起名鼎新，后改为顶新即现在的顶新集团前身。

顶新在台湾地区的发展磕磕绊绊，魏氏兄弟看到了大陆的商机，1988年前来开了一家"顶好清香油"的油厂，三四年的时间将3300多万人民币投资打了水漂。幸好魏家老四在一个偶然的机会发现，台湾地区的方便面在大陆具有巨大的市场。魏氏兄弟兴奋莫名，1992年斥资800万美元在天津建厂生产方便面，并为产品取了一个不错的名字：康师傅。

康师傅的快速发展令人眼花缭乱，虽然不久就有台湾地区的旺旺和统一跟进，大陆自身也不甘示弱地涌现了多家方便面企业，但康师傅始终一家独大，傲视群雄。细数其发家史，在这个颇具励志意味的商业故事里，康师傅主要做对了一件事：全产业链布局。魏氏兄弟发现大陆的劳动力廉价，于是将其"红利"用到了极致，自建了面粉加工、储存、生产、贸易、物流系统。进入饮料行业时连包装瓶、商标、瓶盖等都自行生产。这样的举措真的可圈可点，极大地降低了成本，当然也收获了令人眼热的利润。

遗憾的是，魏氏兄弟也做错了一件事。在没有把握好节奏的情况下，不断的"成长烦恼"暴露了短板，终于酿成了祸根，魏家老大倒也诚实，后来很后悔地寻找根源时，一言以蔽之："是贪婪。"

魏氏兄弟除将康师傅方便面、饮料和糕饼作为企业的三大支柱，又几近疯狂地进入了多个相关或不相关的行业，除拥有乐购、味全、德克士、福满多等众多品牌，其扩张的触角还涉及快餐、物流、电信、地产和公益等领域，两岸员工多达10万人。

然而，成也多元化，败也多元化。因为只要一项业务卷入了丑闻，对其他品牌乃至整个集团的伤害也同样令人心惊肉跳，犹如危机四伏的多米诺骨牌。糟糕的是，正当魏氏兄弟开心地大把数钱时，这样的事情真的就发生了。

抵制的狂飙从天而降

2014年9月14日下午，康师傅发布公告，确认该公司的"葱烧排骨汤面"使用了地沟油，并已在台湾地区制造和销售。不过，它在这份公告中表示，在大陆制造和销售的产品并没有卷入台湾地沟油事件。

一个月后，顶新集团旗下企业以饲料油混制食用油又被曝光，勾起了2013年11月橄榄油用铜叶绿素掺混造假的丑闻。这家拥有众多品牌、大名鼎鼎的顶新集团，一年竟连曝三起食品安全事件，震惊了整个台湾地区，愤怒的人们掀起了声势浩大的"灭顶行动"，同仇敌忾地要对魏氏兄弟的顶新集团"赶尽杀绝"。

　　包括澎湖、金门在内的全台22个县市"政府"通令所属机关学校停用顶新的所有产品，时任台北市长郝龙斌明确宣称"要罚到倒闭"，而且"对主要负责人应该科以刑责"。"在合法情况下扣押或冻结顶新和魏家的资产"。

　　企业的反应亦很激烈，富士康的母公司鸿海集团总裁郭台铭要求，基于员工健康的考虑，自公告发布之日起，在台湾地区和大陆的集团厂区，将顶新的味全、康师傅、正义等相关产品全部下架停售。

　　怒不可遏的台湾消费者将顶新相关企业一一列出，方便大家抵制，康师傅方便面、味全乳品、德克士炸鸡等无一漏网。在商场里，其他牌子的鲜奶都被卖光，味全的鲜奶却无人问津，偶尔有扫过的目光也充满了鄙夷。

　　在汹涌澎湃并持续发酵的"灭顶行动"中，顶新旗下的康师傅、味全两家公司的股票市值应声而落，蒸发了超过百亿新台币。味全公司甚至要求魏家退出公司的经营，以求自保。焦头烂额的顶新在第一时间宣布全面退出台湾地区油品市场，但其他各项业务仍在巨大的冲击中痛苦地煎熬。

　　顶新扛不住了，台北101大楼的股权被迫以49亿的代价出卖给了外资。顶新的窘局在"蝴蝶效应"中，有论者预言，台湾地区民众用脚对其投票的结果可能是，要么被抵制至死，要么被索赔至死。

来自大海那边的钟声

　　台湾地区的黑心油事件，在大陆的反应没有那么强烈。然而，康师傅所遭遇的民意剿杀并严重殃及母公司使其坠入炼狱，对大陆企业和消费者的殷鉴和启示却是多重而深刻的。

企业的成功可能需要十年或数十年，但失败却只要一天。正所谓"眼看它起高楼，眼看它宴宾客，眼看它楼塌了"。质量永远是企业的生命线，不能有半点松懈马虎或侥幸心理。环顾中外，对于食品安全的容忍底线都非常之低，许多涉及丑闻的大企业都难逃倾家荡产的噩运。还记得著名的国企三鹿集团吗？2008年因在奶粉里添加三聚氰胺而轰然倒闭，董事长田文华虽然"撕心裂肺，痛不欲生"，仍难逃法律的严惩，至今仍在铁窗里痛苦地数着日月。2012年有着80年历史的德国最大面包商穆勒，因生产车间发现蟑螂而宣告破产。这样的例子不胜凡举。千里之堤，溃于蚁穴；一念之差，万劫不复，企业者岂可不慎乎？

如果资金、人才、管理能够同步跟进，企业扩张和多元化也有成功的范例。反之，如果盲目地做大做强，特别是跨领域的非理性扩张，几乎没有不受到惩罚的。扩张和多元化是悬在企业家头上的双刃剑。大陆的老板们比魏氏兄弟还迷恋扩张和多元化，顶新的遭遇当为前车之辙，切勿蹈之。

康师傅的黑心油事件，在台湾地区曝光如此彻底，受抵制如此广泛，责任人受到的惩戒如此严厉，令大陆的消费者大开眼界。台湾地区对食品安全监测的认真、问责和索赔的力度，值得我们借鉴。台湾地区民众的维权意识和行动的自觉、强烈，也值得我们深思。产品质量特别是食品安全，说到底，是消费者自己的事情。简单地依赖某些部门或"管它呢，天塌自有大个子"或怨妇似地怨天尤人，都不是好的选项。

风光无两的康师傅，曾几何时麻烦缠身、名誉扫地，站在了企业由盛而衰的悬崖拐点。怪谁呢？要怪只能怪自己。无可讳言，方便面已从一个朝阳行业滑到了夕阳行业。大环境的不利和企业的遭遇，挑战企业家的魄力和智慧。康师傅如有刮骨疗毒、断臂求生的愿望和决心，或可走出危局、浴火重生。

2016.8

如果王宝强遇到了扎克伯格

改变世界不是一句豪迈而却空洞的口号，而是一种真正的信仰和力量。

一个是中国二三线的影视演员，一个是"脸谱"创始人、世界级的企业家，他们八竿子打不着，怎么可能碰到一起？

不是我们乐于"穿越"，而是因为，不但这两位都是1984年出生的"80后"，而且扎克伯格还娶了一个美籍华裔媳妇"陈"，还经常到中国来。还记得吗？今年春天，小扎在北京的雾霾中跑步的视频，那个年轻而矫健的身影从此定格在我们的记忆里。

前一阵子，王宝强因离婚而沸沸扬扬地挤占着娱乐新闻的空间，他所拥有的财富着实吓了我们一跳：包括位于美国洛杉矶一处在内的九套房产、一辆宝马X5、一辆宾利和多种股票、存款、理财产品，至于爱马仕、LV、香奈尔等奢侈品，更是"小菜"，不在话下。有好事者统计，他的资产当在五千万元左右。

与强哥比，小扎可就寒酸多了。旅游鞋、牛仔裤和标志性的灰色圆领短袖T恤，是他常年的装束，这在中国就是一个送便当的"标配"。他有三辆车，最贵的也不过人民币20万元，平时就开一辆不到10万人民币的本田飞度。更令人大跌眼镜的是，他与爱妻"陈"的婚礼，既没有豪华的宾客阵容，也没有宏大的仪式，一对新人只吃了价值7.5美元的墨西哥餐，就算完事大吉。他们住在一栋普通的住宅里，没有保镖，也不请保姆。小扎上班时连独立的办公室都没有，就和工程师们挤在一起。

32岁的小扎有多少钱？"脸谱"2016年的市值大约500亿美元，差不多3000亿人民币吧，可谓富可敌国，当之无愧地被公认为全世界最年轻的亿万富豪。

对自己这么"抠门"的一个人，对社会却大方得惊人。2016年2月3日，小扎爱女出世，他承诺捐出450亿美元，相当于"脸谱"99%的股份，以女儿的名义建立了一个慈善机构，创造了"世界之最"。没过多久，今年的9月下旬，他再次震惊世界，宣布在未来10年投入30亿美元的巨额资金，在旧金山创立一个生物中心，资助科学家们攻克世界上最主要的疾病。

王宝强的钱只要来路正当，怎么开销完全是人家的私事，与你我没有半毛钱的关系，无须说三道四，"酸葡萄"的心态更是可笑。在中国从来没有最奢侈最显摆，只有更奢侈更显摆。那些土豪挥金如土的故事，总是既让某些人艳羡，又令某些人深思。有人据此追问中国财富分配的不公、割裂和扭曲，结果呢？"结果"是高调出征，然后消失，就是我们最常见的一种结果。

扎克伯格创造了另一番景象，他把回馈社会——不是在晚年而是在青年，作为人生的最大快乐。他认为，改变世界不是一句豪迈而却空洞的口号，而是一种真正的信仰和力量。他常说，有什么样的内心，就有什么样的世界。热爱中华文化的小扎，在回答某些人指责他的捐赠是"做秀"时，引用了庄子的一句话"夏虫不可语于冰，井蛙不可语于海"，意味深长，值得我们好生思考。

金钱不是罪恶，怎样使用金钱却彰显了一个人境界的高与低。它会使高尚者更加高尚，也会使浅薄者更加浅薄。

如果王宝强与扎克伯格这两位同龄人在美国或中国相遇，强哥如果跟小扎谈起香车、珠宝和女人的美艳，小扎可能不解和茫然；小扎如果跟宝哥谈起代步工具、捐赠和他的"陈"，宝哥也可能不解和茫然。

2016.11

"五谷道场"的"死亡"之旅

沉醉于成功美酒中的王中旺并没有意识到，危机像黑夜一样正悄悄地向五谷道场逼近。

2016年11月25日，中粮集团将其旗下五谷道场的100%股权和5367万元债权捆绑打包，在北京产权交易所挂牌出售。是出于对出售前景的悲观考量，还是有什么难言之隐，挂牌公告对敏感的节点——价格，仅为"面议"。

五谷道场我们并不陌生。问世12年来，曾因"非油炸"的概念而名噪一时，巅峰时期年销售额一度达到20亿元。然而辉煌只是烟花爆竹，短暂的喧闹和炫目之后不过是一地碎屑。历经停产、转手和回归市场等一系列过山车般的历险以及突围和挣扎，其下坠的颓势仍难缓解。2015年更加离谱，营收仅为一亿多元，利润则继续呈现负数，以至沦落为被中粮抛弃的凄惨命运。

五谷道场因何而快速成功走红？又因何而更为快速地坍塌，并坠入濒临死亡的境地？

颠覆者的狂欢

五谷道场的创始人是草根出身的王中旺。1996年王中旺进入河北华龙食品公司，开启了他的方便面生涯之旅。不久，富有商业野心和创业冲动的王中旺便另立门户，成立了中旺食品，建起了中国最小的速食面生产线，其产品"一碗香"专注于村镇和二三线城市。由于定位精准和差异化，因而一炮打响，2002年营收已接近5亿元。

王中旺一直怀揣着与自己的老东家华龙一比高下的雄心，终于等来了与康师傅合作的机会，成立了三太子食品有限公司，剑指华龙，并喊出"挑战者三太子"的口号。然而与康师傅的"蜜月期"刚过，王中旺就提出要从低端市场向大城市的中高端市场进军。对康师傅而言，这无异于与发展规划背道而驰，因而中止了合作，其分手辞令简短而意味深长："因为不了解中旺，所以进入了；因为了解，所以退出了。"

2004年的中国方便面市场被康师傅、统一和华龙所分割，王中旺想要虎口夺食，谈何容易？不过，这时他做对了一件事，成就了其后的风光。

为了寻找突围的路径，王中旺到日本考察，发现非油炸方便面很受欢迎，决定开辟中国市场。然而，非油炸方便面工艺复杂，又缺乏成熟的市场渠道，开发有一定难度。为此，王中旺"三顾茅庐"，聘请了曾在华龙担任高管的行家任立，负责整体运作。

2005年4月，卫生部发文质疑薯条等油炸食品中含有致癌物质。市场嗅觉灵敏的任立抓住了这个千载难逢的机会，瞄准中高端消费人群，以颠覆者的姿态强势推出了非油炸方便面。于是，一个叱咤风云的新锐品牌"五谷道场"横空出世，惊艳华夏。

王中旺非常重视品牌的建设和运用，抢占了市场的先机。何谓"五谷道场"？这里既有老祖宗的传统智慧，也蕴含了现代人的理念和诉求。《黄帝内经》云："五谷为养，五果为助，五畜为益，五菜为充。""五谷"为生命所需之首。"道"在中华文明中指的是客观规律，顺应自然是人类的动力本源。"场"意为场所，即以天然五谷为消费者构建起健康的饮食平台。经过品牌文化的打造和浸润，"五谷道场"成功问世。

2005年11月，五谷道场在央视发布广告，聘请大牌明星陈宝国作为产品代言人，在富有戏剧性的情节演绎中，画面定格于"拒绝油炸，还我健康"的定位。只有非油炸的才是健康的，切合了广大受众对食品安全的认知，一下子就产生了广泛的共鸣。广告在央视的黄金时间连续轰炸三个月后，五谷道场的知名度爆棚，成为2006年行业中的一匹黑马。

沉醉于成功中的王中旺并没有意识到，危机像黑夜一样正悄悄地向五谷道场逼近。

经营者的败笔

2006年，中国的方便面市场开始式微，总体销量持续下挫。五谷道场却逆势上扬，每个月的销量以30%的速度递增，当年营收20亿元，一举摘下了"中国成长企业百强"冠军的桂冠，登上了事业的"光明顶"。然而，到了仅隔一年后的2007年，其败局就开始显现，虽然遮遮掩掩，却是"越描越黑"，接着便是断崖式陡降，终致破产被人收购而谢幕，可谓"其兴也忽焉，其亡也忽焉"。

五谷道场之败，首先是企业文化出了问题。那些基业长青的优秀企业，在竞争中总是恪守商业文明，宽容、和谐地与他者和时代一同进步。五谷道场的广告却像砸场子，站在了行业的对立面，不顾市场的游戏规则。这样做的结果，虽然迅速地引发了消费者的关注，但也使自己陷入了四面楚歌的危险境地。

方便面行业者被激怒了，但也只好忍气吞声；银行因担心企业被搞垮贷款泡汤，出面与五谷道场交涉施压；方便面行业协会找上门来，斥责五谷道场的做法是误导消费者、损害行业的整体利益。王中旺不为所动，依然故我。

当然，成败的关键还在于自身。五谷道场在高歌猛进时，头脑发热，以至管理失控，战略失衡，屡出臭棋。为了占有市场，盲目扩大产能，斥资18亿在全国建了38条生产线。销售队伍也迅猛扩充，仅2006年下半年就增加了2000多人，未经认真培训就匆忙上岗。

更为严重的是，王中旺与任立在企业方向的决策上出现了分歧。任立主张把重心放在产品研发上，强化质量和创新，认为居安思危、未雨绸缪才能走得更远。王中旺则坚持将其营销策略进行到底，并将与自己意见相左的常务副总裁、企划总监等高管去职，任立见大势已去，心灰意冷，亦黯然而去。管理层的内讧导致企业的向心力、凝聚力和行动力萎靡瓦解。

导火索是2007年年初发生的资金链断裂。一条油炸方便面的生产线需几百万元，而非油炸的生产线则需2000多万元；所需面粉每吨也相差上千元。为了争夺市场，五谷道场采取低定价策略，其毛利率甚至不能保证生产原料的货款。这种非理性的经营模式，把企业的财务拖入了困境。雪上加霜的是巨额广告费用，仅2006年就耗资1.7亿元。王中旺悲壮地说："只计成功，不计成本。"可是，世界上有"不计成本"的"成功"吗？

2007年下半年，五答道场出现了断货、拖欠供应商货款和拖欠员工工资的严峻局面。当此生死之际，作为企业经营者的王中旺，本应冷静反思，相反他却不肯认输，在企业会议上说："五谷道场的方向没有错，只是经营层面上的失误。"对长时间拿不到工资的员工说："过了草地的才是英雄。"

2008年五谷道场负债总额高达6亿元，企业被迫全面停产。2009年3月被中粮集团收购，创始人王中旺凄然退出，像一颗瞬间闪亮的流星，从此消失。

接盘者的悲哀

中粮集团拿出1.09亿元用于清偿债务及支付破产费用，正式接盘五谷道场。中粮在财力和人力上的投入可谓不菲，不但提供了2亿元的资金支持，还重金聘请了康师傅创始人之一、白象方便面总裁宋国良担纲总舵手。信心满满，全力以赴，志在必得。

时任中粮集团董事长的宁高宁下此险棋而且大手笔，源于其战略构想。他不甘心中粮只是食品行业原料的供应商，他要将农副产品从上游向中下游即加工业务延伸，实现全产业链经营。五谷道场是他为中国粮油这个巨无霸全面布局的一个"棋子"，也是他改革之路的一块"探路石"。

宋国良和他的管理团队殚精竭虑，勠力而为。除了继续以非油炸作为市场的亮点和卖点，他们还努力在品味上创新，不断开发新产品，推出了独创的"原盅鸡汤面"等六个系列。对原有的包装也进行了全面的改进。能想到的，几乎都做到了。

可惜，宋国良的苦心和追求，市场并不感冒。2010年仅有2亿元的销售额，仅为那些大牌方便面企业的零头。宁高宁并不灰心，又给五谷道场追加了2亿元资金，对其重振雄风仍寄予厚望。然而市场还是不买账，而且情况越来越糟，一直陷于亏损的泥淖，2015年负债高达9.27亿元。这匹曾经的"黑马"，变戏了不良资产的"病马"。

究其原因，中粮的此番收购可谓"生不逢时"。2009年开始，中国方便面市场快速增长的黄金时代已经逝去。根据2016年相关数据显示，该行业已连续四年下滑，2015年全国的总产量为62.49亿份，较上年下跌8.54%，销售额490.91亿元，同比下跌6.75%。投资一个夕阳行业，还想让它崛起腾飞，是不是有点天真？

五谷道场定位于"有品位的时尚人群"，但这个人群对食品的要求更为苛刻，而且有着更多的选择。即使在方便面的发源地日本，非油炸方便面也只是小众市场，维持20%左右的市场份额。

方便面消费的主流人群是以民工为代表的蓝领群众，他们对是否油炸没有那么敏感。而且，非油炸在口味上也与油炸存在着一定的差距。随着人民群众生活水平的提高和时代的进步，方便、快捷、美味而健康的食品越来越丰富，市场的格局将进一步分化重组，留给方便面的机会不多，非油炸方便面的未来之路更加逼窄。

　　手捧这个烫手的山芋，中粮的焦虑可想而知。商界从其起伏跌宕的命运中得到借鉴和思考，或是它留给这个复杂多变的世界别一样的"财富"吧。

2016.12

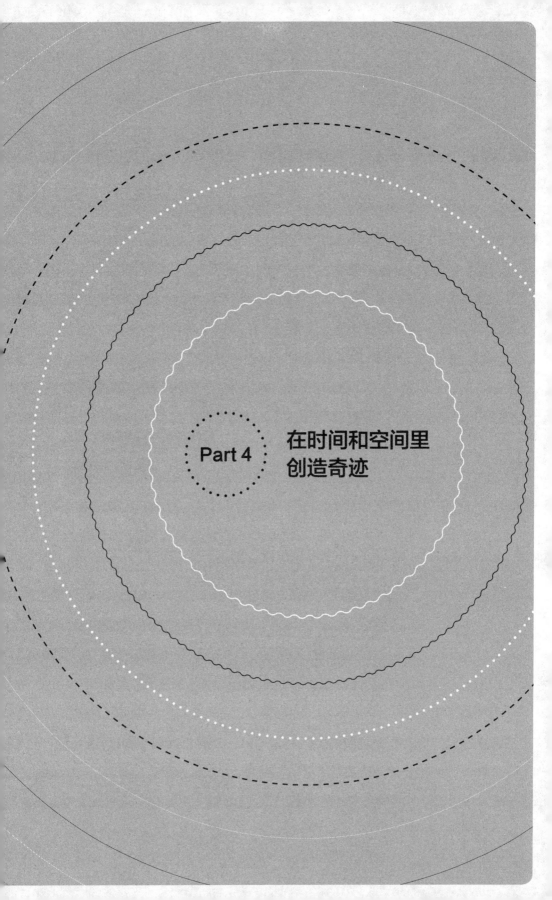

Part 4

在时间和空间里
创造奇迹

两位"商圣"的对话

子贡兴奋地击掌道:"先生所言乃商家真经。"

身为越国三军统帅的范蠡,于公元前473年率领越国军队一举攻克吴都,灭掉吴国。功成名就的范蠡急流勇退,泛舟五湖,弃官经商,举家前往齐国,隐居在渤海之滨的山林乡野,改名鸱夷子皮。

一天,范蠡独坐书房,仆人来报:"外面有一位远道而来的客人求见。"范蠡起身迎了出来。

院中站立的那位五十岁左右的男子拱手道:"在下复姓端木,名赐,特意从宋国来拜访鸱夷子皮先生。"

"原来是闻名天下的大商家子贡先生,快请。"子贡落座,寒暄几句之后,范蠡躬身道:"在下对子贡先生渴慕已久,今先生远道而来,且见多识广,必有教我,务请先生不吝赐教。"

"就先生改名为鸱夷子皮，这是以皮酒囊为名，可谓是蕴藉深厚，现已声震齐鲁。先生初到此地，即亲自煮盐运盐，不畏艰辛，可称商者典范。"子贡表述得十分诚恳并含有敬佩之意。

范蠡复躬身打揖，态度温肃中愈益恳切："子贡先生足迹遍布华夏各地，生意从无失手，拥财无数，而且胸藏千山万壑，我辈难望先生项背。还望先生率尔直言，不弃在下。"

子贡微笑道："生意往来民间，务要公平和气，不可鲁莽。我虽经商多年，并非以敛财为唯一目的，而是作为人生一大乐事。积我一生之体会，在下以为经商之魂，无非是五个字，两句话。五个字是：物以稀为贵。两句话是：人弃我取，人取我与。"范蠡点头称道："先生这五个字，两句话可谓经商要诀，真是字字千金。我当铭记，受益终生。"

子贡聪慧的双眸注视着范蠡客气道："商场之神秘诡谲犹如浩瀚翻卷的海洋，我不过是管窥蠡测而已，先生万勿见笑。先生白手起家，筚路蓝缕，生意日隆，名扬遐迩，令人景仰。我是特意前来讨教的。不知先生是否肯将从商以来获得巨大成功的秘诀赐教给在下？"

范蠡见子贡态度诚恳，也十分爽快，款款而来："既如此，在下也就班门弄斧了。在下以为，从商有两点是不敢懈怠的。其一，一个有作为的商人，不但要有远见卓识，而且要标新立异，简言之即'旱则资舟，水则资车'。如此才得先机，才能人无我有，独占鳌头。其二，一个有作为的商人应是以智取胜，不是靠武力或蛮力而是靠智慧去赚钱。赚钱也许并非难事，难在赚得坦坦荡荡、问心无愧，而且有益于社稷和黎民。即所谓'化智为利'和'以义生利'，切切实实地做到'富行其德'。庸才拙见，不知先生以为然否？"

子贡兴奋地击掌道："先生所言乃商家真经。"

2008.12

张骞："丝绸之路"的开创者

张骞，把二千多年的绵长时间和欧亚大陆的巨大空间，凝缩在自己传奇的一生中。

最近，中国外交再度聚焦于欧亚大陆。2017年6月23日，国家主席习近平在乌兹别克斯坦进行国事访问时指出：我们要做好'一带一路'这篇大文章。乌兹别克斯坦是著名的"丝绸"古国，首都塔什干更是古丝绸之路上重要的商业枢纽。早在两千多年前，西汉王朝的使者张骞就曾越过万水千山、历经艰难险阻地抵达这里并继续远行。

张骞通过两次出使西域，开创了一条漫长而闪烁着光芒的丝绸之路，把古老的中国与遥远的西方世界连在了一起。从此，中国开始走向世界，西方也开始认识中国。张骞被誉为伟大的外交家、探险家，"第一个睁开眼睛看世界的中国人"和"东方的哥伦布"。

张骞，把二千多年的绵长时间和欧亚大陆的巨大空间，凝缩在自己传奇的一生中。

汉武大帝的战略擘画

在中国古代，“西域”通常是对阳关、玉门关以西广大地区的统称，广义上的西域还包括中亚、西亚至地中海罗马帝国等地，亦即当时人们所知的整个西方世界。

北方匈奴剽悍的骑兵，在单于的带领下，纵横驰骋、四处劫掠，一直是西汉王朝的梦魇和心头大患。雄才大略的汉武帝，从一个匈奴俘虏口中了解到，西域祁连山一带有一个大月氏国，被匈奴击败，国王的头盖骨成了单于的酒具，饱含深仇大恨的大月氏人被迫迁徙到了伊犁河流域一带。汉武帝决定联手大月氏国，从东西两个方向夹击匈奴。

然而，从中原到大月氏必须经过匈奴控制的河西走廊，其不确定性和危险性不言而喻，必得有胆魄之人，方可胜任出使的重任，于是公开招募贤才。满怀宏伟抱负的青年张骞挺身应召，毅然挑起了国家和民族的重担，勇敢地踏上了出使的征程，也踏上了西汉和中国历史的宏大舞台。

张骞，汉中成固（今陕西城固县）人，早年生平不详，约生于公元前164年、卒于公元前114年。史书记载他“为人强力，宽大信人”。他不但体格健壮，心胸开阔，以信义待人，而且有勇有谋，具有开拓和冒险精神，终于战胜了各种难以想象的困难，获得了彪炳青史的伟大成就。

第一次出使西域

汉武帝建元二年（公元前139年），张骞奉命率领100多人从陇西（今甘肃临洮）出发，一个归顺的"胡人"堂邑父充当他的向导和翻译。黄沙漫漫，驼铃阵阵，他们晓行夜宿，逐水草，炊野火，小心翼翼地躲避一切可疑的乱蹄足印，提防随时可能发生的明攻暗袭。然而，不幸还是降临，张骞一行被一支匈奴的骑兵发现，全部成了俘虏。

张骞等人被押送到了匈奴的王庭，军臣单于当然不会放过他们。在种种威逼利诱面前，张骞大义凛然，坚贞不屈，保持了外交使臣的尊严和人格，尚气节、有品行，"持汉节不失"。为了拉拢张骞，打消他前往大月氏的念头，军臣单于将匈奴美女送他为妻，后来还生了孩子。然而，张骞始终没有忘记汉武帝交给自己的神圣使命，红纱帐里也没有动摇他出使大月氏的意志和决心。漫长的十年岁月，见证了一个大汉使者忠君爱国、坚忍于事的情怀、品德和责任感。

元光六年（公元前129年），张骞终于找到了机会，带领堂邑父和随从逃出了匈奴的魔掌，继续出使西域的重大使命。

这时，西域的形势已发生了很大的变化。在匈奴的唆使和支持下，乌孙国已将大月氏人从伊犁河流域赶走，西迁进入咸海附近的妫水地区，另建了家园。张骞既忠且勇，信念坚定，另辟新路先抵大宛国（今乌兹别克斯坦境内），然后再往大月氏。

张骞的行军变得更加艰难和凶险。戈壁滩上，飞沙走石，热浪灼人，人烟稀少，水源奇缺；而葱岭（帕米尔高原）又高耸难攀，且冰雪皑皑，严寒难当。堂邑父虽善射，偶得猎物渴饮其血饥食其肉，然杯水车薪，难以为继。不少随从或因饥渴，或因酷热，或因奇寒而葬身异国他乡。

终于到了大宛国，张骞一行受到了热情的款待，休整后大宛国王遣人将他们送到康居（今哈萨克斯坦境内），康居王又将他们送到了大月氏。然而，此时大月氏的国情早已时过境迁。由于这里土地肥沃，他们改游牧而事农耕，对匈奴已无报仇雪恨之志。张骞逗留了一年多，但始终没有说服他们与汉联盟夹击匈奴。

张骞是个有心人，他仔细考察了西域诸国，还越过妫水南下，抵达了大夏国的都城蓝氏城（今阿富汗境内），并将所有的观察一一铭记。

元朔三年（公元前128年），张骞动身回国。归途中，不幸又被飘忽不定的匈奴骑兵捕获。所幸一年后，由于匈奴单于去世而发生残酷的争斗内乱，张骞乘机带领堂邑父和匈奴妻子千辛万苦地回到了长安。

张骞的第一次出使西域，大起大落、大悲大喜地历时13年；出发时的100多名精壮青年，回来时仅剩张骞和堂邑父二人，代价虽然沉重，价值和意义却十分重大。他虽然没有完成与大月氏结盟的军事目的，却了解了西域地区的政治、经济、地理、文化和风俗，使封闭的西汉王朝极大地开阔了视野，获得了外部世界新鲜而丰富的信息，在其后的政治、经济和外交特别是民族交流和对匈奴的战争中发挥了积极作用，产生了深远的影响。

张骞向汉武帝的汇报，成为《汉书·西域传》素材的最初来源。汉武帝对张骞所取得的成果进行了表彰，封张骞为太中大夫，授堂邑父为奉使君。

第二次出使西域

张骞在大夏国时见过蜀地（四川）出产的竹杖和细布，当地人称，这些东西贩自身毒（又名天竺，即印度）。汉武帝颇感兴趣，委派张骞为使臣，从蜀地出发，造访并结交神秘的身毒。

张骞派出了四支探险队伍，各行一二千里，深入到了青、藏、云、贵的部分地区。元朔五年（公元前124年）张骞自蜀至夜郎（今贵州遵义附近），夜郎国王竟然好奇地问道："汉朝和我们夜郎相比，哪一国大呢？"这就是后世"夜郎自大"典故的由来。张骞的探险因在昆明等地受阻，最后也没有找到身毒，但对西南的开发却是史无前例的。至元鼎元年（公元前111年），汉王朝开始在西南各少数民族地区设郡，扩大了帝国的版图，使其实力更加强大。

元朔六年（公元前123年）张骞以校尉的身份随同大将军卫青进军漠北，其后又奉命与飞将军李广进击匈奴。起伏不定的流沙和一望无际的草原，使行军和给养都十分困难。张骞对塞外行军具有丰富的经验，对西域的地理更是了然于心，他发挥了博闻多见和才广识远的优势，指点行军路线和扎营布阵方案，为战争的胜利建立了不朽功勋。汉武帝论功行赏，封他为博望侯。

汉王朝对匈奴的连年征战，肃清了河西走廊一带匈奴的势力，但西域各国仍然被匈奴所控制。为了彻底铲除匈奴对西北边境的威胁，元狩四年（公元前119年），张骞第二次出使西域，目的是与乌孙国联手共同抗击匈奴。这就是汉武帝著名的"断匈右臂"战略。

第二次出使的阵容浩大壮观，随员300多人，牛羊万头，钱币、绢帛"数千巨万"。但因乌孙政局不稳、惧怕匈奴的心理阴影难以消除，此番出使的目的仍然落空。

然而在乌孙期间，张骞派出了大批副使，分别前往大宛、康居、大月氏、大夏、安息（今伊朗境内）和身毒等国，进行外交活动，中亚、西亚和南亚乃至地中海沿岸广阔的大地上，先后出现了汉使的身影和中原的物产，影响深远。

元鼎二年（公元前115年），张骞启程回国。数十位乌孙使者随同前来，并有数十匹良马献给了汉武帝。汉武帝大悦，封张骞为大行，位列九卿。次年张骞去世。汉武帝为了纪念他，将日后派往西域的使节都改称为博望侯。从此中西之间的交流正式开启，来往使者相望于途，华商和"胡贩"亦"日款于塞下"。经济和文化平等互惠的广泛交流，开启了东西方文明发展的新纪元。

张骞的历史贡献

作为中国历史上第一个走出国门的使者，张骞两次出使西域的军事目的都没有达成，却打通了长期被匈奴阻塞的东西陆路交通。从此，从陇西或敦煌始出玉门关，进入新疆，再从新疆连接中亚、西亚和欧洲，畅通无阻。司马迁称赞张骞出使西域为"凿空"，意思就是"开通大道"。

张骞第一次张扬起国与国之间平等、诚信交往的外交理念，构建起西汉与西域地区和西方国家经济贸易的桥梁。这条造福于亿万人民、蜚声中外历史、横跨欧亚大陆的大动脉，德国地理学家李希霍芬在其《中国》一书中，第一次将其命名为"丝绸之路"。无疑，张骞是丝绸之路的开创者。

西域的核桃、葡萄、石榴、胡萝卜、蚕豆、苜蓿等十余种植物，龟兹的乐曲和胡琴等乐器，大宛的汗血宝马等从丝绸之路传到中原，丰富了汉族人民的物质和文化生活。西汉的蚕丝和冶铁术等也从丝绸之路西进，促进了西域和西方的经济发展和社会进步。而汉军在新疆屯田时使用地下相通的穿井术，习称"坎儿井"，在当地逐渐得到推广，造福于乡梓和历代人民。

张骞出使西域，不但是军事和外交行为，也是一次卓有成效的科学考察。他是第一个对广阔的西域进行调查研究的人，也是第一个对中国之外包括安息、条支（今伊拉克一带）和身毒等国家进行观察和了解的人。

回到长安后，他将西域各地和西方各国的山川地理、人口状况、人情风俗、自然物产、政治结构、城市兵力等情况向汉武帝做了详细的汇报。司马迁在其《史记·大宛传》等篇章中，将这些内容翔实记载，成为中国和世界研究古代地理和历史最珍贵的第一手资料。

张骞之前，世界的东方和西方还相互隔绝。张骞的足迹踏遍中亚各国后的1100多年，意大利旅行家马可·波罗的双脚才踏上中国的大地；而西班牙探险家哥伦布开往东方的船队，则是在1300多年后才扬帆启航。梁启超在称赞张骞出使西域的壮举时说："坚忍磊落奇男子，世界史开幕第一人。"诚哉，斯言。

2017.3

王昭君：丝路上的最美使者

王昭君短暂一生所散发的人性光芒，书写了历史上流传不衰的民族团结佳话。

公元前33年的八九月间，辽阔的塞外草原上，逶迤走来一支浩大的队伍，众多车马簇拥着一辆装饰华丽的毡车，车里坐着一位国色天香的美女。她怀抱琵琶，轻捻丝弦，随着悠扬动听的旋律，唱起了凄婉而美妙的歌声。据传说，天上的大雁被她的歌声迷恋，竟然忘记了扇动翅膀，纷纷从蓝天上掉下来。

这位风华绝代的佳人，便是被称为"中国四大美女"之一的"落雁"。然而，她之所以被历史所铭记、被世代所传唱，并非只因超高的"颜值"，而是因为，她是中华民族有史以来丝绸之路上最美的和平使者。

　　她就是王昭君。

"昭君"为什么要"出塞"?

　　秦汉以来,最令中原统治者头疼的,莫过于活跃在北方的匈奴了。这个马背上剽悍的游牧民族,凶猛好斗且飘忽不定,屡屡进犯中原边境,杀吏虐民掠财,不但对中原的政权构成了巨大的威胁,而且因其控制了通往西域的交通要道,严重地阻碍了中原的外交和贸易。

　　公元前200年,雄才大略的汉高祖刘邦决定彻底解决这个心腹大患,亲率32万大军,在今山西大同一带,与匈奴的30万骑兵展开了一场惊天动地的鏖战,结果大败,刘邦凭借向匈奴单于的夫人行贿才算侥幸逃命。

　　自此以后的一百多年间,西汉不敢再向匈奴用兵。相反,每年除向匈奴奉送金银、丝绸、粮食、茶叶等大量物资,还以"和亲"的名义将汉家的"翁主"送给单于做"阏氏"。"翁主"是诸侯的女儿,皇帝的女儿称公主。"阏氏"就是匈奴单于的王妃。比王昭君早72年出塞的细君以及其后的解忧等一株株凄美的中原修篁,被送往遥远、荒凉而寒冷的大漠,烟花般绚烂的生命,在最美的时候一点一点地枯萎而死。你打不过人家,除了送钱和"政治婚姻",还有更好的选项吗?

　　汉武帝执政的后期,国力强盛,又得卫青、霍去病等良将,西汉大国之威才得以确立,但也只是把匈奴打残而远没有打倒,边境的骚扰仍然不断,烽烟不绝。因而,"和亲"这种不得已而为之、屈辱的"国策",也就一直延续下来。

　　在前仆后继的光阴里,西汉王朝终于等来了机会。公元前52年,冒顿单于一命呜呼，匈奴的统治集团发生内讧，呼韩邪单于为了寻求保护伞，开始向汉靠拢。公元前33年，这已经是汉元帝时代了，呼韩邪单于以"臣子"的身份朝觐汉朝，《汉书》记其事云："自言愿婿汉氏以自亲，元帝以后宫良家子王嫱字昭君赐单于。"不是"和亲"而是"自亲"，变"接受"为"请求"，成为汉匈历史上的标志性事件。

王昭君约生于公元前52年，湖北南郡秭归（今湖北兴山县昭君村）人。天生丽质，聪慧异常，琴棋书画无所不能，尤擅琵琶。汉元帝时被选入宫，成为"掖庭诏"。汉元帝的后宫美女如云，皇帝选宠的办法是看画像，于是"诸宫人贿赂画工，多者十万，少者亦不减五万"。王昭君系"良家子"，拿不出那么多钱。画工使坏，在她画像娇美的面庞上点了一个丧夫的"滴泪痣"，于是被打入冷宫三年，无缘面君。

呼韩邪单于的求亲，为王昭君带来了难得的也是唯一的机会。汉元帝的众多妃嫔们没有谁愿意远离中原故土，投入荒凉之地"野蛮人"的怀抱。只有王昭君挺身而出，慷慨应诏。三年的冷宫生活，使她深知与其老死宫墙之下，不如到一个未知的远方，或许能像"人"一样活着。后人赞美王昭君的忠君爱国云云，大都是一厢情愿地臆测和拔高。一个孤苦无助的19岁少女，勇敢地选择自己的命运而不是什么大义凛然、慷慨悲壮之类，不可以吗？

汉元帝看到王昭君时一下子惊呆了，但见她明眸皓齿，仪态万方，宛若天仙，于是"帝欲留之，而难于失信，遂与匈奴"（《后汉书·南匈奴传》）。汉元帝意识到自己被画工们要了，于是下旨追究，审查后发现画工们受贿数额巨大，震怒之下，"画工皆弃市"，毛延寿、陈敞、龚宽等均被斩首示众。

不管汉元帝多么不爽、何等郁闷，王昭君还是走了。走向了大漠，走向了草原，走向了一个有宠爱有温暖的地方……

为何要纪念王昭君？

离开长安（今西安），王昭君便踏上了出塞之路。这条秦始皇时代开辟的"秦直道"，就是著名的草原丝绸之路。向北可至蒙古高原，向西则可达黑海、地中海沿岸，连接着中原与草原、农耕文明与游牧文明。

王昭君一行人风餐露宿，第二年初夏到达漠北，受到匈奴人的盛大欢迎。呼韩邪单于封王昭君为"宁胡阏氏"，意为匈奴有了汉女做妻子，安宁有了保障。呼韩邪侠骨柔肠，对美丽的新娘宠爱有加，他们有了一个儿子，取名伊图智伢师。可惜天不假年，老夫少妻、热汤热水的好日子仅仅两年，呼韩邪便丢下娇妻幼子撒手人寰。

按照匈奴"父死，妻其母后"的祖制，王昭君必须嫁给呼韩邪的长子复株累单于。深受中原文化浸淫、知书达礼的王昭君无法忍受这种屈辱，而且对盛开在漫山遍野金灿灿的油菜花和橙红橘绿、鱼白蟹黄的江南楚地也深深地思念，于是上书西汉朝廷，希望返归中土故乡。然而，《汉书·南匈奴列传》载"成帝敕令从胡俗"，硬邦邦的"从胡俗"三个字粉碎了王昭君的全部梦想。政治有政治的玩法，既不理睬世俗道德，更不顾念个人的命运和感受。

孤儿寡母，毫无退路。王昭君嫁给了复株累单于。所幸年轻的单于对王昭君十分怜爱，生活倒也不错。王昭君生育了两个女儿，长女名云，次女名当，后来都嫁给了匈奴贵族。岁月易逝，光阴无情，11年后王昭君的第二个丈夫又先她而去。王昭君被命再嫁新晋单于、复株累的长子，也就是呼韩邪的孙子。羞愤难当的王昭君，终于无法承受，彻底崩溃。她选择了一种尊贵的离开，服毒自杀了。33岁倾国倾城的美女命断大漠，空留一方青冢在阴山脚下，坟头的青草遥望着远方的故土中原。

王昭君以自己善良的天性、聪明的头脑和韧性与温柔，像一株耐旱的红柳，顽强地扎根在茫茫的草原，不但融入了胡人的生活，而且潜移默化地影响、改变了他们。她和她的子女后代以及姻亲们，传播光明，和番宁胡，致力于胡汉两族人民世代友好、和平共处，中原与匈奴从此化干戈为玉帛，变纷扰为和睦，边境开放，经济发达，国泰民安，出现了"边城晏闭，牛马布野。三世无犬吠之警，黎庶忘干戈之役"的太平景象，欣欣向荣的太平局面维持了半个世纪之久。元代诗人赵介认为，王昭君的功劳不亚于汉朝名将卫青和霍去病。

北方边境的安宁祥和，使草原丝路畅通无阻，中原先进的文化与技术如筑城、凿井和农耕等传到了西域各国，异域的动物、植物和特产也进入了中原。汉族与少数民族的文化交流、交往和交融也空前活跃，风生水起，利国利民。

我们或许不必纠结于更多的政治判断，而相信美好人性的巨大力量。王昭君短暂一生所散发的人性光芒，书写了历史上流传不衰的民族团结佳话。仅此一笔，便足以使她青史标名，万古流芳。

2017.4

伊斯坦布尔："青花"的微笑

土耳其－中国商会主席雅乌兹·欧乃对中国记者说："时间经过千余年，我们最需要的就是安装了发动机的骆驼。"

波音737巨大的钢铁翅膀划破了地中海宁静的夜空，飞机徐徐降落在伊斯坦布尔国际机场。办完入境手续坐车前往市区时，这片古老而神秘的大地，迎来了黎明。

汽车沿着海岸线奔驰，湛蓝色的海面上跳动着第一缕朝阳的曦光。接机并接待记者的是一位典型的土耳其青年，身材高挑，脸庞刚毅，高鼻亮目。一口流利的汉语，使记者颇为惊讶，他笑着解释说，他大学学的就是汉语，毕业后又到北京语言大学读了两年研究生，而且娶了一个沈阳姑娘，到"老丈人"家串门还学会了做北方饺子。这位中文名字叫作艾克的青年自豪地补充说，随着中土贸易和中国游客的日渐增多，会说汉语在土耳其非常"吃香"，他忙得几乎没有休息日。

断壁残垣下的郁金香

　　土耳其人是突厥人与属于欧洲人种的地中海居民的混血后裔，1299年奥斯曼一世创建了土耳其第一个帝国——奥斯曼帝国。1453年穆罕默德二世攻陷君士坦丁堡并改名为伊斯坦布尔，然后又消灭了庞大的拜占廷帝国，十六七世纪达到鼎盛，统治地域跨欧亚非三大洲，奥斯曼的君王苏丹视自己为"天下之王"。1923年，被称为"土耳其之父"的民族英雄凯末尔，赶跑了欧洲侵略者，建立了一个现代化的民族国家。土耳其三面临海，横跨欧亚两大洲，是东西方交通要冲，地缘政治和军事位置十分重要，是全世界最敏感的地区之一。

　　天已大亮，阳光明媚，海风习习，空气清新。明亮的车窗外，出现了绵延不绝残破的城墙遗址。城墙由黄赭色的石头和大砖筑成，每隔一段就有一座类似中国长城上烽火台之类的碉楼。因损毁严重，城墙的高度已不可测，宽可同时行走两三辆马车。艾克告诉记者，这是伊斯坦布尔被称为君士坦丁堡时代的老城墙，距今已有四五百年。在这见证了血与火、阴谋与杀戮的历史遗迹上，竟有苍翠的灌木倔强地在石缝中生长，城墙上有的地方爬满了青藤，绿意盎然，十分抢眼。令人叫绝的是，城墙下大片的土地上，盛开着红、黄、白等颜色鲜艳的郁金香，花团锦簇，争奇斗艳。古老的文明和青春的气息有机地融合，历史的沧桑和现实的美景携手而来，意味深长，令人唏嘘。

　　伊斯坦布尔是土耳其第一大城市，也是世界上唯一地跨两大洲的国际大都市。早在拜占廷时代，罗马帝国为了炫耀它的赫赫声势，不但建造了数不清的富有东西方交融风格的建筑，而且用希腊式的廊柱、喷泉和埃及法老方尖碑等世界上最华丽的物质和方式，把它装饰成为一个风格独特、漂亮而富有的城市，留下了许多名胜古迹。

可以俯瞰全城景象和博斯普鲁斯海峡的恰米利卡山、市中心的塔克逊广场等都是伊斯坦布尔的著名景点，而隔街相望的圣索菲亚教堂和蓝色清真寺，不但是这座城市的地标，而且是土耳其人民的骄傲。圣索菲亚教堂有高旷宏伟的中央大穹顶，身在其下瞬间就会感到自己的渺小，同时也会获得宁静与平和的心态。蓝色清真寺是世界十大奇景之一，阿拉伯风格的圆顶和拱围四方的六根尖塔，显示了穆斯林圣殿的庄严肃穆。记者参观时发现，一位大腹便便的挎枪警察进堂朝拜前，虔诚地在水槽里洗手、洗脸并且洗脚，虽然寒气袭人，他却似乎全然不觉。

皇宫里的稀世珍宝

对伊斯坦布尔和土耳其有了大致印象后，记者的行程进入了核心时段：对古代丝绸之路的追寻和当代丝绸之路的探访。

托普卡帕宫建成于1478年，共有25位苏丹在这里居住、处理国家大事和举行国家仪式，被称为老皇宫。在它的觐见大殿里，记者看到了用纯金打造的苏丹御椅，1000多颗大钻石和红蓝宝石镶嵌其间，俄国人进献的北极熊的熊皮披展其上，北极熊的雪白和黄金的金黄、宝石的缤纷互相辉映，光泽耀眼，辉煌炫丽，既反映了封建帝王的豪华奢侈，也见证奥斯曼帝国当年的强大和骄傲。

老皇宫现已改为拥有数十个展馆的博物馆。其中的历代服饰馆，珍藏着苏丹的皇袍和王后、嫔妃们的宫服，全部为丝绸制品，虽经几百年时光的打磨，仍然色彩鲜艳，质地柔软。当时世界上只有中国才有缫丝织绸的技术，这些高档的衣料从遥远的东方，历经千山万水传到这里，被皇室和贵族们奉为稀世之宝，争相拥有，穿在身上作为身份和富贵的象征。

令人震撼的是瓷器馆。它由10间宽敞明亮拱顶御膳房改建而成，珍藏了宋元明清的中国瓷器10358件，雕花盘、缕空碗、彩烧盘、镶金嵌银的盘碗以及花瓶和罈罐等，数量众多，品种丰富，造型各异，文饰华丽，琳琅满目，美不胜收。这里是中国之外拥有中国瓷器最多的地方。

这些瓷器最初是如何传到土耳其老皇宫的？与西方列强通过战争掠夺不同，奥斯曼的苏丹在征战埃及和伊朗时，见到了通过贸易途径从中国传过去的瓷器，特别是青花瓷，由于品质上乘，华美优雅，且与伊斯兰教的审美契合，便将其视为珍品带回皇宫，受到了皇室和贵族们的宠爱，不但在宴请王公大臣和招待外国使节时使用，而且也成为他们竞相追逐的饰品和藏品。

后来奥斯曼帝国便直接从中国进口青花瓷。伊斯兰人对蓝色的理解独特而深邃，中国的能工巧匠在为他们特别的设计和烧制过程中，吸纳其精髓和风格特色，疏密浓淡中也更富表现力。作品硕大雄浑，色彩富丽，通体满绘，装饰繁复，画风豪放，与中国传统艺术品位迥异。它是中华文化、伊斯兰文化和蒙古文化有机融合的结晶。

展厅里最为名贵的是距今已有700余年的40件元青花，堪称价值连城的孤品。2005年伦敦拍卖行拍卖了一件"鬼谷下山"的元青花大罐，以相当于2.5亿元人民币的天价成交。老皇宫里有一件龙泉窑的青花瓷瓶瓶盖缺失，在苏丹的指示下，打造了一个纯金盖用来代替，可见珍视的程度。

记者在一件被称为"莲池水禽菱口大盘"的展品前驻足凝视，不忍离去。在一种特别而神秘的蓝色覆盖中，荡漾的波浪和水纹极富层次和动感，而各种叫不出名字的水草、鲜花、飞禽和水鸟又都在呼吸、生长、飞翔、游弋，栩栩如生，美轮美奂，弥漫着浓浓的诗情画意。恍惚中记者仿佛看见瓷盘笑了，不是那种开怀大笑，而是内敛静美、蕴涵丰盈少女的微笑，还带点蒙娜丽莎式的神秘。这种微笑凝聚了中华民族的勤劳智慧和创新之美，见证了东方文明的博大精深，也传递了世界各民族和平友好的善良愿望⋯⋯

艾克是个"中国通"，他告诉记者，老皇宫里的丝绸和瓷器都是通过中国古代的丝绸之路传入土耳其的。中国早在汉代就与中东有贸易往来，商人和使者的驼队从长安出发，历经甘肃、新疆等地到达安息（今伊朗），然后再转到伊斯坦布尔，这是丝绸之路的陆路。海上丝绸之路最早是公元8世纪阿拉伯商人开通的，他们从波斯湾取道马六甲海峡，北上交州（今越南北部）抵达广州、宁波或泉州等地。郑和七下西洋也以丝绸、瓷器和茶叶的贸易为主。

鲜活的中国元素

"巴扎"的意思是有顶篷的市场，记者在国内曾逛过乌鲁木齐的大巴扎，此番来到世界上最著名的伊斯坦布尔的大巴扎，还是被其庞大的体量和宏伟的气势所震惊。

在典型的土耳其拱顶的覆盖下，绵延数公里的街道和4000多家店铺，横跨了七八个街区，不但有数不清的出售金银首饰、皮毛、地毯、香料、铜器和工艺品等具有当地特色物品的店铺，而且还有出售其他国家和地区产品的店铺和餐馆、茶馆、咖啡馆、手工艺作坊，甚至还有清真寺、银行和警察局。

来自中国的产品格外引人注目，人来人往，生意兴隆。传统产品茶叶、丝绸、瓷器自不用说，来自义乌和中山的灯具商店里也光华璀璨，使人恍惚进入了水晶宫。中国制作的女士披肩也购销两旺。记者走累了，坐下来喝了一杯土耳其咖啡，感觉特棒。伊斯坦布尔的大巴扎重现了古代丝绸之路的繁华，也见证了今日东西方经济的发展和融洽。

古老的土耳其在新世纪曙光的照耀下，正焕发出蓬勃的生机，与中国在经济建设和文化交流上更是日益紧密，谱写着合作共赢的新篇章。土耳其与中国商会主席雅乌兹·欧乃曾对早些时来访的中国记者说："丝路经济带非常引人关注，你们那儿毋庸置疑是起点，我们这里当仁不让是终点。"他还饶有深意地说："时间经过千余年，我们最需要的就是安装了发动机的骆驼。"

由中国铁建总公司承建的安卡拉到伊斯坦布尔的高速铁路，为中国高铁进入世界打下了基础。中国工商银行成功地收购了土耳其的纺织银行并已投入运营，不但可以为"走出去"的中国公司做好金融服务，而且有力地促进了中外经济的发展。

记者结束了短暂的采访，告别了艾克，告别了伊斯坦布尔，告别了土耳其，告别了地中海。坐在波音737的舷窗旁，凝视着这片横跨欧亚的大陆和海洋，那个青花瓷盘的微笑再次浮上脑际……

2017.2

郑和的世界与世界的郑和

在世界航海史上，郑和为民族带来了光荣和骄傲。他是旧时代最后一位伟大的航海家，而哥伦布、达伽马和麦哲伦则属于新时代的冒险家和探索者。

昨天并不古老。郑和下西洋的伟大壮举，发生在中国明朝第三个皇帝明成祖永乐王朝。中国由此走向世界，世界由此认识中国。距今610年的时间跨度不是很短，也不是很长，中华民族在21世纪的伟大复兴中，总是想起郑和并从中汲取智慧和力量。历史无法割断，正如时间之流永不停息。

郑和的世界

郑和，原名马三保，洪武四年（1371年）出生于云南昆明。回族，中亚布哈拉贵族后裔，其祖与其父均为元朝著名官宦，曾到麦加朝圣，熟悉海外世界，郑和从小即对远方充满了强烈的好奇心。

明军灭元后，郑家遂遭灭顶之灾，父死于战乱，年仅十岁的郑和被捉去活活阉割沦为太监，蒙受了难以言说的痛楚和屈辱。后被带到燕王府，因其聪明伶俐、才智过人，被朱棣重用，从此跟随朱棣南征北伐，战功赫赫。朱棣登基后赐其郑姓，升为内官监太监，因其原名三保，故人称"三保太监"。

作为永乐大帝的随从和亲信，郑和视野开阔，长于谋略，颇得皇上赏识，更兼"身长九尺，行如虎步，声音洪亮"（《古今识鉴》载亲历者对郑和的描写），永乐大帝在确定船队统帅时他便成了不二人选。

1405注定是中国历史上伟大的一年，永乐大帝命三保太监郑和率领一支世界上最庞大的船队，从太仓刘家港（今江苏太仓市浏河镇）起锚，开始了7次长达28年之久的远航。船队浩浩荡荡地航行于西太平洋和印度洋，拜访了爪哇、苏门答腊、彭亨、古里、暹罗、文莱、左法尔等30多个国家，最远曾达非洲东岸、红海和麦加，并有可能到过澳大利亚。

郑和拉开了15世纪世界大航海活动的序幕，为世界航海事业做出了开拓性的卓越贡献。

郑和的船队完全按照军事组织进行编制，由指挥、航海、外交、贸易和后勤五部分组成，完善而严密的组织架构确保了10万里远航的顺利。它是当时世界上实力最为雄厚的机动编队，英国学者李约瑟评价说："明代海军在历史上可能比任何亚洲国家都出色，甚至同时代的欧洲国家联合起来，都无法与其匹敌。"

郑和的船队有5种船：宝船、马船、粮船、坐船和战船，分别用于指挥、载货、运粮、居住和作战，共计208艘。据三次跟随郑和下西洋的通事（翻译）马欢著《瀛涯胜览》记载，宝船长44丈4尺，宽18丈，折合现今长为151.18米，宽61.6米。船有4层，9桅12张帆。锚重数千斤，要二三百人一起发力才能启动。《明史·兵志》说："宝船高大如楼，底尖上阔，可容千人。"后世有研究者不相信宝船的体量，指出木质帆船超过90米，在结构应力上就会有风险。当然也有学者持肯定观点。即使采信质疑派的说法，郑和的宝船也是当时世界上首屈一指并且独一无二的巨型帆船。

中国自唐宋以来的造船技术就领先于世界，到了明代航海技术更是世界一流。郑和的船队将航海的天文定位和导航的罗盘应用结合起来，用以判断船舶的位置、方向，从而确定航线，因而即使处于"洪涛接天，巨浪如山"的险恶环境，依然可以"云帆高张，昼夜星驰"。

郑和船队每次下西洋，都满载着中国盛产的金、银、铜、铁及其制品、瓷器、丝绸、农具、漆器、茶叶等大宗货物，每到一国或一地，郑和即以皇帝的名义向当地的国王或酋长颁发赏赐，同时接受他们的纳贡或事后到中国去朝贡。这种交易往往是输出大于收入，即史书所谓"厚往薄来"。同时船队也与当地进行贸易，据史料记载，郑和七下西洋输入中国的货物计185种，主要是香料、珍宝、动物、木材等，供皇室赏玩和使用。在进行物质交流的同时，郑和也肩负着传播中国文化的重要使命。例如展示并讲解中国人发明的指南针如何在航海中应用；四书五经、书画作品以及造纸和印刷术等中国文明成果，也是文化交流的"重头戏"。郑和与船队也学习西方文明，带回中国，取长补短，完善自己的文化实力。

中国是当时世界的大国和强国，给相对弱小亚非各国带去的不是掠夺和杀戮，而是中华文明和中国人民的深情厚谊，树立了中华民族一直致力于睦邻友谊、和平交往的光辉典范，对人类文明的发展和交流做出了不可磨灭的贡献。

世界的郑和

郑和为中国人民开辟了一个全新的世界，然而在漫长的历史中却只是昙花一现，没有引发中国社会形态的改变，错失了走向蓝色文明的最佳时机；明清以后施行严厉的海禁政策，越来越封闭保守，国力孱弱，民不聊生，最后沦为西方列强的半殖民地。究其原因，如果将郑和置身于世界航海的大格局里考察，也许可以找到答案。

郑和为什么要下西洋？《明史》称："成祖疑文帝亡海外，欲踪迹之，且欲耀兵于异域，示中国富强。"朱棣即皇位的合法性非议甚多，建文帝下落不明又是他的心头之患，只有扬国威于海外，才能转移视线、平息舆情，于是下令郑和下西洋。这就决定了这一宏大行为的政治性质而非经济动因。

著名历史学家黄仁宇指出，郑和下西洋所费600万两白银，相当于当时国库年支出的2倍，而这还不包括造船和修船的费用。朝廷反对的呼声甚高，兵部车驾郎刘大夏就直言："三保下西洋，费钱粮数十万，军民死且万计，纵夺得奇宝而回，于国家何益？"郑和所到之处为"宣国威于海外",向南洋、西洋诸小国慷慨施舍,以获取对方的顺从和尊崇之心。于是,在"天朝无所不有"的幻觉下,这种讲排场、要面子的豪华之举,只能是个巨大的赔本买卖。对外拱手让利,并不符合一个民族发展的长远利益。只重视政治声望和意识形态而没有经济利益考量的行为,注定都是不可持续、短寿的。只有站在经济的视角并厉行其事,国家才会富强。

1500年前后,随着欧洲的工业化和资本主义的崛起,急需广阔的市场推销过剩的产品和原材料的供给和补充,而诸如西班牙、葡萄牙、荷兰、英国等国,资源有限、市场逼仄,发展难乎为继,于是便将目光瞄准了海外。对财富的渴望和殖民地的掠夺成了海洋冒险的强大动力。

葡萄牙支持了达伽马的远航活动,1500年葡萄牙的船队到了巴西,宣布巴西是它的殖民地;1557年他们占领了中国的澳门。西班牙王室则支持了哥伦布和麦哲伦的远航活动,殖民重点在美洲。1493年占领了中、南美洲的广大地区,并宣布将其划入它的殖民帝国;亚洲的菲律宾也沦为它的殖民地。

恩格斯一针见血地指出:"黄金是白人刚一踏上一个新发现的海岸时所要的第一件东西。"1545至1560年间,西班牙海军从海外运回的黄金高达5500公斤,白银24.6万公斤。到16世纪末,世界贵重金属开采中的83%为西班牙所得。西班牙、葡萄牙这些国家,政府直接从大航海中攫取了巨大利益,因而整个国家上上下下对于出海赚钱一直葆有不竭的冲动和无法遏制的欲望。

反观郑和下西洋,尽管时间远早于欧洲航海家,比哥伦布的美洲冒险早87年,比达伽马绕过好望角早92年,比麦哲伦的环球航行早

114年；规模亦远超他们，郑和下西洋的人数每次都是27000人以上，而哥伦布、达伽马和麦哲伦则分别为150多人、170多人和265人。郑和的背后缺乏一个明确的、强烈的需求推动，其肇始是由于某个独裁皇帝的意志，亦因另一个专制者的不悦而终止。伟大的历史事件终于只是一个孤例和绝唱，水过鸭背。

郑和下西洋的航行路线，唐宋时代的海上丝绸之路已经开拓出来，郑和在继承的基础上使其达到了鼎盛。相比欧洲的航海家，他们是在"地球是圆形"的学说指导下进行探险和探索，实现了航路的突破，发现了美洲新大陆，因而更具创造性。

郑和的航程远到索马里，但非洲大陆是何形状，气候、地理有何特点，大陆的另一面又有何海，郑和没有也无意去观察、记载、探究和想象。从这一角度而言，郑和是旧时代最后一位伟大的航海家，而哥伦布、达伽马和麦哲伦则属于新时代的冒险家和探索者。

在世界航海史上，郑和为民族带来了光荣和骄傲，但我们不能沉湎于既往的辉煌，而应在反思的基础上，以脚踏实地的作风谱写时代的新篇章。习近平主席站在新时代的制高点上，以历史上的海上丝绸之路为纽带，提出了构建"海上丝绸之路"的治国理念。历史留下的遗憾将变成现实的动力，在开创全球经济一体化的进程中，实现我们的"中国梦"。

2017.1

张小泉：百年老店的青春之歌

张小泉制作的大马士革刀被称为刀品中的"爱马仕"，特质钢材打造的刀面上镌刻着优美的华夏景观，行云流水，妙不可言；锋利的刀刃，可以做到传说中的"吹毛断发"。

百年老店同仁堂"蜂蜜门"之后仍屡曝问题，产品质量和管理问题频发，不但自身遭遇信任危机，而且拖累中医药整体行业陷于舆论泥潭。百年声誉在回归企业本心的拷问中被消耗，国企央企的身份也因此而含垢蒙羞。

另一家创建于清朝顺治八年的王麻子刀剪，曾经声名显赫，素有"北有王麻子，南有张小泉"之称，然而，在沉重的历史包袱压力下，最终在2002年申请破产，百年老店轰然倒塌。

"老字号"是历史对现实的馈赠，也是中华商业文明的瑰宝，如今接连出事，怎么了？难道是"老年病"在作怪？

走过历史的风烟，风景这边独好。在时间的严峻挑战和时代快速前行的考验面前，张小泉这家家喻户晓、拥有390多年历史的企业却焕发了青春，昂然挺立，蒸蒸日上。

张小泉发扬"良钢精作"的匠人精神，坚持严格的企业管理，通过品牌重塑、产品创新以及对现代生活美学的独到演绎，谱写了中国制造的新篇章，为中华老字号增光添彩。

2018年7月26日，一列由张小泉冠名的高铁品牌列车，从上海虹桥向远方缓缓驶出……

蓬勃的青春面容

明崇祯年间（1628年），安徽黟县张小泉率子张近高及家人逃荒来到杭州，在大井巷搭棚垒灶，采用龙泉好钢为原料，运用祖传的精湛手艺，做出来的剪子锋快耐用，受到了普遍的欢迎，声名鹊起。

张小泉去世后，张近高子承父业，产品精益求精，服务亦上乘，事业得以快速发展，至乾隆年间张小泉剪刀已成为皇室贡品。产品不但国内一流，而且在1915年的巴拿马万国博览会上拿到大奖，产品远销东南亚和欧美，蜚声海内外。

然而，在战火频仍、饥荒连年的乱世中，到解放初，张小泉已日见凋敝，岌岌可危。幸好，1956年，毛主席在《加快手工业的社会主义改造》一文中特别指出："手工业中许多好东西，不要搞掉了。王麻子、张小泉的刀剪一万年也不要搞掉。我们民族好的东西、搞掉了的，一定都要来一个恢复，而且要搞得更好一些。"毛主席的指示，使艰难度日的张小泉如沐春风，枯枝老树绽出了嫩绿的新芽。同年国家拨款40万元，动工兴建了新厂房。1958年，地方国营杭州张小泉剪刀厂挂牌成立，员工816人。

经过几代人的努力，张小泉这个传统品牌以"镶钢均匀、钢铁分明、磨工精细、刃口锋利、销钉牢固、开合和顺、式样精巧、刻花新颖、经久耐用、物美价廉"等十大特点，在消费者心中赢得相当高的辨识度、信誉度和美誉度。

杰出的剧作家、国歌的词作者田汉1966年参观张小泉剪刀厂后，兴奋地挥毫赋诗："快似风走润如油，钢铁分明品种稠。剪彩江山成锦绣，杭州何止如并州。"

2000年张小泉开始转型，2007年变身为民营企业，一大批年轻的面孔出现在中高层管理岗位，2016年出任总经理的夏乾良为复旦大学毕业生，时年仅32岁。改制前公司全员平均年龄51岁，改制后为39岁，年轻了整整一轮。

体制的转变是所有改变的关键，张小泉从此走上了现代企业的发展之路。百年积淀的品牌被崭新的时代擦亮，熠熠闪光，再铸辉煌。

在中国质量评比中，张小泉连连夺得头彩，是中国剪刀行业唯一的"五连冠"。在获得中国剪刀行业唯一"中国驰名商标"后，又于2002年获得原产地注册保护。张小泉的产品多达100多个品种、400多个规格。中国国内市场覆盖率和占有率一直居于同行之首，同时远销五大洲，享誉国内外。2018年产值近10亿，海外销售2000多亿，是当之无愧的行业翘楚。

创新的青春步伐

张小泉没有躺在祖宗雕龙画凤的卧榻上酣睡，也没有被耀眼的光环迷惑而不思进取。年轻的新一代管理者激情满怀，目光深远，创新的脚步铿锵有力而从未停息。

张小泉的产品开发不是闭门造车，而是通过充分的调研，摸准市场特别是年轻人爱好的脉搏，从而满足消费者的需求。例如，年轻人青睐于黑科技，张小泉就开发了具有时尚色彩的银麟系列套装刀具；厨房刀具的使用者多为年轻女性，张小泉就打造了不锈钢手柄配红色刀座，给厨房增添一抹开心的亮色；同样一把剪刀，张小泉设计了红黑、绿黄和灰蓝双色三款不同颜色的手柄，以同样的价格让消费者自由选择……这些新意迭出、异彩纷呈的设计和制作投放市场后，受到了广大消费者的由衷喜爱。

根据互联网数据显示，随着人们生活品质的提高，种植花木和插花逐渐流行，张小泉适时地增添了园艺剪品的开发，品种繁多、美轮美奂的整枝剪和花艺剪成为市场宠儿，领风气之先。

质量是企业的生命线。所有的老字号都是靠刚性的产品质量而代代相传才走到今天的。张小泉在保护好非物质文化遗产锻造工艺的基础上，每年都要新增研发人员，强化技术创新的力度；每年还要投入千万元以上，发力设备升级换代智能化改造。张小泉在国内首次引进了可以自动倒角、开刃和打毛刺的开刃机器人，使刀具的开刃更薄、更锋利、更精准、更耐用。2017年创立的理化实验室，用科学数据而非人工办法来检验产品的锋利度、硬度和耐用度；而盐雾试验机，则可以检测刀剪在最恶劣的自然条件下多久才会生锈。新设备、新工艺和新技术，确保了张小泉产品的现代品格和质量要素。

张小泉的"Logo"也很有趣：戴着墨镜、穿着中式马褂长衫的卡通形象"泉叔"。这个"家族徽章"既保持了中华老字号的底蕴文化，又张扬了年轻人的现代诉求和青春气息。夏乾良强调，只有民族的才是世界的，只有历史的才是现代的、永恒的。这也是张小泉每一次创新的内在路径和努力的根本方向。

百变的青春律动

世纪之交的中国市场，洋货特别是名牌洋货风靡一时，企业也都趋之若鹜。张小泉冷静而清醒地认识到，不能盲目地尾随德国双立人或瑞士军刀那种高端路线，在风云变幻、充满诱惑的时代里，服务黎民百姓的初心不能改变。

求新求变才是张小泉的"主旋律"。

现代企业必须具有开放的国际视野，盲目自大、故步自封只有死路一条。张小泉的全球战略不是急着走出去，而是反其道而行之：先请进来。通过引进海外知名品牌，从中学习人家的技术工艺、管理机制和企业文化，结合自己的实际，碰撞出智慧的火花，为我所用。于是，日本的孙六、韩国的777成了最初张小泉在中国的代理商。这是一条赶超世界先进水平弯道超车的捷径。

张小泉苦练内功，底气充沛后开始有规模地"走出去"。顾客永远是对的。与中国消费者"一把刀走天下"不同，海外消费者习惯每一个动作都有相应的工具，于是张小泉在产品开发和规划上做细分市场，如剁肉刀、切肉刀、刮鳞刀等等，满足消费者不同的需求。而荷兰的园艺工人则把用途不一的工具装在一个大包里，背在身上既沉重又笨拙，张小泉研制了一种型号为1121X的张小泉剪刀，剪刀上有个螺丝，手动调节螺丝的松紧就可以剪不同粗细的枝条，一把剪刀全搞定。

在产品营销上，张小泉拒绝烧钱打广告，主要靠产品的性价比来征服消费者。海外销售采用华人带动当地消费者的办法，取得了预期的效果。海外销售团队大都本土化，效果也不错。

2011年张小泉开始线上业务，除与国内众多网站合作，还以跨境电商的方式参与国际市场竞争。反过来，借助网络大数据，做到精准的产品研制和投放。

前进中的张小泉，要在国际上树立中国的刀剪品牌，彰显中国制造的实力，弘扬民族尊严。张小泉制作的大马士革刀被称为刀品中的"爱马仕"，特质钢材打造的刀面上镌刻着优美的华夏景观，行云流水，妙不可言；锋利的刀刃，可以做到传说中的"吹毛断发"。这款刀具在日本惊艳亮相后，引起了极大的震撼和轰动。回国后在上海南京路的门店展销，一把比水果刀稍大的大马士革刀单价798元，一周销售50多万元。

2019年8月27日传出又一个百年老店全聚德上半年利润遭遇腰斩，下滑50%到80%，"烤熟的鸭子"陷于盈利困境。体制陈旧、固守传统、不思改变、不能有效地满足当今消费者的需求，是不是一些"老字号"的"老年病"，也许还需要进一步探讨；然而张小泉走过的足迹，却可以给这个讨论提供一些实实在在的镜鉴。

张小泉一路走到今天，与享誉世界的中国高铁相遇相生，强烈的带入感仿佛穿越时空，交相奏响了一曲"中国制造·匠心传承"的青春之歌，高亢的旋律和动人的歌声，把创新的力量传遍中国和世界，唱响未来。

2019.10

钢铁的光芒

黄河铁桥向全世界昭示：何为质量和诚信？

上下五千公里的黄河，上下五千年的岁月，黄河急需一座桥。特别是位于东西和南北交通要冲的兰州，穿城而过的黄河成了难以逾越的"天堑"。虽然明洪武年间曾建有以大船相连的浮桥，但真正意义上的"黄河第一桥"，却是清宣统元年（1909）七月初四竣工使用的黄河铁桥。

如今，105年过去了，黄河铁桥作为兰州标志性建筑，历经一个多世纪的地震、洪水、战乱和撞击，仍然巍然屹立在波涛汹涌的黄河之上，默默地诉说着历史的沧桑，在阳光下闪烁着钢铁的光芒。

清光绪三十二年（1906）九月十一日，甘肃洋务总局与德国泰来洋行正式签订了黄河铁桥包修合同，合同约定大桥使用寿命为80年。

泰来洋行聘请了69人为工程管理和技术人员，其中包括美国工程师满宝本、德国人德罗、华工刘永起等。

包括水泥在内的全部建桥材料均来自德国，始而海运到天津，再辗转运至兰州。畜力大车是拉运的主力。严冬酷暑，道路崎岖，艰险困难；如遇连阴久雨，道路泥泞，则更加不易。骡、马和骆驼热死、累毙在路上无数。而第三批材料均为笨重超长之物，马车根本无法装运。中方与泰来洋行磋商，拟将大件拆开搬运。然而严苛得近乎不近情理的德国人绝不肯稍做通融，他们以"确保大桥80年寿命"为由，冷酷而专横地拒绝了。最后中方不得不临时特制超大四轮车才算完成任务。历经二年多至宣统元年（1909）闰二月十六，全部材料的运输才终告结束。

铁桥建成后经历了无数坎坷和考验，抗日战争时日军的轰炸；解放战争中国民党装有炸药的军车在桥上爆炸，横梁和拉杆等钢制材料被烧红、发光；1981年暴涨的河水数次漫过桥面；1989年一艘自重260吨的大船撞到桥墩，等等。然而，打击和灾难并没有摧毁、撼动这座铁桥。

铁桥因何百年不倒？三次参加铁桥维修工作的兰州市市政工程处桥梁所所长董擎说，修桥时他们截取了部分杆件送到科研部门，测试的结果显示，桥梁所用钢材和现在的A3钢材标准一样。维修时打开杆件上的铁铆发现，铆钉和杆件结合面光亮如新，没有一点锈蚀。铁桥全部两百六十多万颗螺丝钉历经百年竟然没有丝毫松动。董擎和他的同事们震惊而叹服了，连称"匪夷所思，难以想象"。

更令人震惊的是，1989年兰州市市政部门收到了一封寄自德国的信函，通知中方铁桥契约规定的使用时间80年已经到期，请注意维修。其实，泰来洋行已于1946年注销，而80年来德国又经历了两次世界大战，他们居然还在认真地履行合同的最后程序：终止告知。

黄河铁桥是最早中外合作的产物，1992年兰州市政府在桥头竖碑，碑文是"中国对外开放的象征"。黄河铁桥昭示了何为质量和诚信。泰来洋行或曰"德国制造"对产品质量的一丝不苟和近乎苛刻的追求，已经渗入到产品设计、技术创新和制造工艺等所有环节，几乎成了他们的一种"潜意识"。对承诺的遵守更是令人感佩，守诺就是诚信，诚信就是责任，就是百年基业的密码。

回望百年前的黄河铁桥，中国制造，还有很长的路要走。

2014.5

马可·波罗：一个时代的开创者

面对争议，国学大师钱穆的说法独树一帜且妙趣横生。他说，他宁愿相信马可·波罗真的到过中国，因为他对马可·波罗怀有一种"温情的敬意"。

七百多年前，意大利威尼斯城邦商人马可·波罗沿着丝绸之路，从遥远的欧洲来到伟大而神秘的中国。他在中国考察、生活了17年之久，回国后口述了一本震撼西方世界的《马可·波罗游记》。这本拥有各种文字119种版本、广为流传的图书，打开了欧洲人地理和心理的视野，掀起了一股巨大的东方热，许多人开始涌向东方，学习中国。

葡萄牙的达伽马、英国的卡勃特等众多航海家、冒险家读了这本书后，冲破中世纪西方神权统治的禁锢，纷纷扬帆远航，探索世界，寻访中国。而航海家哥伦布，受到马可·波罗的激励和启发，原本为了前往富庶的中国，却意外地发现了美洲新大陆，成就了伟大的历史性创举。

马可·波罗和他的著作，使大航海时代提前到来，开创了中西方之间政治、经济和文化交流的新时代，给世界带来了巨大影响。

然而，马可·波罗和他的"世界第一奇书"自问世以来，却毁誉参半，备受争议。有人说他是伟大的旅行家、冒险家和东西方交流的使者；也有人说他是跨世纪的大骗子，他的书则是一个天大的谎言。那么，谜一样的马可·波罗，到底是一个什么样的人？如何揭开并认识历史的真相？

历尽磨难"东游记"

马可·波罗1254年出生于意大利商贾云集的水城威尼斯。他的父亲马可·尼科洛和叔叔马可·马泰奥都是商人，曾远涉重洋来到元大都（今之北京），朝见了元帝国的忽必烈大汗，受到了热情的款待，还接受了大汗给罗马教皇的信函。他们回到意大利后，引起了巨大的震动，整个欧洲都备感惊诧。

惊诧是有缘由的。忽必烈的爷爷成吉思汗，曾率领他的蒙古铁骑横扫欧亚大陆，裹挟着刀光剑影的狂飙，直抵瑟瑟发抖的维也纳城下。声势浩大的战争征服了中世纪的欧洲，使他们处于可怕的战栗和挥之不去的噩梦之中。

罗马教皇受宠若惊，给忽必烈大汗写了回信并准备了礼物，要求马可·波罗的父亲和叔叔启程返回中国。1271年，17岁的马可·波罗和他的父亲、叔叔及十多个随员向东方进发了。他们从威尼斯进入地中海，然后横渡黑海，再经过两河流域来到中东古城巴格达，计划从这里到波斯湾的出海口霍尔木兹乘船直驶中国。然而，他们被一伙强盗劫持并关押起来。错过了开往中国的大船。望着浩渺无垠的大海，他们没有绝望，决心改行陆路。

他们从西亚到南亚进入中国的新疆，一路东行向元大都进发。这条中国汉代张骞开辟的丝绸之路，几百年来上演了无数惊心动魄的剧情。唐僧取经是一路向西，马可·波罗则是一路向东。这是一条充满了艰难险阻的道路，连见多识广的旅行家都要不寒而栗、望而却步。

时见白骨的沙漠，荒凉诡异的沼泽，彻骨的严寒和恐怖的雪崩，帕米尔缺氧的高原，塔克拉玛干的死亡之海，飘忽不定的土匪，疾病和饥渴的煎熬，各种猛兽的袭击……每一次生死考验，都是阴森可怕的鬼门关。他们怀揣忽必烈大汗的金牌，跋山涉水，历尽磨难，终于在四年后的1275年到达了目的地——元大都。

在金碧辉煌的宫殿上，忽必烈大汗隆重地接见了远方的客人。马可·波罗的父亲和叔叔向大汗呈献了罗马教皇的信函和礼物，同时介绍了年轻英俊的马可·波罗。忽必然大汗非常欣赏气度非凡且又聪明伶俐的马可·波罗，兴致盎然地让他讲述沿途的经历和见闻，后来还把他留在朝廷当官任职。

忽必烈与马可·波罗建立了终身的友谊。即使在那个华丽的血腥年代，这种忘年交，也是不可思议的。马可·波罗把忽必烈形容为人世间前所未有的最强大的统治者，对他充满了崇敬和热爱。忽必烈一次与马可·波罗分别时说："你是我真正的朋友，像你这样的朋友，即使再过几千年，我们也是欢迎的。"

一个是西方的青年平民，一个是东方的老年皇帝，是什么把他们紧密相连并且惺惺相惜？也许，马可·波罗在忽必烈身上看到了神奇的力量和巨大的利益，而终生陷于政治漩涡的忽必烈则在马可·波罗身上看到了勇敢无畏和坚韧不拔？他们都在对方的身上看到了自己？无论如何，他们的旷世情谊，为这个充满杀戮和征服的时代，增添了一抹温情的色彩，而他们之间最为奇葩的个人友谊，也隐喻了东西方之间渴望交流和交往最为本质的关系。

江山如画竞折腰

聪明好学的马可·波罗很快就学会了汉语和蒙古语，可以和忽必烈直接交谈，在谈话中显露出罕见的机敏和智慧，受到了大汗的器重。忽必烈要求马可·波罗首先熟悉元大都和朝廷，然后以钦差的身份巡视全国，回来后向他汇报。

马可·波罗走遍了中国的山山水水。幅员的辽阔、山河的壮美和物产的富饶，使他惊叹不已。1280—1281年他奉使云南，从元大都出发，途经山西、内蒙古、陕西和四川，足迹遍及苍莽的西部大地。

1282—1287年他赴扬州任职，历经河北、山东、江苏、浙江和福建，淳厚的齐鲁燕赵和秀美旖旎的江南，被他欣赏丈量。

1287—1289年他出使越南、爪哇、苏门答腊和印度，饱览了东方不同的景物和文化。所到之处，他对当地的地理、经济和风俗人情都进行详细的考察。珍贵的见闻，不但是他向大汗汇报时生动的第一手材料，也成了他日后口述历史的丰富"宝藏"。

在《马可·波罗游记》中，他盛赞中国的锦绣江山和繁荣昌明。

从龙门天险、"难于上青天"的古道、崇山峻岭的无限风光到宏伟壮丽的都城、繁华热闹的市集、完善便捷的驿站交通等等，无一不令他心迷神往。而中国人的发明创造和奇工异巧，更让他倍感新鲜而惊讶，用一种叫作"煤"的石头燃烧做饭、土里可以冒出"黑油"（石油）来、树皮造纸并能做成钱币、大量复制一本书而不用逐字抄写，种种先进的技术令他心生敬佩并且赞不绝口。

"游记"详细地描绘了"汗八里"（即元大都北京城），恢宏的城池和巍峨的宫殿，广场、景山（当时叫青山）、太液池（今之北海和中南海）、城门、钟鼓楼等种种景观尽收笔底，并且不吝赞美地说："整个设计的精巧与美丽，非语言所能形容。"他对卢沟桥的刻画尤为传神，以至西方将这座美轮美奂的建筑直接称为马可·波罗桥。

"游记"再现了杭州的绝世之美，称其为"世界最美丽华贵之天城"。"杭州人面目清秀、仪表漂亮，大都浑身绫罗，遍体锦绣"，"建筑华丽，雕梁画栋"，"湖上的游艇画舫，油彩斑斓，五光十色，倚窗眺望，饱览沿途的湖光山色"，"外国人一旦涉足其所，即为所迷，极愿重返"。

十七年倏然而过，马可·波罗萌生了思乡之情。1292年春，忽必烈要马可·波罗护送蒙古公主阔阔真到伊朗附近的伊利汗国完婚。他乘机提出回国的要求，大汗准其完成使命后转返回国。

1295年末，马可·波罗父子三人回到了阔别二十四载的亲人身边。他们的经历和事迹迅速传遍威尼斯的大街小巷，引起了人们的极大兴趣；他们也因从中国带回的珠宝而一夜致富。

1298年，马可·波罗参加了威尼斯城邦与热那亚城邦因航道之争而爆发的战争，9月7日不幸被俘，被热那亚人关进牢房，开始了他的囹圄岁月。

是非争辩有"真知"

狱中生活单调而枯燥。马可·波罗虽然是文盲，但口才好，记忆力也甚佳。他把二十年来在东方游历的见闻讲给难友们，大家听得津津有味甚至着迷。比萨人鲁思梯谦是位作家，他把这些有趣而离奇的故事记载下来，于是产生了轰动欧洲、影响世界的畅销书《马可·波罗游记》。

"游记"记述了马可·波罗在东方各地的见闻，中国是其重点也最为详尽。忽必烈时期的重大政事、战争、宫廷秘闻、风俗习惯、宗教信仰、物产商业和山川景观等均有表现，第一次将地大物博、文明昌盛的中国形象展示在世人面前。

然而，"游记"出版后却遭到了怀疑，其后的几百年间亦争议不断。英国大英图书馆中文部主任弗朗西丝·伍德于1995年11月出版的《马可·波罗到过中国吗？》最具代表性。她的颠覆性观点是：威尼斯商人马可·波罗从未到过任何接近中国的地方，不朽的《马可·波罗游记》完全是杜撰之作。其主要根据是，马可·波罗作为存在感很强的人，其言行在《元史》中却没有记载，中国的传统符号如长城、筷子、茶叶等也鲜有提及。

肯定《马可·波罗游记》的代表性学者是中国元史专家杨志玖，他和他的同好发表文章，对"质疑派"的论说进行辩驳。他们指出，《元史》虽然没有正式出现过马可·波罗的事略，但在浩繁的文字中还是有信息可寻的，忽必烈的重臣阿合马被杀事件中出现过一位名为

"孛罗"的副使，应该即是马可·波罗。"游记"对马可·波罗护送阔
阔真公主到伊利汗国完婚的记述，与伊利汗国历史学家拉斯都丁在其
《史集》中的记载互相印证，这绝非是巧合，而是马可·波罗确实来
过中国的证明。至于长城，秦长城到了元代已经破败荒芜，元朝统治
者也不重视，没有引起马可·波罗的关注也属正常。现在我们看到的
雄伟的长城是明代重修的。"游记"不是中国的百科全书，不可能事
无巨细，面面俱到。

当然，"游记"也确有一些夸张不实之处，或是出于作者的自我
吹嘘也未可知。如马可·波罗自称蒙军久攻襄阳不下，由于他献计抛
石机才得以取胜。事实是1273年蒙军攻襄阳时，他还在来中国的路上。

面对争议，国学大师钱穆的说法独树一帜且妙趣横生。他说，他
宁愿相信马可·波罗真的到过中国，因为他对马可·波罗怀有一种"温
情的敬意"。言简意深，耐人寻味。跳出历史细节的纠缠，从人类文
明的宏观视角看待争议，显然更具意义，可谓"真知"。

"游记"最早为西方人了解中国提供了一个独特的窗口，也促进
了中国融入世界、走进现代文明的步伐。七百多年来，东西方交流的
进程超越了时间和空间，人们对世界的探索也未有穷期。

马可·波罗属于历史，也属于现实；属于西方，也属于东方。属
于全世界，也属于全人类。

2017.7

爱马仕：惊艳寰宇的传奇

——世界奢侈品巡礼之一

每一款爱马仕丝巾都像魅力四射的艺术品，英国女王伊丽莎白二世是其"超级粉"，好莱坞影星奥黛丽·赫本对它钟爱有加，中国影星章子怡的最爱是2011新款，更增美艳。

爱马仕是世界著名的奢侈品品牌，迄今已有180年的悠久历史。早年以制作马具起家，如今已拥有箱包、服装、丝巾和生活艺术品等17大产品系列。爱马仕的产品以超凡卓越、极致绚烂和顶级神秘而惊艳寰宇，名垂史册。

爱马仕1993年上市至今，股价已翻了62倍，成为名副其实的"吸金王"。在奢侈品市场持续低迷，连历峰、路易·威登等"骨灰级"品牌都在困境中寻求突围的当下，爱马仕却全线飘红，一骑绝尘，2015年的营收48.11亿欧元（约合人民币352亿），较2014年增长18%，实现利润15.41亿欧元（约合人民币112亿），较2014年增长19%。2016年的业绩持续向好，十分抢眼。这个历久弥新的商业品牌，究竟拥有什么样的经营秘籍，造就了它的"风景这边独好"？

华丽的转型

180年前的欧洲，马车是最普遍的交通工具。上流社会为了显示自身的尊贵和富有，家里要养数匹骏马，同时要在马具和马车的装饰上大显身手。1837年狄耶里·爱马仕在法国巴黎创建了一家专事马具的作坊，开启了一个跨世纪、世界级品牌的辉煌之旅。

这家小店的马轭、缰绳、吊带等马具制品，从设计到制作不但美观大方，而且坚固耐用。每一个铆钉、每一处黏合、每一条缝线都一丝不苟，千锤百炼，耗费了大量的心血，尽善尽美，无可挑剔。这种无可比拟的精良，很快就受到了上流社会的热捧，在1867年的巴黎世界博览会上还一举夺得了一等奖。

狄耶里·爱马仕唯一的儿子埃米尔·爱马仕子承父业后，做出了一个明智也是重要的决定，将爱马仕迁到了巴黎最负盛名的福宝大道。这里比邻拿破仑三世的皇家住宅，达官贵人往来其间。爱马仕在为他们提供精致服务的同时，也为自己的品牌注入了高贵的血统，成为奢侈消费品的典型代表。

时光在变化中前行，20世纪初，汽车的出现使马车退出了历史舞台。在严峻的挑战面前，爱马仕没有惊慌失措，乱了阵脚，第三代传承者顺应潮流，及时而果断地从马具世家转型为皮具制造商，行李箱、手提包、皮带、钱包等日常生活必需的时尚奢侈品，应运而生并一炮打响。爱马仕的转型自然流畅，大获成功。

品牌的精髓

爱马仕，这个时尚世界的至尊王者，凝结了历代掌门人的心血，其品牌具有丰富的文化内涵。从诞生之日起，它就定位于奢侈品金字塔的最高端，从未动摇，坚如磐石，具有强烈的自豪感和荣耀感。它追求创意与艺术的完美结合，品牌的历史就是美学追求的物质化，无限隽永，令人惊叹。它坚持手工制作和独家的工艺传统，品牌具有历史的积淀和厚重。它坚持家族独立经营，拒绝被收购，也不盲目收购。它定价高昂而且不打折，用价格制造了距离。它认为广告可能使产品大众化、廉价化，因而坚持口口相传的口碑推广。当然，更重要的是，它坚信"品质就是品牌的灵魂和生命"，所有产品都拥有美轮美奂的设计、精湛繁复的工艺和引领潮流的造型。鲜明的不可复制的个性品格，衍生了许多美丽的传说。

铂金包和凯莉包是爱马仕箱包系列产品中的佼佼者和亮点。

铂金包的面料采用精选的上等牛皮、羊皮、鳄鱼皮、鸵鸟皮、蜥蜴皮，经过特殊的工艺染成胭脂红等各种颜色，五金配件则由18k铂金打造，并以闪闪发光的天然钻石镶嵌点缀其间。每件成品均由爱马仕工匠手工精制，并刻有编号和工匠的名字，以便日后维护和保养。如此严谨，当然矜贵。著名歌手维多利亚·贝克汉姆、超级模特凯特·莫斯都是铂金包的忠实拥趸。它的价格令人咋舌，每只从上万美元到20万美元不等。而且没有现货，至少要耐心地等上两年时间。

格蕾斯·凯莉婚前是好莱坞明星、奥斯卡影后，后来成为摩纳哥王妃。1956年她手拎爱马仕专门为她打造的手提包，其影像被时尚杂志《Lift》做了封面。以她名字命名的凯莉包顿时在时尚圈里卷起了狂澜，追者如潮，一夜成名。凯莉包的面料由专业人士从全世界层层选购，每只包只能由一名工匠制作，其名字刻在包上，价格六万美元起，是货真价实的独一无二。世界各地的贵妇人和显赫名流都以拥有一只凯莉包为荣，温莎公爵伉俪、肯尼迪夫妇、英格丽·褒曼都对它情有独钟，英国王妃戴安娜天蓝色的凯莉包，更是她的至爱。订购凯莉包要提前半年以上，有的甚至要等上六七年。于是"梦幻包"的封号不胫而走。

爱马仕，商业神话的缔造者。

传承中创新

对经营目标的长期坚持和坚持中的不断创新，是爱马仕基业长青的秘诀。正如爱马仕家族第六代继承人德塞恩斯所说："基本上是延承对品牌的钟爱以及对手工工艺品质的完美追求，并在延承基础上围绕市场需求不断创新；当然，最重要的一点就是不断辛苦工作。"

爱马仕是一家典型的家族企业，在它180年的历史中只有六任总裁，最大程度地保证了企业的稳定和持续增长。它的管理架构与时俱进，上市以后更加注重管理层的专业水准和经营能力。现在的董事会共有11名成员，其中非家族成员占有4席。

爱马仕经历过四次大规模的转型，之所以没有发生震荡而均获成功，是因为充分发挥了企业的传统优势，"新"与"旧"找到了内在关联的契合点。交通方式发生重大变化、汽车取代马车时，爱马仕将鉴别皮革、缝制马具的能力和精湛工艺，运用到缝制旅行箱、皮包等日用皮具上。新开发的产品同样具有高贵的血统和一流的品质，很快就受到了消费者的认可和热爱，进一步点亮了它的品牌。

1920年，爱马仕为威尔士王子设计制作了拉链式高尔夫夹克衫。崭新的样式和别出心裁的款式，一出现就引起轰动，开创了20世纪皮革服装的新风尚。

爱马仕的皮革制品都是由它在法国的12个工作室3000多名熟练工匠一针一线缝制的，产量遭遇了天花板，难以实现丰厚的收入。1960年代爱马仕开始了有序的扩张，纺织品服装、丝巾、手表、香水、珠宝、浴巾、桌饰、瓷器、烟灰缸等全方位的生活用品，陆续走进了追求品位的消费群体。商业版图扩大的同时，赢利能力和品牌影响力也得到了提高和充实。

爱马仕的丝巾汇集了无数精美绝伦的工艺，要经过主题绘图、颜色分析和组合、手工收边等七道工序。一般丝巾以计算机绘图，自动化生产，最多套15色，爱马仕丝巾采用丝网印刷，一条丝巾多达40种颜色，层次分明，完美无瑕。层层关卡下来，一条丝巾要费时18个月才能完成。

每一款爱马仕丝巾都像魅力四射的艺术品，美得令人心惊，成了优雅女人的追求。英国女王伊丽莎白二世是其"超级粉"，白金汉宫的人说："女王不戴皇冠的时候，就围爱马仕丝巾。"好莱坞影星奥黛丽·赫本对它钟爱有加，中国影星章子怡的最爱是2011新款，更增美艳。每一条爱马仕丝巾，几乎都有来自大千世界关于品牌的传奇故事。

爱马仕丝巾的创新蹄疾步稳，每年都要推出两个新的系列，每个系列都有12个不同的款式，其中有一半是全新设计的，另一半则是在原有基础上进行了重新搭配。据说，在全世界每38秒就能卖出一条爱马仕丝巾。

这家总部位于法国巴黎、分店遍布世界各地的大型跨国公司，1987年迎来了150周年华诞。爱马仕用一千条银色丝巾，装饰了塞纳河从新桥到艺术桥之间的烟火台。1月24日生日当天，举行了盛大的焰火庆典晚会，随着一声声巨响，碧蓝的夜空绽放出变化无穷的图案，如梦如幻，争奇斗艳。世界浪漫之都巴黎，睁大双眼，无限惊喜地见证了人世间的品牌之美和文化之美。

2017.1

LV：从一只箱子到一个时尚帝国

——世界奢侈品巡礼之二

LV在彰显其豪华和尊贵的同时，也在传递一种文化和一种价值观，它的深厚底蕴是普通商品无法企及的。

巴黎，这座说不尽的浪漫之都，进入20世纪八九十年代之后，成为富起来的国人海外疯狂购物的目的地之一，而其首选，则是一款名为"LV"的包包。

作为著名的奢侈品，LV的价格自然不菲，布艺的每件五六千元起，皮革的则是每件万元起至数万乃至数十万元不等。如此令人咋舌的天价，在巴黎商业中心的LV旗舰店，也是人头攒动，热闹非凡，大方出手的购物群里，我们那些腰包鼓胀的同胞占有相当的比例。

LV是来自法国巴黎一百多年前的LOUIS VUITTON，简写为"LV"，中文译名为"路易·威登"。

LV的皮件精品是其经典招牌，此外它还拥有各式挎包拎包、男女服装、香水、丝巾、钢笔、手表等等。LV一直崇尚精致、品质、舒适的"旅行哲学"，使之成为全世界公认的顶级品牌。1987年3月它收购VeuveClicquot集团，同年9月，LV与轩尼诗（Hennessy）合并，成为世界最大的精品集团LVMH。

在全球经济并不景气的当下，奢侈品市场却奇迹般延续着增长的势头。在2019年7月18日的彭博亿万富翁指数排行榜中，全球最大的奢侈品集团、LV母公司LVMH集团董事长兼首席执行官伯纳德·阿诺特以1076亿美元净资产，挤掉微软集团的比尔·盖茨、低于亚马逊的贝索斯而排名第二。这是目前为止该榜单富翁财富当中增幅最大的一个，也是唯——个跻身TOP10的奢侈品行业老板。

LVMH集团在2019财年的表现十分抢眼，销售额增长约为16%，创下五年来新高，而中国消费者已经连续多年为LV带来两位数的销售增长。

拥有160多年历史的LV是怎样走过来的，其品牌魅力和经营秘籍对我们有什么启示？

路途遥遥，我们并不孤单

奢侈品牌LV的创始人路易·威登（1821年8月4日～1892年2月27日）生于法国东部 弗朗什孔泰省。他的父亲经营一家木工小作坊，他从小就心灵手巧，学会了木工手艺并深得精髓。然而，田园牧歌却留不住他，他对家乡外的广大世界充满了好奇，向往神秘的时尚之都巴黎。这个只有14岁的乡村少年，在没有汽车和火车的年代，大胆地贸然离家，前往四百多公里之外的巴黎。一路上风餐露宿，面包房里打杂、马圈里喂牲口，只要能填饱肚子的活儿他都干过。历尽了一年的艰辛，终于来到了魂牵梦绕的巴黎，在一家包店找到了一份工作，从此改变了人生。

这家包店不仅卖包，还为王公贵族的旅行收拾行李。路易·威登勤快敬业，能干会干，整理打包的行李总是井然有序、坚固牢靠。高超的手艺和出色的服务使他声名鹊起，传到了皇宫，拿破仑三世的欧仁妮皇后对他的手艺青睐有加，任命他为御用捆工，留在宫里专门为她打点行李。路易·威登从此涉足上流社会。

1852年路易·威登创制了平顶方形衣箱，名噪一时，成为闻名全国的箱包专家。欧仁妮皇后在器重他非凡的才能时，还为他安排了远大的前程。1854年，欧仁妮皇后主动提出资助他，在巴黎开设了一家以他自己路易·威登的名字命名的旅行包店。欧仁妮皇后可谓路易·威登人生的贵人、伯乐，也是改变他命运的"女神"。

新店开张的当年，路易·威登就推出了灰色特利浓帆布材质的方形旅行箱，既易搬运又能防水，内部结构更是方便贴心，一经问世立即爆棚，王公贵族的订单纷至沓来，路易·威登的品牌从此声名远播，1889年的巴黎万国博览会上还荣获了金奖。

LV从诞生之日起，就在坚持做自己的品牌、坚持生产高端产品、坚持为用户提供最新最美体验的同时，也在坚持不断创新。

从圆顶旅行箱到平顶旅行箱，再到1872年的条纹旅行箱，再到1875年的配有衣架和抽屉、有效防止衣物起皱的衣柜旅行箱，再到

1878年的打开后可变身为床的折叠旅行箱……一系列既实用又具里程碑性质的新产品，彰显了LV求新求变、从未停下创新脚步的现代企业精神。至于后来推出的手袋，更是颠覆了人们既往的概念，让人爱不释手；而它生产的第一只香水，也是惊喜连连，代表着LV的全新探索。

LV出类拔萃的创新还体现在技术上，例如1980年发明的特制皮箱锁扣，只要一把钥匙就可以打开顾客所有LV皮具的锁，而且每只锁都有一个专用密码，绝不会和其他LV皮具拥有者相同。

LV的成功使仿制品大肆泛滥。为了打假，LV除了不断推出新品外，1896年，路易·威登的第二代传人乔治·威登启用了交织字母和四朵花瓣的图案，就是沿用至今的LV的经典标识。此后还为顾客把姓名刻在旅行箱上，增加了辨识度和高贵感，使仿制者望而却步。

LV于1992年正式进入中国市场，在北京王府饭店开设了中国首家专卖店，至今LV在中国的专卖店已经超过了40家。

每个人在生命的长途跋涉中，都渴望拥有一份经得住时间考验而且独特的陪伴，哪怕它是多么昂贵也在所不惜，因为从此我们可以不再孤单。

人海茫茫，天下谁人不识君

在五大洲各色皮肤的人海中，即使你并未拥有LV，也会见过LV；即使你没见过LV，也一定听说过LV。LV的神奇存在，创造了数不清的神话和传说。

LV的魅力来自哪里？久经考验的卓越品质和独具特色的营销，功不可没。

LV坚持匠人精神，工艺一丝不苟、精益求精。LV的产品不但美轮美奂，而且坚固耐用。有人带着LV皮箱，横穿突尼斯沙漠，在严酷的日晒炙烤和不断的折腾中，历时三年后，皮箱仍然坚固如初。泰坦尼克号邮轮沉没，被海水浸泡20年后打捞出来的一款LV箱包，里面的衣物居然滴水未沾。LV不但防水而且防火，一幢大楼发生火灾，一片狼藉中一只过火的LV皮箱，里面的衣服毫发未损。LV官方曾表示，LV采用的皮质会确保20年不被损坏。这既是庄严的承诺，也是源于自信的骄傲。

高昂的价格，既是为了维护LV的高端形象，也是其营销的一种手段。

LV永远高价，即使一款产品滞销，宁可拉回总部巴黎销毁，也不会降价促销。相反，为了维护其专一的销售定位，还会适时地涨价，给人以"保值升值"的印象，从而保持对富裕阶层的持久吸引。

除了欧仁妮皇后、印度公主这些贵族曾无意识地为LV代言背书外，电影明星的作用也是巨大的。美国明星奥黛丽·赫本一生挚爱LV，不但生活中相随相伴，还将其带到片场和银屏，传播到世界各地。1965年，赫本委托LV为其订制了一款轻便小巧的拎包，竟然成为当年的潮红，至今仍然广受欢迎。"明星+定制款"从此成为一种模式，其后为橄榄球世界杯定制的专属奖杯硬箱等活动，不仅使LV尽显其精美、尊贵和稀有，也使它的公司赚得盆满钵满。

LV的销售渠道短而窄，只在自设专卖店和自设官方网站出售产品，当然，世界各地举办的奢侈品牌展销会，它也不会缺席，因为那是目标客户最集中的场所。LV专卖店并不提供大量商品以供消费者选择，而是始终保持一种不饱和的状态，只做有限覆盖，以维护其高贵形象和产品的稀缺性。

LV在彰显其豪华和尊贵的同时，也在传递一种文化和一种价值观，它的深厚底蕴是普通商品无法企及的。

据著名的咨询机构麦肯锡的报告显示，2012～2018年，中国贡献了包括LV在内的奢侈品市场超过一半的增幅。与之相对应的是，中国的实体书店关闭的消息越来越多，读书的人数也在不可逆转地下降，令人唏嘘。

LV不会理睬我们的感受。2020年LV春季时装秀提前在纽约上演，那些超级美女模特，靓丽地"猫步"在豪华的T形台上，演绎着166岁高龄LV的青春故事……

2020.2

布加迪威龙：速度之王

——世界奢侈品巡礼之三

2010年布加迪威龙SS诞生，最大功率高达1200马力，最高速度达到恐怖的431km/h，售价100万欧元起，在新的世纪里巩固了自己的霸主地位。

名扬海内外的重庆力帆，最近有点烦，不但深陷高债务泥潭，而且难觅希望之光，昔日的摩托车、汽车王国岌岌可危。舆论在追问危机成因时，改革开放以来第一代实体经济大佬、力帆创始人尹明善的公子尹喜地被推到了聚光灯下。

尹喜地是一位豪车发烧友，被称为"中国玩车第一人"。他拥有30多辆世界一流名车，最令人咂舌的是那辆价格昂贵的顶级跑车布加迪威龙。当年他豪掷4000万人民币买了它，是国内第一位、也许是唯一一位拥有布加迪威龙的"富二代"。无论是买车当时，还是时过境迁的十年之后，尹喜地都因这辆豪车而引发热议，争议之声潮水股汹涌弥漫。

重庆力帆走向颓靡已是不争事实，然而它与尹喜地到底关系几何，是不是坑爹败家，自有相关人士去反思和探讨，本文所关注的只是那辆陌生而神秘的布加迪威龙。

平心而论，布加迪威龙是无辜的。

Bugatti Veyron中国市场登记命名为布加迪威航，世界顶级超跑车的典范，最普通款型的中国市场价也要2500万元，爱马仕版的售价则在4300万以上。威航是Veyron的正式中文译名，不过众多车迷更愿意称之为"威龙"。布加迪威龙是个世界级别的奢侈品。

品牌从来都是企业竞争的利器。奢侈品牌是相对于大众品牌而言的最高等级品牌。奢侈品牌不仅是具有使用价值的商品，更是提供高附加值的商品；不仅是有形的商品，更是无形的商品，且后者远大于前者。奢侈品不但具有象征富贵、彰显美感、定位专一、个性化、大众距离感等特征，而且具有深厚的历史声誉，在时光的打磨中成为顶级品质的代表。

在奢侈品牌"十大列表"的汽车系列中，布加迪威龙排在抢眼的位置，是全世界各界财富大亨和各种新贵的首选。

艺术、技术与创造辉煌

布加迪威龙的创始人埃托尔·布加迪，1881年出生于意大利米兰一个艺术世家。他的父亲是位画家，也是著名的家具设计师。他的同胞兄弟是位著名的雕塑家，其作品在欧美不断拍出天价。埃托尔·布加迪青少年时代在美术学校度过，他的更大爱好却是汽车。不但热衷于驾驶，从17岁起即参加赛车活动，而且痴迷于设计和制造汽车，18岁进入普鲁内蒂·斯图基公司，学习三轮汽车的设计和制造，对各种机械和技术奇迹般地天慧早成，认识深刻，运用得心应手，受到广泛赞誉。

1902年，埃托尔·布加迪随全家搬到法国阿尔萨斯，两年后他与法国标志汽车合作。

五年后的1909年是埃托尔·布加迪生命的转折点。刚刚28岁就实现了自己的梦想：在阿尔萨斯的莫尔斯海姆创建了自己的公司，设计制造了用自己名字命名的汽车。直到今天，莫尔斯海姆依旧是布加迪公司总部所在地。

1914年埃托尔·布加迪研制出装有马蹄形前进气格栅、钢丝辐轮式车轮的T17型汽车。高雅、豪华、美轮美奂的个性化造型，无懈可击的构造和无与伦比的精湛工艺，人们只能赞赏赞叹却无法模仿。布加迪迅速成长壮大，活跃于全球各大赛事。

埃托尔·布加迪把艺术天赋和科技工艺自然地揉合在一起，形成了布加迪汽车的独特风格，在五彩斑斓的汽车世界里，具有极高的美誉度和辨识度。

埃托尔·布加迪前进的步伐从未停止，不断刷新已有成就。1922年推出了新款T30赛车，1925年T35赛车又以其高性能和优异造型活跃在欧洲车赛的跑道上，其后的T35B最高时速可达210km/h，畅销世界各国，1927年生产的T38首次开启活顶和双座赛车的先河，1933

年推出的T41旅游轿车更加先进，全球只生产6辆，保有至今。埃托尔·布加迪除了汽车，还设计过内燃机驱动的火车，"一战"时居然成功地为美国杜森伯格汽车公司制造了航空发动机。

对未知的强烈追求，对完美品格的不懈努力，对创新永不衰竭的冲动，生机勃勃的人生态度，为企业和行业带来荣誉和成功，埃托尔·布加迪的名字闪耀在汽车工业的史册上。

从公司创建到"二战"前，是布加迪汽车的"黄金二十年"。那时，很多富有的实业家、高傲的贵族都把昂贵且具冒险精神的赛车作为时尚和爱好。虽然事故频发甚至导致车毁人亡，大胆的赛车手（其中还有女性）也毫不畏惧，在长距离的跑道上疯狂地奔驰，旋风般地你追我赶，快感和伤痛、胜利和死亡，都是分分秒秒的事儿。然而，这也正是赛车的魅力所在。

在欧美上流社会共同营造的赛车运动史上，布加迪赛车备受瞩目，是赛车手的宠儿。赛车手们驾驶着魔幻般的布加迪，摘取了一个又一个胜利的桂冠。据统计，布加迪赛车共赢得了大大小小2000多个冠军，刷新了47次世界纪录。横扫车坛，无可匹敌。

沉睡、复苏与再次崛起

埃托尔·布加迪的儿子让·布加迪继承了父亲艺术加技术的天才基因，参加设计工作后，以新颖、别致而精致的车身设计而名扬一时，成为车坛的年轻骄子。然而，1939年8月11日，30岁的让·布加迪为测试T57C车型时，在路上以200km／h的高速行驶，因躲避突然出现的骑车人而撞到树上，风华正茂的生命，瞬间画上了一个血淋淋的句号。命运魔鬼对布加迪家族致命的一击，使其从此走上了风风雨雨的衰落之路。

让·布加迪殒命两周后，第二次世界大战爆发。德军占领法国后，埃托尔·布加迪不屈服于入侵者的淫威，从而受到迫害。忧愤交加的岁月过后，纵横车坛将近半个世纪的著名汽车设计师、布加迪汽车创始人埃托尔·布加迪于1947年寂然离世，一代传奇就此结束。

布加迪汽车失去了灵魂，在经济大萧条的背景下，虽然力撑危局，坚持生产T101型车，艰苦地熬到1956年，之后再也无力经营，宣告停产。在1910～1956年间，布加迪共生产了约800辆汽车。之后布加迪汽车陷于沉睡，给世界汽车工业留下了一个巨大的空白。

时间走到了1987年，意大利企业家罗曼诺·阿蒂奥利购买了布加迪品牌，并于1991年生产了EB110汽车，作为对创始人埃托尔·布加迪诞生100周年的隆重纪念。该车性能高超，受到了热捧，但终因欧美经济衰退和经营不善而于1995年宣布破产，留下了12辆处于不同装配阶段的豪车荒废在生产线上，短暂的复苏留给世人以无尽的唏嘘感叹。

鉴于布加迪汽车的历史荣誉和深刻影响，1998年，德国大众汽车集团收购了布加的商标权和生产权，并在其发祥地法国的莫尔斯海姆建厂生产新一代布加迪汽车。新厂2004年竣工，生产跑车、旅行车和豪华轿车。布加迪这个"百年老店"焕发了青春，进入了一个全新时代。

大众决心再现布加迪往昔的辉煌，对布加迪威龙85%的部位进行了大规模的重新设计，2005年研制出了至今仍叱咤车坛的EB16.4布加迪概念车，速度破天荒地达到了407km／h，这是难以想象的极速，被业界称为"速度之王"。2010年布加迪威龙SS诞生，最大功率高达1200马力，最高速度达到恐怖的431km/h，售价100万欧元起，在新的世纪里巩固了自己的霸主地位。这种拥有最强马力、最高速度和有史以来最昂贵价格的汽车，受到了普遍的关注。

布加迪豪车设计和制造的水准，即使有很多的钱和无限的资源，也不是谁都可以达到的。虽然它物有所值，也还是受到了质疑：如此强劲的动力、如此快的速度以及如此昂贵的价格，真的有必要吗？其实，布加迪所实现的是一种了不起的科技创新和制造奇迹，是人类想象和能力在这一领域所能达到的极致，不但带动了人类科技的发展，而且推动了人类文明的进步。

重庆力帆的"少东家"尹喜地拥有布加迪威龙，如果他得到的不仅仅是"羡慕"的眼光和感官的刺激，而是能够学习布加迪威龙创始人非凡的企业家精神、坚韧不拔的意志和对创新矢志不移的追求，同时从布加迪汽车的风雨坎坷并终于凤凰涅槃的经历中有所感悟和行动，那么，当年豪掷的4000万巨款就算没打水漂，对于沉疴中挣扎的重庆力帆，或许也是一个不错的消息吧。

2020.1

拉菲：葡萄酒王国中的"皇后"

——世界奢侈品巡礼之四

拉菲红酒是公认的顶尖奢侈品，与爱马仕、LV、百达菲丽等一样，充满了欧洲宫廷的贵族气息，具有无与伦比的金字塔顶端的地位。

拉菲红酒(Château Lafite-Rothschild)，是指拉菲酒庄出品的红酒，法国波尔多五大名庄之一。拉菲酒花香、果香突出，柔顺典雅，余韵悠长，被称为葡萄酒王国中的"皇后"。

几百年来，拉菲红酒一直是公认的顶尖奢侈品，与爱马仕、LV、百达菲丽等一样，每一个细节都充满了欧洲宫廷的贵族气息，具有无与伦比的金字塔顶端的地位。

拉菲红酒高贵完美的品质和悠久的历史，在消费者心中留下了难以忘怀的印象，中国消费者对其更是情有独钟，众多名贵的葡萄酒只能躲在她巨大而优雅的阴影中。

英国《金融时报》葡萄酒专栏作家、全球264位"葡萄酒大师"之一的杰西丝·罗宾逊出于强烈的好奇，在她根据访问上海时的见闻所写的《拉菲的中国传奇》中写道："在中国，'Lafite'这个名称有着非同寻常和意想不到的共鸣。这种共鸣使得拉菲酒庄略差一些副牌酒，竟比紧邻拉菲的超二级酒庄艾斯图涅有更高的价格。拉菲旗下的一系列基本波尔多葡萄酒也在中国以不菲的价格出售，只因酒标上有魔法文字'Lafite'。"

2014年3月26日法国总统奥朗德在爱丽舍宫为习近平和夫人彭丽媛举行了盛大国宴，前道菜是佐1997年的吕萨吕斯酒堡葡萄酒，主菜配1997年拉菲红酒。

历史烟云中的传奇

拉菲古堡位于法国西南部波尔多地区，其历史最早可以追溯到1234年。法国人信奉天主教，教堂和修道院遍布大小村庄城镇，波亚克村北部的维尔得耶修道院就是今天拉菲古堡的所在地。当地方言中的"lafite"意为"小山丘"，"拉菲"因而得名。

真正使拉菲古堡形成规模并名扬天下的，是始于17世纪塞古尔(Segur)家族的接盘。他们对"拉菲"进行了大规模的改造和重建，才使"拉菲"成为伟大的葡萄种植园和酒庄。

拉菲酒庄以其不懈追求完美品质的非凡技艺，酿造出了溢散自晶莹剔透水晶酒杯中的醇韵芬芳，很快便声名鹊起，并且奇迹般地进入金碧辉煌、恢宏奢华的凡尔赛宫，王公贵族们赞誉拉菲是上帝赐予人类的琼浆玉液。

18世纪初叶拉菲进入英国市场，英国第一任首相罗伯特·沃尔波平均每三个月就要购买一桶拉菲。拉菲从此走出国门，香飘海外。

1855年，法国巴黎世博会召开前夕，拿破仑三世命令对波尔多葡萄酒进行评级，波尔多商会以葡萄酒的售价、酒质和知名度为标准，在众多庄园中选出61家最优秀的名庄。在61家"列级名庄"中又分为五个级别，其中第一级有四家：拉菲庄、拉图庄、马歌庄和红颜容庄。拉菲在激烈的角逐中最终排名第一，独占鳌头。

1868年，当时被认为是全球最富有的罗斯柴尔德家族的第二代传人，在拍卖会上以440万法郎购买了拉菲酒庄，孰料三个月后詹姆士·罗斯柴尔德不幸去世，他的儿子和孙子更为厉害，他们对酿酒工艺不断创新，对葡萄酒的品质精益求精，不但将"拉菲"带到了一个崭新的时代，而且将拉菲顶级的品质和声誉维持至今。

1985年在伦敦佳士得拍卖会上，一瓶1787年由时任美国总统汤姆士·杰弗逊签名的拉菲以10.5万英镑的天价售出，创下并保持了世界上最昂贵一瓶葡萄酒的纪录。

拉菲是许多中国人心目中最高级最奢华的葡萄酒，而1982年因该年度气候绝佳，葡萄果香浓郁、单宁柔和、品质惊人，世界最著名的品酒师罗伯特·帕克又将1982的拉菲葡萄酒评了满分，因而受到了全世界特别是中国葡萄酒爱好者的热烈追捧，一瓶难求，成为神话。

如今，罗斯柴尔德家族的葡萄庄园遍及法国、智利、阿根廷、葡萄牙和中国等世界各地。拉菲酒窖中陈放的一瓶瓶旷世佳酿，见证了充满传奇和憧憬的漫长岁月。

品牌经营中的瑰宝

品牌名称是品牌战略的支点，赋予产品内涵画龙点睛的作用。"拉菲"这一名称不但易读易记、琅琅上口，而且间接地传达了产品的主要信息。

"拉菲"处于一片小山丘上，得天独厚的自然生态为其提供了充足的光照和独特的微型气候，特别宜于葡萄树的繁茂生长。"拉菲"的土地原为沼泽，塞古尔家族引进荷兰技术排水后，积淀成异常肥沃的土壤。"拉菲"采用发源地读音作为产品名称，既体现了大自然赐予独一无二的优势，又彰显了悠久历史的文化背景，弥漫着贵族气息和内敛沉稳的王者风范，迎合了目标消费群体追求高雅品位的心理。

质量永远是品牌的生命。拉菲庄园90公顷的土地上，种植着赤霞珠、梅洛和品丽珠葡萄树，平均树龄在40年以上，每公顷种植8500棵。葡萄种植不使用化学肥料和化学药物，不同树龄的葡萄运用不同的施肥策略。葡萄完全成熟后，由熟练工人进行筛选采摘，送到压榨车间前还要再次人工筛选，确保每粒葡萄都能达标。全过程的人工呵护成本很高，却是酿造最高品质葡萄酒的保障。

"拉菲"至今仍然使用传统的波尔多酿酒法，经过18至25天发酵和泡皮后，将半成品葡萄酒在酒窖里陈酿一年半至二年。与此同时，"拉菲"也使用中央温控系统等现代科技手段，进行精细化科学管理，用以调解和掌握发酵的温度和单宁的变化。

"拉菲"种植着大片的软橡木树，用来制作瓶塞。橡木桶也是严格选材和精心手工制作，确保拉菲葡萄酒的特殊味道。拉菲酒庄还重资聘请了顶级酿酒大师，通过专业品尝，使产品达到完美的口味要求。拉菲庄园每二至三棵葡萄树才能生产一瓶750ml的酒，年产量控制在2-3万箱（每箱12支，每支750ml）。

标志是品牌品质的象征和保障。"拉菲"标志中嵌有代表罗斯柴尔德家族的五箭族徽，象征着凝聚团结，同舟共济的精神。这样的标志，既可方便消费者识别，又可体现品牌形象和企业追求"卓越、精美、优雅"的文化内涵。

法国葡萄酒实行原产地质量控制命名管理制度，从种植栽培、生产流程、酿造方法等所有环节，都有权威机构跟踪监督检查，全部合格后方可获得A0C印证。拉菲葡萄酒一直保有A0C的等级荣誉，使其无可争议地成为"世界顶级葡萄酒"。

"拉菲"的品牌塑造、品牌质量和品牌管理，是其持续创新和坚守工匠精神锻造而成的。宝贵的经验，仿佛一颗颗闪闪发光的瑰宝，成为这家数百年老店的财富。

传播营销中的智慧

营销其实包含"营"和"销"两个层次。营，是要造出良好的市场氛围，引导消费者关心，从而树立独特的品牌形象，扩大品牌知名度；销，是通过特定的渠道和方式最终达到卖出产品的目的。

拉菲葡萄酒属于奢侈品，是璀璨红酒文化的顶级代表，其定位和特性决定了它的目标客户——追求高水准品位和高品质生活方式的小众群体。"拉菲"选择植入性广告，受众面广，针对性强，传播方式隐性，效果真实而自然。

拉菲曾多次出现在中外影视作品中，《龙虎斗》《古惑仔》《赌神》

《法证先锋》等等。剧情进行中，每当表现奢华生活场面时，就会出现拉菲的身影，"来瓶82年的拉菲"，几乎成为流行的桥段。

为了提高品牌的影响力，"拉菲"很重视跨界营销。"拉菲"出于自身的核心价值，每年都要赞助一些顶级赛事或豪华活动，例如著名的高尔夫比赛、高档楼盘开盘典礼或豪华汽车展销会等等，从而有效地与特定的消费群体对接，提高品牌的关注度。

体验营销是通过人的感官参与和感受的方式，拉近与消费者的距离，调动消费者的情感，强化品牌的黏性。"拉菲"每年都会定期开放葡萄园和部分酒窖，同时举办葡萄采摘和品酒会活动，为传播葡萄酒文化和精准销售发挥了积极作用。2019年6月20日和28日，"拉菲"分别在广州和北京举办了别具一格的拉菲葡萄酒系列产品沉浸式品尝会，拓宽了拉菲在中国市场的销售渠道。

不同顾客的不同需求是"拉菲"梯次营销策略的一个亮点。由于拉菲产品要求严苛，产量有限，因而"拉菲"推出了一款质量和口感略逊于正品的产品，通称小拉菲或副牌拉菲；而正品则称大拉菲或正牌拉菲，前者价位低于后者，从而满足一些特定的消费群体。

拉菲因价格昂贵、利润丰厚，导致"山寨"频出，市场混乱。为了维护消费者的利益，让消费者买到放心的真品，拉菲葡萄酒在酒瓶、酒塞和封瓶铁片的设计上，具有较强的辨伪功能，可谓匠心独运，技高一筹。例如，在酒瓶上刻上罗斯柴尔德家族五支箭的图案和相关文字；产品的生产年份，不是通常那样打印在酒瓶顶部，而是与logo一起别出心裁地打印在酒塞的腰身上……

拉菲就是拉菲，总是与众不同！

2020.6

百达菲丽："没有人能真正拥有"

——世界奢侈品巡礼之五

百达菲丽经历过两次世界大战的洗礼、经济大萧条的挑战、欧洲黑死病等瘟疫的考验，以及1990年代传统表业遭遇的"石英危机"，它都渡过了劫难，浴火重生并且迎来新的辉煌。

百达菲丽是始于1839年的瑞士著名钟表品牌，被业界称为"世上最卓越、最具价值的腕表"，以其昂贵的制作成本、独一无二的技术和精湛完美的工艺，拥有无与伦比的美誉和声望，高踞"世界十大名表"之首。作为知名品牌的奢侈品，百达菲丽基本款的零售价为13000美元至20000美元。在百达菲丽的客户名单中，有100位国王、54位王后，还有爱因斯坦、居里夫人、夏洛蒂·勃朗特、柴可夫斯基等各界名人，俄罗斯总统普京佩戴的也是一款百达菲丽腕表。

百达菲丽公司被公认为领先世界的钟表制造商，被尊崇为业界一座可望而不可及的高峰。在其178年的历史中，总产量只有60万只左右，年产量不足2万只，每款不超过1万只，培养训练一名百达菲丽制表师需要十年时间。在百达菲丽的保密车间，每年仅出产一只手工制造的腕表，价格在3000万人民币以上，耗时要8～10年。

百达菲丽每年都要推出新品，以满足拥趸者们的热切期盼。然而，一场突如其来的新冠肺炎，不但使百达菲丽暂时关厂，2020年4月14日又宣布，取消参加原定于2020年4月30日举办的巴塞尔表展，而与劳力士、帝舵、香奈尔以及萧邦联手于2021年另行举办新的表展。

百达菲丽经历过两次世界大战的洗礼、经济大萧条的挑战、欧洲黑死病等瘟疫的考验，以及1990年代传统表业遭遇的"石英危机"，它都渡过了劫难，浴火重生并且迎来新的辉煌。

了解百达菲丽的过去，就会相信它的未来。

剑与十字架的传奇

百达菲丽的创始人安东尼·百达(Antoine Norbert de Patek)1812年出生于波兰的一个小山村。第二年即1813年拿破仑大败，波兰被瓜分侵占。安东尼·百达不甘被奴役，16岁即加入了波兰骑兵，成为一名为自由和独立而斗争的战士。波兰革命失败后，安东尼·百达亡命巴黎，不久进入瑞士日内瓦，1839年与人合作在这个制表中心开办了一家制表公司。

意外总是在某个街角等着你。1844年安东尼·百达在巴黎参加展览，意外认识了简·菲丽(Jean-Adrien Philippe)。简·菲丽设计的表壳很薄，上链和调校都不用传统表匙，可惜这种先进的发明却甚受冷漠。安东尼·百达慧眼识珠，为其新颖的设所吸引。

两人大有相见恨晚之意，惺惺相惜之余立即达成了合作协定，简·菲丽加盟百达公司，担任技术总监。1815年，安东尼·百达与原来的合作者合同到期，百达公司正式更名为百达菲丽公司，一个世界名企就此诞生。

安东尼·百达大局在胸，宽厚包容，且具极高的艺术天分，追求完美的外观；简·菲丽才华横溢，设计的革命性广受赞誉。两个不同优势的天才携手合作，可谓珠联璧合。事业随之风生水起，产品备受青睐，公司亦迅速崛起。百达菲丽步履矫健地走向世界钟表舞台的聚光灯下。

1877年安东尼·百达去世，他的女婿接捧；1894年简·菲丽病殁，其角色转交给他的小儿子。

发生于20世纪30年代的世界经济大萧条，使百达菲丽一度陷于瘫痪，幸得商业合作伙伴斯特恩兄弟购买了百达菲丽公司的多数股权，始得转危为安。不久百达菲丽新的管理层宣布，百达菲丽开始自己制造机芯，结束了从LeCoultre购买的历史。随着斯特恩兄弟的掌舵，百达菲丽的业务迅速回升。

1851年在伦敦举行的世界博览会上，百达菲丽作为钟表界的一匹"黑马"，进入了英国王室视野，女王维多利亚选中了它的一款产品，这只采用崭新旋柄的袋表悬垂在一根镶有13颗钻石的金别针上，珐琅金盖上饰以钻石拼成的玫瑰。女王的丈夫伯特亲王也选购了百达菲丽的一只猎表。消息不胫而走，震动四方，由此奠定了百达菲丽贵族化奢侈品的地位。

　　风起于 1977 年的廉价石英表，给传统制表业带来了巨大的灾难。百达菲丽以其独到的洞察和卓越的远见，既不随波逐流，又能锐意革新，巧妙地转"危"为"机"，使公司继续保持活力。

　　20 世纪七八十年代，奢侈品收藏开始流行，百达菲丽成为追捧对象，2014 年一款百达菲丽怀表拍得 2400 万美元的天价，创下了世界上最昂贵的时计记录。

　　1989 年百达菲丽高调庆祝了其成立 150 周年的华诞，名流云集，风光无两，再次见证了其在制表业至高无上的地位。百达菲丽公司年均收入 13 亿美元，斯特恩家族的净资产约为 30 亿美元。

　　百达菲丽的厂标由骑士的剑和牧师的十字架组合而成，1857 年开始使用至今。奢侈品大都有深入人心的品牌故事，百达菲丽也不例外。1185 年西班牙的一座城市遭到了摩尔人的野蛮侵略，一位大无畏的骑士和一位虔诚的牧师率众奋起抵抗并最终驱逐了摩尔人。剑（骑士）与十字架（牧师）合在一起便成为勇敢与庄严的象征，同时也折射了安东尼·百达与简·菲丽精诚合作、屡创奇迹的伟大精神。

"手表中的蓝血贵族"

　　百达菲丽在世界钟表界的非凡地位，源自公司自创立以来始终秉承的商业理念和经营信条，亦即品牌的"十大价值"：独立自主、尊崇传统、革新创造、品质工艺、珍贵稀有、恒久价值、工艺美学、优质服务、情感传递和承传优质。这是百达菲丽企业灵魂和至尊品格的象征，代代相传，流芳百世。

在漫长的沧桑岁月中，百达菲丽的"十大价值"是如何成功锻造的？

百达菲丽一直放眼未来，锐意创新。在其研发、设计和制造的各个领域坚持求新求变，在技术上始终处于领先地位，80多项专利证明了其品牌创新先锋的超卓地位，而20多项发明又不断地将世界钟表业推向新的高峰。1999年一款售价1100万美元的怀表拥有24项复杂功能而创下世界纪录，2000年的铂金款"世界时间"超越极限，可指示41个国家、地区和城市的时间。对于百达菲丽，没有最好，只有更好。

百达菲丽主张精品哲学，坚持重质不重量，信奉细工慢活，实现"完美的复杂性"与"完美的精确性"相结合，达到"在最简约的外表之下配置最复杂的款表"，从而打造出全世界最优质的时计作品，被普遍赞誉为"手表中的蓝色贵族"。

百达菲丽人才济济，优秀的设计师、钟表匠、金匠、表链匠、雕刻家、瓷画家、宝石匠等等各怀绝技，引领时尚风骚。这些工艺大师爱岗敬业，多年如一日，专注于细节，凝神致力于每一件罕世珍品，闪烁着工匠精神的光华。

为了追求产品的最高境界，百达菲丽在材质的选用上极为严格，不惜工本，表壳采用的黄金、白金、玫瑰金、铂金和后来的小部分优质纯钢，不但品质上乘，而且还要锦上添花地注入宝石师和雕刻师的杰出创作，货真价实，底蕴充沛。百达菲丽钟表机芯全部采用高钻数，而且逐步升级，从15钻到29钻，以至高达37钻，为同类钟表所罕见。一款19世纪制造的百达菲丽表，尽管轮轴末端已在轴承上转动了超过120亿次，却依然精确，令人叹服。

百达菲丽不仅是高度精准的时计工具，也是富于美学创造的高等级工艺品。科技与艺术的完美结合，使得百达菲丽的每一件作品都做到了既流畅圆润又典雅高贵，既内敛稳重又富现代气息，美轮美奂，魅力独具，令人爱不释手，终生呵护。

百达菲丽是一家子承父业的家族企业，每一代经营者都以毕生精力守护着她的理念、原则和文化。那些悠久的工艺传统、古老的精湛手艺，工匠大师们锐利的目光、灵巧敏捷的双手和丰富的经验，作为长盛不衰的传家宝和接力棒而薪火不灭，世代相传。

2009年百达菲丽树立了全新的质量标准——"百达菲丽印记"。"百达菲丽印记"是其"十大价值"的品牌宣言，代表了这家钟表作坊的独特设计、工艺水准、质量保障和终身服务的全部特色和庄严承诺，远超瑞士钟表业现存的一切标准。这个"印记"也将作为百达菲丽的优良传统，光照于未来的时光。

在过去和未来之间架起一座桥梁

百达菲丽的营销策略独特而有效。

百达菲丽的目标客户是王室成员、富有阶层和成功人士。百达菲丽每年的销售以3%～4%的幅度增长，增速不仅受制于产量的限制，也是公司有意而为之的策略。CEO克劳德·培尼说，过去的需求是产能的150%，现在市场有所下滑，这个对比维持在120%左右。一款定制的手工表甚至要耐心地等上8～10年。求大于供，饥饿营销，以保障目标客户的心理需求和品牌黏性。

百达菲丽销售渠道短而窄，"奇货可居"，不会让人随便买到它的产品。2007年它在上海开设了专卖店和零售中心，全球只有四家，另外三家位于日内瓦、巴黎和伦敦。除了专卖店，它还通过全球70多个国家的600家特选零售店销售产品，不过品种和数量均有控制。

百达菲丽采取高价的价格策略，先买的顾客永远不必担心以后会有更便宜的同一产品出现，因为价格只会越来越高，从而传达出百达菲丽产品保值增值的客户利益定位。

百达菲丽的广告采取情感化的诉求模式，优雅而不失坚定：在母子或父子相守的温馨时刻，打出一行亲切的话语："没人能真正拥有百达菲丽，只不过为下一代保管而已。"朴素的语言，表达了人类最真实的情感，简洁明了却耐人寻味：一枚百达菲丽腕表虽然价格不菲，但即便使用了多年却价值不减，既是保值增值富有远见的选择，也是关爱后代、传递情感的最佳方式，是在过去和未来之间架起的一座桥梁。这则被公认为奢侈品的经典广告，为百达菲丽的全球传播立下了汗马功劳。

呈现百达菲丽恢传奇之路的《百达菲丽传记》，2016年由著名的蓝登书屋出版了英、法、德、意和日文版，2019年10月中文版限量发行。这本400多页的图书网上英文版售价240欧元，"闲鱼"中文版售价3000元人民币，网友惊呼："太离谱了吧！"是啊，为什么这么离谱呢？很简单：人家是百达菲丽呀！

　　　　　　　　　　　　　　　　　　　　　　2020.5

香奈儿：永远的香奈儿

——世界奢侈品巡礼之六

这个出生于19世纪、风靡于20世纪的女子，仍然活在21世纪的香气里，活在千千万万她从未见过的女子身上。任何时尚都会过时，只有美不会枯竭。

曾任法国文化部部长的安德烈·马尔罗说："20世纪将会留给世人三个名字：戴高乐、毕加索和香奈儿。"戴高乐是法兰西伟大的民族英雄，毕加索是神一样存在的天才艺术家，与他们齐名的香奈儿则是一个已有百年历史奢侈品品牌的创建者。

作为世界十大奢侈品之一的香奈儿（Chanel），产品种类繁多，主打以女性为主的服装、珠宝以及化妆品。每一种产品都闻名于世，风靡遐迩。

香奈儿于2018年6月，在其108年的历史中首次公布了完整财报，显示2017年收入96.2亿美元，较2016年增长11.5%，在2018年世界品牌500强中位列44名。2019年香奈儿财报反映其2018年销售收入为111.2亿美元，同期增长16.4%，同时获评艾媒金榜发布的"全球美妆个护品牌TOP榜"TOP10。2020年1月13日入选2020"胡润至尚优品"。

香奈儿的创始人是Coco Chanel，原名Gabrielle Bonheur Chanel，中文译名：加布里埃·可可·香奈儿。香奈儿夫人一生未婚，在创造伟大的时尚帝国同时，也在追求自己想要的生活，是一位事业辉煌，又深谙感情乐趣的新时代女性典范。

香奈儿夫人装扮了20世纪的女人，她创造的美丽衣裙的后面，是人，是女人。香奈儿夫人虽然离开人世已四十多年，她的品牌、风格、哲学、生活方式和价值观却历久弥新，活色生香。这个出生于19世纪、风靡于20世纪的女子，仍然活在21世纪的香气里，活在千千万万她从未见过的女子身上。任何时尚都会过时，只有美不会枯竭。

一座不灭的活火山

关于香奈儿夫人的身世，历来众说纷纭。香奈儿夫人本人也至死回避躲闪，就更使她的身世蒙上了一层迷雾。比较普遍的说法是，香奈儿夫人于1883年出生于法国南部的奥弗涅山区的一个贫穷之家，6岁时母亲撒手人寰，留下她和她的四个兄弟姐妹。她的姨妈收养了她，稍长入读天主教的修女学校。在重垣高墙的封闭环境里，女孩子们都在重复每一个单调的日子，聪明好学又性格刚毅的少女香奈儿却学会了她终生事业的技巧——缝纫。

1905年，22岁的少女香奈儿成了一名歌手，在歌厅和咖啡厅卖唱为生。在这段歌女生涯中，她结识了富家公子巴桑并成为他的情妇。三年后，她又认识了军官卡伯，两个人的亲密关系维持了很久，而卡伯死于车祸，成了香奈儿夫人一生的痛。

在与达官富豪的穿梭往来中，香奈儿夫人一刻也没有忘记自己独立创业的使命。1901年，在男友的帮助下，她在巴黎开设了一家女装帽子店。当时巴黎的时尚女士们已经厌倦了带有繁杂花边装饰的帽子，香奈儿夫人的新品简洁、舒适、大方而又美观，一经问世立刻受到欢迎，生意红红火火，收入也节节攀升。香奈儿夫人把借男友的钱如数归还后，把她的帽子店搬到了气质更为时尚的康明街区。这里至今仍然是香奈儿集团的大本营。

雄心勃勃的香奈儿夫人并不满足于眼下的成功。1914年，香奈儿夫人在巴黎开设了两家时装店，影响深远的时装品牌Chanel就此宣告正式诞生。

香奈儿夫人不鸣则已，一鸣惊人。她颠覆性地一改当时女装过分的绮靡风尚，从男装上取得灵感，为女装注入一些男性元素和味道。例如将西装加入女装系列中，又别出心裁地推出了女装裤子——当时女子是只穿裙子的。香奈儿影响至今的经典产品黑色迷你裙、针织水手裙和樽领套衣等一面市，新颖的款式和高雅、简洁而精美的风格立刻使女人为之倾倒，震惊了传统时尚界，产品一路走红，成为汹涌的潮流，征服了巴黎。

香奈儿夫人一向特立独行，在20世纪40年代，她将"五花大绑"的女装推向简单、舒适的设计，成为最早的现代休闲服装。香奈儿夫人为现代时装史带来了重大的革命。

香奈儿夫人对时装美学的独特见解和旷世罕见的才华，使她成为抽象画派大师毕加索、著名诗人兼导演高克多等文化名流的朋友。一时间风流儒雅云集，催生了法国时装和艺术的黄金时期。

如果说颠覆传统和持续创新使香奈儿夫人敲开了成功的大门，那么，无与伦比的产品品质则是她使一个品牌成为永远经典的"不二法门"。

在高端的成衣制作上，香奈儿与全球最好的纺织商、染色商、刺绣和配饰作坊合作，确保产品品质，制作时所有误差不超过5毫米，即使在V字领上加一条装饰线也要精工细做，耗工20个小时，而晚礼服则需耗工500个小时。一针一线都不能马虎，而要以精湛的工艺一丝不苟、疏密有致地精美加工。

香奈儿夫人创造的传世名品香奈儿5号香水，采用产自法国南部的世界上最昂贵的茉莉花，一公斤差不多要一万多朵花，350公斤才能生产1公斤香精，最后提取550克精华，还要配合使用从5月的玫瑰和各种鲜花中提炼的130多种香精，产品香气清新、馥郁而持久，使人尽享难以言说的美妙。

在这个急功近利的时代，香奈儿秉承自己追求完美的理念，精心、耐心地打造产品优良卓绝的品质，给顾客带来发自内心的震撼和无可比拟的体验。

香奈儿夫人不仅风华绝代，而且善于思索，深邃而独特。香奈儿夫人在定义女人的魅力时强调风格，她说："风格，要有风格。记住，时装在变，风格不变。"这是她关于女人的哲学。香奈儿夫人在产品设计上最特别之处是"实用的奢华"，她说"华丽的反面不是贫穷，而是庸俗。"这是她关于产品的新奢华哲学。香奈尔夫人的成功不仅是靠天分和幸运，而是一直努力工作，70岁时，她说："天上不会掉馅饼，我需要亲自和面做出来给自己吃。"这是她的人生哲学。

香奈儿的老家是个死火山地貌的贫苦山区，她形容自己是"唯一一座不灭的活火山"。不错，她的感情、青春、生命和火焰一同在燃烧。

一只飞翔的黑天鹅

作曲家伊戈尔到巴黎表演他的前卫艺术，却不被法国人所接受，失意困顿中，他的勇于创新的精神受到了香奈儿夫人的赏识，不但鼓励并资助他继续创作，还将他的妻小接到她的豪宅。风情万种的香奈儿夫人和情感丰富的伊戈尔很快便坠入了情网。伊戈尔重病缠身的妻子带着孩子离开了香奈儿夫人的宅第，在诀别信中她对香奈儿夫人写道：我很尊重你的慷慨，不过无法尊重你的道德。

香奈儿夫人我行我素，不受任何约束，她追求自由、眷恋男人却又不是依赖或利用男人，她强悍独立，但不是生硬死板而是具有十足的女人味。

生命中的每一名男性都是她热烈情感的寄托，也是激发她创意的源泉。她的设计从不要求别人配合，她从生活特别是爱情中撷取灵感，她与英国贵族西敏公爵一同出游，启发她设计了第一款斜纹软呢料套装，成为时尚市场的"爆款"和"常青树"。

1921年，香奈儿5号香水惊艳面世。这款不是按照正常程序生产，却是充分调动了香水调配师各种感官功能，用全部心智创造出来、具有独特品位和情调的香水。正如香奈儿夫人自己所说："这就是我要的。一款不同以往的香水，一种女人的香水，一种气味香浓、令人难忘的香水。"20世纪最火的好莱坞明星玛丽莲·梦露对它也情有独钟。

香奈儿夫人认为，在女性的总体装扮中，香水是最后也是画龙点睛关键的一笔。在香奈儿5号香水瓶子的设计上，香奈儿夫人对当时流行的极尽繁复奢靡的时尚嗤之以鼻，她说："我的美学观点跟别人不同，别人唯恐不足地往上加，而我一项一项地减除。"香奈儿5号香水的瓶子是玻璃制品，设计简洁有力，在众多花里胡哨的高档香水之林中，傲视群雄，放射出独特、强烈、耀眼而桀骜不驯的光芒。这种崭新的美学力量，对名媛淑女们形成了强烈的冲击。香奈儿5号香水在悠远的时光长廊上，演绎着长盛不衰的商业神话。

第二次世界大战爆发，香奈儿夫人关闭了她的店铺，与一名纳粹军官避居瑞士，沉浸于自己的爱巢。二战结束后，香奈儿夫人饱受诟病和攻击，直到1954年才重返巴黎并且东山再起，天才的设计再次俘获一众巴黎仕女。厚呢大衣、喇叭裤等新品都是她此间的作品，衣料多用格子或北欧式几何印花，舒适自然，妩媚典雅。

法国作家、香奈儿夫人的一位朋友说她是黑天鹅。这只从荒滩起飞的黑天鹅，她那勇敢飞翔的姿态和瑰丽的黑色羽毛，掩盖了她身上的污泥浊水和累累伤痕，人们仰望辽阔而苍茫的天空，看到的只是一只美丽而高贵的鸟儿。

德国经济学家沃夫岗·拉茨勒认为，奢侈品必须具有一种奢侈生活方式的符号，使人们相信它所代表的价值。香奈儿的标识由正反向双C组成，取自创始人Coco Chanel的首个字母。这个蕴含了女人内在和外在双向完美、简洁、醒目而易记的LOGO，成为时尚界的骄傲和不可企及的经典。此外，白色山茶花、四叶草、数字5、星星等象征物，作为香奈儿奇妙的符号，深深地刻印在世人的脑海中，引发出对香奈儿各种产品的美好记忆和无尽联想。

精准的定位是香奈儿营销成功的关键。香奈儿的目标客户是优雅并有消费能力的时尚女性，但它并非简单定义在年龄上，而是更关注消费者的精神状态和欣赏能力。一家三代女性同时钟爱的，只能是香奈儿。

香奈儿侧重引领时尚消费群体的口碑，而非铺天盖地的广告。巧妙地挖掘品牌内在价值，讲好品牌故事，呈现一个既具历史感又有生命活力的香奈儿。香奈儿的每一次时装秀，都能掀起热议且余韵悠长。

关于香奈儿的电影已有多部，那些香奈儿夫人的扮演者个个貌美如花，再现了香奈儿夫人深邃迷人的大眼睛和冷艳高傲的表情，然而，却无法表达香奈儿夫人智慧、勇敢、反叛的独特气质。

1971年香奈儿夫人去世，享年88岁。一个头扎小辫、佩戴墨镜、身着黑色西装和白色衬衫的德国人卡尔·拉格尔德横空出世。这位充满才华又流淌着离经叛道血液的鬼才，作为香奈儿夫人的继承人，不仅传承了香奈儿自由、奢华、永不褪色的时尚精神，而且以他自己的风格和方式，将香奈儿推陈出新，再创辉煌。

香奈儿1993年进入中国市场，业绩抢眼，歌手李玟和电影明星周迅先后当选香奈儿的形象大使。香奈儿通过服装、香水、饰品等构建的自由、优雅、独立而美丽的女性世界，以一种直抵人心的力量，令全世界的女人为之叹服。

香奈儿——永远的香奈儿……

2020.3

变山变水先变人

必须善待并尊重人才，绝不能需要时招之即来，不用时挥之即去。

惠普公司成立不久，接到了一个来自美国军方的大订单。此时正值"二战"爆发，电子产品需求旺盛，惠普虽然是个小公司，但因产品质量杰出而口碑良好。与军方合作不但利润丰厚，而且没有风险，对于公司的发展将是一个强劲的助推器。公司上下，人心振奋，摩拳擦掌，准备大干一番。然而惠普的总裁也是创始人之一比尔·休利特却宣布：放弃订单。员工们在惋惜中倍感疑惑：为什么拒绝这个天上掉下来的大馅饼？

原来，惠普若想按时完成订单，仅靠现有人力是不够的，必须招收12名技术人员。问题是，任务完成后必须将他们辞退，惠普没有能力把他们留下来。其实，临时性雇用员工，大多数公司都是这么做的，这几乎就是一个流行的"潜规则"。比尔·休利特对此却持完全相反的看法。他认为，必须善待并尊重人才，绝不能需要时招之即来，不用时挥之即去。这种不负责任、不公正的做法，不但损害了员工的权益，而且也会影响公司的声誉。

事情过去之后，惠普逐渐形成了"以人为本"的经营理念。比尔·休利特曾经说过："惠普的所有政策和措施都是来自一种信念，那就是我们相信每一个员工都有把工作做好的愿望。只要公司能给他们提供一个合适的舞台和环境，员工必定全力以赴。"这就是著名的"惠普之道"的内涵、出发点和归宿。正是基于这这一原则，惠普才建立起了独特的企业文化。公司也由小到大、由弱到强地变身为世界著名的现代化跨国集团。

对于企业而言，"人才观"的要义被相关理论归纳为：尊重人，信任人，理解人，关怀人，激励人，这是"知人"；用其所长，用其所思，用其所愿，用当其时，用当其位，这是"善任"。知人善任，无往而不胜。

"变山变水先变人"是格兰仕一位领导说的，笔者深以为然并铭记至今。"变山变水"的关键是"变人"。怎么"变"？简言之，就是不断修正错误改变不足，与时俱进地吸纳先进思想和成果，筑牢"以人为本"的理念，夯实地基，永续辉煌。

2016.12

停下，是为了更好地前行

　　停下来不是止步不前，坐享其成；而是为了厚积薄发，更好地出发和前行。

　　如果你不知道艾尔弗雷德·斯通，那你知道著名的管理大师彼德·德鲁克吧，他曾无数次向企业家推荐斯通的自传《我在通用汽车的岁月》；如果你也不知道德鲁克，那你一定知道世界首富比尔·盖茨吧，他坚称斯通的书是"管理训练"最好的著作。美国《商业周刊》把该书放在"绝对必读书架"的第一位，而《财富》杂志则把它列为CEO的必读书。

　　艾尔弗雷德·斯通是美国通用汽车的第八任总裁，被誉为世界上第一位成功的职业经理人、企业管理与商业模式创新的代表人物。

　　1923年通用汽车岌岌可危，正处于解体之中，斯通临危授命出任总裁。经过一系列创新和改革，通用汽车走出了困境并实现腾飞，市场占有率从12%跃升为43%，将竞争对手福特汽车远远甩在了后边。

斯通的成功，使职业经理人真正走上了大公司的管理舞台，企业的命运从此超越了血缘和运气。这场公司自身的现代化革命，逐渐影响到世界各国。斯通的贡献具有划时代的意义。《商业周刊》创刊75周年时，把他选为75年来最伟大的创新者之一。1965年他曾就读的麻省理工学院将其管理学院更名为"麻省理工学院斯通管理学院"。

斯通出版于1963年的自传《我在通用汽车的岁月》堪称管理学的里程碑，不断重版，风靡全球。该书再现了斯通传奇的一生，记录了他是怎样谋划战略，组织战术，出击市场，鼓动士气和精湛管理的。其经营管理中有一个很重要的理念，那就是，该停下时就停下。

斯通从小爱好体育运动，年轻时就是长跑健将，经常参加各种比赛，遗憾的是从未获得过冠军，这几乎成了他的一个"心结"。机会终于来了，1942年他从底特律赶赴纽约参加半程马拉松。赛前他准备充足，参赛者又大都状态平平。他意气风发，志在必得。

比赛开始后，他一路领先，其他选手被他越拉越远。然而，就在距离终点不到500米的时候，他却停止了奔跑，一下子坐在了地上，向救护人员招手，放弃了比赛。其实，他只要再坚持几十秒，冠军的桂冠就会揽入怀中，场地上一片惊诧和惋惜之声。

事后，对于自己没有选择坚持而是选择了停下，斯通对前来采访的记者说："我也想拿这个冠军，可当时身体极度不适，便决定停下来。非常幸运，医生说如果再跑几步，我可能都不在这个世界了，相比于生命，那个冠军真的不算什么。"是啊，如果不肯放过自己，有时就是对生命的放弃。

正当通用汽车蒸蒸日上，斯通再一次选择了"停下"。他要换一种活法，轻松地度过自己的晚年，因而他态度坚定地荣耀退休了。通用汽车公司所选的新总裁雀屏也不是他所想要的人，他却坦然面对，并且说："这个人我无法反对。"他认为"别让现任者指定继承人，否则你得到的将只是二等复制品。"

《我在通用汽车的岁月》里还讲了一个故事："二战"时，为了支援前苏联抗击德国法西斯，美国政府决定向苏联提供34.5万辆汽车，通用汽车接下了这个大单。由于时间紧任务重，工人们加班加点，而公司却没有给工人提高待遇，工人举行了大罢工。在这个风口浪尖的节骨眼上，斯通却向公司提出休假："我快要崩溃了，如果我继续待在这里，明天就会死去。"当天他就带着家人走了。

美国政府、通用汽车和工人一下子炸开了锅，陷于混乱和焦急之中。十天后斯通回来了，他将一部分订单分流给了其他公司，工人的合理诉求也得到了满足。一系列干净利索的举措，很快就带领公司走出了危机。

斯通的这次"停下"，一些论者给予了正面评价，笔者却颇感困惑，大风大浪汹涌而至的危难时刻，作为航船的"舵手"，理应与大家一道奋力搏击，战胜困难，怎能一走了之？

当然，学会放松自己，该停下的时候就停下，因为透支自己的生命，也是在摧毁成功。斯通在他的自传中一直强调这一观点，只要不是刻舟求剑甚至回避困难，从宏观上考量，是具有价值的。

成立于1992年的地产商碧桂园，长时期里默默无名，直到2006年才开始走出广东，此后十几年时间一路高歌猛进，特别是采取了"高周转"和"高激励"商业模式后，2017年创下了5508亿元的销售额，约等于缅甸的GDP，成为中国乃至世界房地产行业的翘楚。

然而，当时光流转到2018年时，碧桂园却遭遇了事故，成为舆情的焦点。

建筑是个事故频发的行业，2018年12月万科就发生了楼塌人亡的事故。如何处理危机，是推诿回避，还是勇于面对，对企业是个严峻的考验。

在这至关重要的时刻，碧桂园冷静而理性地"停下"了，开始反思自己的经营战略和企业文化，并于2018年8月3日召开了媒体沟通会，集团CEO莫斌代表企业向公众鞠了躬，道了歉，彰显了企业的品格和精神。

发展中遇到"坎"儿了，不妨先停下来，想清楚得失，权衡好利弊，以及自己前行的真正愿景，往哪里走和怎么走。

前进，需要冲劲和坚毅；该停下来就停下来，需要勇气和智慧。停下来不是止步不前，坐享其成；而是为了厚积薄发，更好地出发和前行。放得下，才能拿得起。斯通早就这样告诉我们，碧桂园也正在这样做。

2019.2

星巴克："有爱，有坚持，有梦想"

星巴克已成为美国人生活的一部分，难怪美国人说"我不在办公室，就在星巴克；不在星巴克，就在去星巴克的路上。"

近年来，全球餐饮巨头麦当劳和肯德基的日子都不怎么好过，2014年和2015年的财报也不好看，无论是营业收入还是净利润都出现了下滑。

然而，作为餐饮业"小兄弟"的星巴克却异军突起，逆势上扬，销售和利润涨幅均在两位数以上。

2016年2月28日，星巴克宣布，将于2017年年初在米兰开设第一家意大利门店。登陆世界上最难的市场，实现星巴克创业45年的梦想，标志着它的全球战略已经完胜，从此天下称王。

从一家街边小店发展成为一个全球化的大公司，星巴克拥有什么样的"秘密武器"？其走向世界的路径和成功经验是什么？当然，一路走来它也麻烦不断，如何看待各方面对它的诟病和指责？

星巴克的前世今生

1971年4月，一位作家和他的两位教师朋友，在美国西雅图一家叫作派克的市场，共同出资设立了星巴克咖啡店，主营烘焙咖啡豆，兼做茶叶、香料和咖啡用具的生意。谁会料到，三个并非商业成功人士创办的一家不起眼的街边小店，竟会成为搅动全世界餐饮业的跨国巨头呢？

变化来自霍华德·舒尔茨。1981年，在好奇心的驱使下，他不辞辛苦地赶到了西雅图，意外地发现星巴克的咖啡非常棒，而且口味独特，于是他毛遂自荐，决定终生与咖啡结缘。

1983年，已是星巴克营销总监的舒尔茨到意大利出差，在城市的大街小巷散步，浓郁的咖啡香气阵阵袭来，沁人心脾。而米兰咖啡对品质的矢志追求和服务的娴熟热情，更使他印象深刻，久久难忘。他决定将这一模式移植美国。回到西雅图后，他的想法却遭到了星巴克创始人的反对。理由很简单，星巴克已有11家连锁店，营业顺风顺水，没必要冒险折腾。

为了梦想，舒尔茨毅然决然地离开了星巴克，1985年自立门户开了一家意式咖啡店，"每日"的命名，寄托了这位创业者对事业的殷切希望。

咖啡店的生存和发展需要不断地拓展店面，然而投资公司对他的生意并不看好，为此他四处奔波，劳神费力，饱尝了痛苦和折磨，但他还是挺过来了。坚韧不拔的精神和顽强不屈的性格，使他战胜了难以想象的困难。

这时，星巴克的日子江河日下，终于支撑不住，决定将其卖掉。1987年8月18日，在这个必将写入世界商业史的日子，舒尔茨成功地收购了星巴克及其残存的6家分店，与自己的3家"每日"合并，第一家销售滴滤咖啡和浓缩咖啡的星巴克诞生了。

全新的星巴克像一匹不知疲倦的骏马，在市场的广阔草原上不停地奔跑，1992年6月26日，它在纳斯达克敲响了上市的钟声，股价飙升至21美元，公司市值暴涨到2.73亿美元。雄厚的资金不但为其日后的发展提供了动力资源，也使它的品牌更加响亮。

上市后的星巴克进入了发展的快速期，营业额年递增20%，利润年递增30%，成为全球关注对象。2003年美国《财富》杂志评选全美10家最受尊敬的公司，星巴克一举超过麦当劳和肯德基夺得餐饮业魁首。2001年英国品牌顾问公司公布的"企业品牌价值排行榜"，星巴克以32%的增幅夺得第一名，比获得第二名的三星高出10个百分点。美国著名财经专家汤普森评价说："星巴克创造了21世纪美国企业神话，在这个神话里，所有的野心都可以实现。"

中国企业家马云曾带着他的团队到美国造访星巴克，因为这家公司"有爱，有坚持，有梦想"，他们要从中汲取营养。

星巴克的经营奥秘

创办一家企业，能否准确定位是其成败的关键。没有定位、定位模糊或随意变动，这样的企业很难走远。星巴克从不把廉价作为竞争的利器，相反，它的价格定位是"多数人能承担得起的奢侈品"，消费对象的定位则是"白领阶层"。这些人有较高的文化、品位和收入，对生活充满热情并懂得如何享受生活，对认同的生活方式和消费习惯长时间保持不变。星巴克的空间定位是，为中产阶级提供一个体面、温馨而且时尚高雅的休闲或者社交场所，它是办公室和家庭之外的"第三空间"，购买咖啡的同时，也是在购买一种生活方式。

优化人力资源是所有企业都绕不过去的头等大事。舒尔茨说，"你要打造一个伟大的公司，没有伟大的人是不行的"。用什么样的人、怎样用人，舒尔茨的主张和实践，彰显了他的独特思维和非凡智慧。舒尔茨招人时并不关心应聘者的学历、聪明程度等智商因素，他只看重两个品质，其一是好奇心，其二是情商。随着事业和国际化的发展，星巴克也招聘来自不同国家和不同文化背景的兼职员工，由专门人员对其进行业务培训和个人能力提升。这样不但有效地化解了人力资源的供需矛盾，也节约了成本、规避了市场风险。星巴克实行股权激励机制，包括兼职员工在内的全员持股成为公司的合伙人，极大地调动了员工的积极性和忠诚度，成为企业发展的永恒动力。

质量是企业的生命。星巴克选购全球最高级的咖啡生豆，采用最先进也是最苛刻的方法进行烘焙加工，调配出最让消费者迷恋的咖啡，造就出难以挑战的品牌形象和一群忠诚的客户群。

品牌不仅是产品的标识，而且是代表特定文化意义的符号。星巴克的名字来自美国作家的小说《白鲸》，商标设计是形如美人鱼的海神像，古老、飘逸又具现代感，拥有很高的品牌识别度。由于有效的品牌传播、品牌联盟和品牌扩张，使其产品占据了巨大的市场份额。如今，星巴克的绿色海神像与麦当劳黄色的大"M"标识，已成为美国饮食文化的象征。

星巴克的营销策略独一无二而且难以复制。

首先是体验营销。星巴克开店选址定位于城市的商圈或交通枢纽之地如机场、车站和码头等等。店面设计追求个性化，暖色灯光，落地窗，柔和的背景音乐，营造出一种温馨高雅的气氛和摩登感。对于喜爱咖啡的人来说，它是首选之地；对于追逐时尚的人来说，它是一种象征。它已成为美国人生活的一部分，难怪美国人说："我不在办公室，就在星巴克；不在星巴克，就在去星巴克的路上。"

其次是口碑营销。星巴克的崛起，既没有不惜血本地投放广告，也没有进行大规模的市场推广，而是通过员工、顾客和意见领袖的口口相传，潜移默化、脚踏实地地完胜市场。你要盛开，清风自来。

星巴克的国际化之路

星巴克在全球化的过程中，获得了巨大的利益。其成功的原因很多，重要的有三点。首先，星巴克坚持自己既定的经营理念和企业模式，例如质量管理、体验营销、优质服务、店面设计以及人力资源的管理和运用等等，严格要求、绝不丢失本色。

其次，根据不同国家和地区采取不同的进驻方式，特许经营、合资、并购和独资，有效地利用了外资，加快了国际化的步伐。

最后也是最重要最有效的，更快更好地融入当地文化，实行本土化经营。例如在中国开设的门店，都艺术地渗透着中国和当地的元素，店面设计上除宽大的沙发区和高桌高凳的酒吧区，还专门增设了中国式的木质桌椅区。

星巴克1999年在中国上海开设了第一家门店，至今在全国已开500多家，将要超过日本，成为"第二个本土市场"。在高速发展的同时，也出现了不少问题，受到了消费者的质疑。

从全球咖啡行业的现状考量，日本的真锅、加拿大的百怡等都不甘示弱，竞争的步伐从未减弱，而英国的尼路"站在巨人的肩膀上"，将体验营销拉长加大，对星巴克造成了空前的威胁。

实施收缩战略、集中力量改善门店状况、锁定核心客户群，也许是星巴克品牌归位、重塑竞争优势、独步天下的理智选择。

2016.7

优衣库:"风靡全球的秘密"

优衣库令人难以抵挡的力量来自哪里,它到底做对了什么,才能畅销五大洲、走红天下?

国人跨洋过海到邻国抢购电饭煲和马桶盖似乎降温了,然而,另有一种比前两者还不起眼的东西——短袖T恤衫和帆布拎包却遭到了空前的疯抢,令人大跌眼镜、惊讶不已。

这种被疯抢的是日本优衣库的Kaws联名款产品,在中国和法国率先开售时即已遭到疯抢,孰料,2019年6月7日在日本本土开售时,场面变得更加疯狂。清晨冒雨排队,百米冲刺连手机掉了都不捡,挤坏商场的铁栅门,连模特身上的样品都被扒光……为了抢到限量版,这些不可思议的"活报剧",在优衣库众多门店纷纷上演。日媒暗示,在这场罕见的抢购"肉搏战"中,那些焦灼、混乱而兴奋的呐喊和喧哗之声，使用汉语者占有相当比例。

优衣库是日本迅销公司的核心品牌。服装是一个完全市场化的买方市场，竞争惨烈，刀刀见血，优衣库却逆势飞扬，"风景这边独好"。从来没有哪个服饰品牌能像它那样跨越阶层、性别、年龄、地域、职业等因素，广受消费者的欢迎，拥有众多"死忠粉"。至于它的业绩，2018年利润猛增148.2%，2019年前三个季度综合收入1.7万亿日元，同比增长15.3%，经营利润2388亿日元，同比增长32.3%，收入和利润均创历史新高。

2019年，优衣库硬是靠一针一线，将其创始人柳井正推上了日本首富的宝座。一直雄霸于此的阿里巴巴投资人、软银集团掌门人孙正义只好黯然让位。

优衣库令人难以抵挡的力量来自哪里，它到底做对了什么，才能畅销五大洲、走红天下？

品牌文化

1949年3月，日本山口县创建了一家出售男装的"小郡商事"，1991年9月，更名为迅销株式会社，就是如今荣登世界品牌500强的跨国托拉斯——因优衣库而蜚声寰球的服装帝国。

1991年，日本金融泡沫破裂，进入"失落的20年"。面对经济萧条、购买力萎靡的大环境，优衣库采用低调战略，主打大众廉价服装。公司"迅销"的名称，即体现了企业的根本精神：迅速地将顾客的需求商品化。它借鉴西方通用的"快餐文化"理念，通过对全世界统一的服务，以合理可信的价格、大量持续提供任何时候、任何地方、任何人都可以穿着的服装。其核心产品"优衣库"的内在含义，则是摒弃不必要的装潢装饰，通过仓储型店铺，采用超市式的自助购物方式，为顾客自由选择商品提供更多便利。独特的经营定位、商品的开发和销售体系，使优衣库实现了运营的低成本化，走上了崛起之路。

与紧追时尚潮流、不断变换风格、寻求张扬惊艳的服装品牌不同，质优价低是优衣库的策略。其价格对应的是普通大众，品质却与昂贵的大牌毫不逊色。Kaws是当下潮流艺术的偶像，身价惊人，他与其他服饰品牌合作的产品，价格动辄千元以上，但与优衣库联名的T恤却只要99元。

优衣库的质量要求近乎苛刻，商品次品率的世界平均标准是2%到3%之间，优衣库只有0.3%。T恤衫的表面，如果线头超过0.5毫米，就被打入次品。一件衣服的针距，要求3公分走15针，多一针少一针都要返修。

优衣库给人这样的印象：没钱人觉得不贵，有钱人觉得不丢份儿。既是大众的，又是高端的。与其说优衣库卖的是一种服装，不如说是在不知不觉地培养一种消费品位，无声地传递一种生活方式和价值观。

优衣库是如何做到高品质低定价的？首先是规模。优衣库的款式并不多，但销量惊人。每种款式在生产线上大量生产，使成本大幅下降。其次是库存少。所有商品都是按照顾客需求设计并根据市场数据随时变化生产的，运作链条反应灵敏而及时，产品销售快速，基本上做到了零库存。

竞争策略

优衣库虽然以传统风格为主打，但创新的步伐从未停止，不断研发并推出更加新颖、更有品质的新品。

优衣库的式样变化不大，但追求面料的变化，投入很大成本开发新材质。1998年流行摇粒绒外套，但这种面料被美国公司垄断，价格高昂。优衣库通过自主研发、技术改良，价格便宜了一半，推出成品后，立即旋风般畅销，两年后卖了2600万件，相当于三分之一日本人都在穿它。2003年优衣库推出的HEATTECH内衣，轻薄保暖，销售高达10亿件，之后生产的轻薄羽绒服也成了畅销的拳头产品。

为了俘获年轻的消费群体，优衣库不但与爱马仕等大牌合作，还大力做网红，柳井正说："每年都要搞事情。"优衣库的T恤几乎成了超级网红潮流的文化载体，乐高、星球大战、迪士尼、小猪佩奇、火星忍者等等都没有放过，每次推出都成爆款，遭到疯抢。

柳井正给优衣库定义为"革新型全球企业"。全球化是其战略，也是其竞争的策略。

优衣库不但在中国和韩国，而且在美国和法国等都建有研发中心，在欧洲、美洲、澳洲、非洲开设了近千家销售门店，中国是其重点，十年内开店要达千家以上。优衣库90%的生产基地在中国，雇工人数达到50万，每年有6亿件产品从中国工厂走向世界。

2018年优衣库海外市场的收益已经超过日本本土。2019年前三季度，优衣库在大中华地区、韩国、东南亚及大洋洲地区的累计收益为7160亿日元，同比增长27.5%，经营利润为1124亿日元，同比增长65%。

优衣库是全世界零售产业中最早做互联网的企业之一。它将人工智能和数字化显示率先引入实体店,通过全方位的大数据化,对生产、物流、销售等进行提前测算,有效地调整产品库存。早在电子商务发轫之初,优衣库就捷足先登,例如与阿里、京东、淘宝等成功合作,将竞争对手甩在了身后。柳井正是公认的网络高手,在企业管理和运营中,发挥得淋漓尽致。

基业长青

企业的基业长青,关键是"人"。

日本企业一直实行"终身雇佣制",优衣库却以优胜劣汰的"丛林法则"反其道而行之。不努力就会丢饭碗,不以资历论英雄,只用能力断高下,企业始终保持生机勃勃的奋斗状态。柳井正有一句挺"狠"的口头禅:"不会游泳的人,就让他们沉下去好了。"

优衣库的组织架构简单明快:部长、团队领班和员工。三个职级互相流动,能者上劣者下。在位者有职有权,独当一面。其激励机制为每年发三次奖金,前两次与员工的表现和贡献挂钩,最后一次与公司的整体业绩有关,增强员工对企业的忠诚度和黏性。

柳井正毕业于早稻田大学政经系,当年也是"胸无大志",只因父亲1972年生病才接手生意,不料他一来,店里的六个员工走了五个。当头一棒不但没有使他灰心丧气,反而激起了他的斗志。

功成名就后他写过一本著名的书《优衣库风靡全球的秘密》,他毫不隐讳地将公司业绩低迷、进军海外失利等挫折和失败"竹筒倒豆子"。并不看重成功的辉煌,而注重失败的反思,是柳井正的"经营之道"。诚实和坦率，使我们相信"经营之神"就是一步一步走过来的"普通人"。

优衣库的店面，陈列大方、简约、整齐，感觉舒适温馨。顾客进店后，没有人跟在屁股后絮叨，一旦需要时，服务员却神奇地出现并介绍产品。好的服务来自严格的训练，例如70秒内叠好一件衣服，收银的速度按秒计算，还有一项培训叫作"咬筷子"，让客人感到你不仅嘴在笑，眼神里也盈满了笑意。

1947年出生的柳井正已经73岁了。他没有"子承父业"世袭传承的观念，他的两个儿子都另谋职业、自食其力去了。他主张"实力择人"。他在65岁和70岁时都曾宣布过退休，或因公司业绩下滑或因接棒者并不如意而不得不重拾权杖。2002年他任命优衣库英国子公司会长玉塚为总裁，玉塚兢兢业业，却因缺少冒险精神而使公司裹足不前，接班只好作罢。

柳井正身材不高，精瘦，面带微笑，目光炯炯。他上午7时上班打理公司业务，下午4点回家陪太太或打高尔夫，身体健康，精力旺盛。然而，人，包括柳井正这样的"超人"，也无法与岁月抗衡。芸芸众生中，不是谁都可以成为柳井正的。如果继续以严苛的标准纠结在接班人问题上，遇到大风大浪时，优衣库怎么办？

2020.1

蒂勒森：从财富狂欢到政治游戏

　　作为美国第69任国务卿的蒂勒森，将把石油、金钱和权力这个铁三角融和后的强大威力释放殆尽。他已经65岁，然而，也许强者没有暮年。

　　美国当选总统唐纳德·特朗普2016年12月13日宣布，他已选定埃克森美孚石油公司首席执行官雷克斯·蒂勒森为其国务卿。

　　国务卿是仅次于总统和副总统的高级官员，负责外交并兼管部分内政事务，要求具有很高的政治信任度和外交才干。以往人选多来自外交、政界或学界，从首任国务卿杰斐逊，历经基辛格、赖斯、希拉里直到前任克里，莫不如此。

　　从酝酿到正式提名，这个从未涉足过政治和外交的商人，蒂勒森一直处于舆论的风暴眼，质疑、反对的声浪汹涌澎湃。然而，在与十多位强悍竞争对手的角逐中，蒂勒森还是胜出，傲视群雄地成为特朗普内阁团队的"老大"。

特朗普在阐述个中缘由时指出：蒂勒森懂得如何经营一家全球性企业，他的知识和才能有助于我们扭转多年来的外交政策错误与灾难。蒂勒森对特朗普的"惺惺相惜"也"深感荣幸"，表示要为特朗普"在外交、国家安全重建美国信誉"上竭尽全力。

"我从未想过走回头路"

蒂勒森身材魁梧，有一双深邃的蓝眼睛和满头银发，敢于冒险、作风强硬、手腕高超、气场强大。他曾三度登上福布斯全球权势人物排行榜，是位跨界达人。他被推到全世界的聚光中心后，其传奇般经历，成了人们津津乐道的话题。

蒂勒森1952年3月23日生于德克萨斯州北部的威奇托尔斯，是土生土长的美国人。父亲是一位流动面包师，后来接受减薪成为一名职业童子军领导人。蒂勒森从小就具有强烈的独立意识，8岁时得到的第一份工作是帮助母亲修剪草坪，16岁时在一家大学当清洁工，周末到农场去摘棉花，用辛苦的劳动为自己赚钱。

少年时代的蒂勒森就拥有超越同龄人的毅力和自信，1965年年仅13岁即获得了雄鹰童子军奖章。2016年在埃克森美孚石油公司的一次会议上说："我的全部领导力培训都是从美国童子军获得的。"

童子军是美国最大的青少年组织，迄今已有一百多年的历史，成员多达二百多万人，其核心任务是，通过各种实践活动和技能训练，在体魄、精神和智力上帮助青少年增长知识、掌握技能并完善自我，为将来进入社会做好准备，成为有自信心、责任感和独立自主的公民。在美国，25%的青少年会加入童子军，但最后只有4%的人能够获得雄鹰奖章，它是最高的奖励级别，被认为是至高无上的荣誉。

1975年，蒂勒森从德克萨斯大学奥斯汀分校毕业，获得土木工程学学士学位，同年以工程师身份进入埃克森公司，此后的41年职业生涯均在此度过。正如他自己所说："我从未想过走回头路。"工程师的大部分时间都是在野外，辛苦、枯燥却又必须确保每个环节都得万无一失，否则不是天灾便是人祸。20多年里，他被淹没在众多员工中默默无闻，但富有激情、敢于冒险的精神和谨慎负责的性格，却在年复一年中不知不觉地逐渐形成。

蒂勒森的人生转机出现在1990年代，他负责与俄罗斯政府就开发萨哈林岛外海的石油和天然气进行谈判，超常的表现赢得了广泛的赞誉，美俄商业理事会会长尤金·劳森说：蒂勒森是他见过的最优秀的谈判代表。

1979年美国两大石油公司埃克森和美孚合并，蒂勒森一跃成为新公司的副总裁，进入全球最大公司的决策层。2004年接替雷厉风行的传奇大亨李·雷蒙德，登上了埃克森美孚最高权力宝座，成为全世界最赚钱公司的大老板。他深谙运用权力的秘诀，不怒自威，一言九鼎，核心地位很牢固。

叱咤风云的商界强人

蒂勒森从不缺乏国际视野，是经济外交的行家里手，与50多个国家的元首和政府首脑建立了私人关系。在对外交往中，他经常沉默寡言，但发起脾气来，强硬、凶悍的个性就会发挥得淋漓尽致。在与也门谈判天然气时，也门政府因为收益否决了协议，蒂勒森勃然大怒，顺手操起一本很厚的书向会议室的角落凶狠地砸去，头也不回地甩门而出。众人被这罕见的场面惊得目瞪口呆，手足无措。他从不在乎外界的批评和指控。经过反复斡旋，最终还是成功地坚持了埃克森美孚的收益而收场。

在负责俄罗斯业务时，蒂勒森结识了普京。当这两个同年出生，却代表着不同利益又同时被强大荷尔蒙驱动的男人展开博弈时，既有凌厉交锋的刀光剑影，也有英雄相惜的彼此欣赏。欧洲和其他国家的石油公司大都被从俄罗斯的地盘赶走，而蒂勒森的商务飞机却频繁地往返于德州的爱文市和莫斯克之间。2013年已经作为总统的普京授予他一枚友谊勋章，这是俄罗斯对外国人授予的最高国家荣誉。这段使他作为商人倍感自豪的经历，如今却成了作为政治明星而倍受质疑的话柄。

蒂勒森率性表达自己的观点，从不婉转。2006年美国时任总统小布什表示要开发清洁能源，从而减少对石油的依赖；"石油峰值论"也被炒得沸沸扬扬。蒂勒森的眼里却只有石油，毫不客气地大呛总统，坚称石油是推动国家经济增长的发动机，必须强化而不能削弱。对"能源独立"蒂勒森更是嗤之以鼻，称不仅不现实，而且不值得讨论，美国所要做的不过是"让供需环境变得多样化"而已。蒂勒森管不住嘴的毛病，让政商两界头疼不已。

中国的南海，被称为"第二个波斯湾"，蔚蓝色的海水覆盖着丰富的石油和天然气。作为全球石油的霸主、埃克森美孚的掌门人蒂勒森，早就饿鹰似地盯住了这个巨大的富矿。早在2009年他就与越南签署了共同开采南海两个水域石油和天然气的协议，在中国政府严正警告下，他一边周旋，一边我行我自素地于2011和2012年钻探了两口油井，还表示将开采一口估值数十亿美元的天然气井。在他的商业版图里，很少顾及历史和是非，只有滚滚而来的石油和财富。

谁会相信？

蒂勒森对中国并不陌生。他曾数次来华，与中国石油界交往频繁。2008年应邀来华参加奥运会，这位以刚毅、严厉著称的企业大佬，面向公众时却言语温和，笑容可掬，衣着富有品位和格调，十分养眼。对接待中的小失误，也不抱怨且流露出鲜见的幽默感。人都是复杂的，越是精英越复杂。

蒂勒森被提名为国务卿后，在2016年12月11日的国会听证会上，针对中国南海问题发表了十分过激的言论，他那标志性的冷峻表情显得咄咄逼人，不可一世。不但美国舆论大哗，在全世界也遭到了反对和批评。法国媒体称蒂勒森对中国的挑衅"完全是不现实的，无法执行"。澳大利亚前总理基廷说，蒂勒森的言论"荒唐"，"澳不会卷入这样的冒险"。

作为美国第69任国务卿的蒂勒森，将把石油、金钱和权力这个铁三角融和后的强大威力释放殆尽。他已经65岁，然而，也许强者没有暮年。他将以企业家精神——提高效率、降低成本来运营美国，像捍卫埃克森美孚石油公司的利益一样，毫不含糊地捍卫美国的利益。这与特朗普的观点不谋而合。然而，蒂勒森主张自由贸易，与特朗普贸易保护主义的"逆全球化"又大相径庭。蒂勒森绝不会是特朗普乖乖听话的"好孩子",两个人在政坛上的博弈或将好戏连连。

埃克森美孚将向蒂勒森发放二亿美金的退休金,并称与他"切断所有的关系",蒂勒森也宣布放弃未来三年内可获得的410亿美元的现金奖励以及医疗等其他福利。然而,谁会相信这个掌管了全球最具实力公司长达12年之久的商人,会将国家与公司、公司与个人撇得清清爽爽?正如谁会相信他不会对利益相关方进行利益切换或输送?他的偏执和固执,会给充满了不确定性的美国和充满了变数的世界带来什么?

诸多考验和挑战,正虎视眈眈地等着蒂勒森,他将何为?让我们拭目以待。

2017.2